Colección dirigida por
Gilles Farcet

Traducción

José García-Monge de Latorre

ARNAUD DESJARDINS

MÁS ALLÁ DEL YO

EN BUSCA DEL SÍ-MISMO
volumen 2

HARA PRESS

Título original: *Au-delá du moi - À la recherche du Soi - Volume 2*
de Arnaud Desjardins

© 1979 Éditions de La Table Ronde (Paris, Francia)
© 2023 Hara Press USA, LLC para la lengua española

www.harapress.com

Traducción: José García-Monge de Latorre
Supervisión editorial: Claudia Espino
Diseño de cubierta: Rafael Soria

Hara Press agradece la valiosa colaboración de:
Sandrine Buzenet y Luís Iturbide

ISBN: 978-1-7330340-2-9
Library of Congress Control Number pending

Colección: Espiritualidad en tiempos modernos

CONTENIDO

PREFACIO   9

I. EL ESTADO-SIN-EGO   11

II. EGOISMO E INFANTILISMO   65

III. LA VIGILANCIA   101

IV. EL "YOGA DEL CONOCIMIENTO"   137

V. UNO-SIN-UN-SEGUNDO   181

VI. VIVIR CONSCIENTEMENTE   219

VII. INTERPRETAR SU PAPEL   255

VIII. EL PRECIO DE LA LIBERTAD   283

PREFACIO

Al haber escogido deliberadamente para esta obra un título que considero un sin-sentido metafísico, quiero explicarlo brevemente.

Este segundo volumen de *En busca del Sí-mismo*[1] responde a una demanda. Muchas veces me han pedido que preparara un libro en el que diera directrices simples que pudiesen ser puestas en práctica en la existencia cotidiana, por lo que he reunido algunas charlas fácilmente accesibles.

La presente obra adopta el punto de vista del lector que aspira a la "sabiduría" pero cuya consciencia sigue condicionada por el tiempo, el espacio y la causalidad. Desde este punto de vista, el título "Más allá del yo" se justifica. Pero el Sí-mismo está mucho más cercano del ego que más allá de él. La realidad no-dependiente es primordial, original.

En verdad, el Sí-mismo (*atman*) no está ni más allá ni más acá, ni dentro ni fuera. Trasciende toda situación y toda relación. La mentalidad ordinaria, por el contrario, siente y concibe a la Consciencia suprema como una meta a alcanzar y la mayor parte de las páginas que leeremos a continuación son una concesión a esa visión condicionada que sitúa al Sí-mismo más allá del yo. Ojalá que los y las que leerán este libro puedan descubrir un día que el ego que recubre el *atman* también es la manifestación que lo revela, y que la naturaleza esencial de todo hombre es no-dependiente, inmutable, y perfecta en sí misma. ¿Por qué aferrarse a las cadenas, a sus límites–y a sus sufrimientos– cuando el Sí-mismo es libre, intemporalmente libre, y el Vedanta, siglo tras siglo, le repite a cada uno "Tú también eres ESO"?

A.D.

---

1. El primer volumen de la serie "En busca del Sí-mismo", cuyo título es "Adhyatma Yoga", ha sido publicado por esta misma editorial en 2015.

I

EL ESTADO-SIN-EGO

Según el mismo Vedanta hindú, el término más importante que existe dentro de un camino de despertar es la palabra "liberación", la cual sirve para traducir tanto la palabra sánscrita *moksha* como la palabra sánscrita *mukti*. Algunos textos lo traducen como "emancipación". Y... ¿por qué no? Si la meta última propuesta a los seres humanos es una cierta "liberación", pueden preguntarse de qué liberación se trata. ¿Qué es lo que debe ser liberado y de qué prisión o de qué servidumbre? Es fácil escuchar la palabra "liberación" o enterarse de que los sabios en India son denominados con el término *jivanmukta*, "liberados en esta vida". Es un poco más difícil darse cuenta por uno mismo y para uno mismo de qué liberación se trata exactamente.

Por supuesto, van a contestarme: se trata de *mi* liberación. ¿Pero qué más? ¿Quién es usted? ¿Y liberado de qué esclavitud? Existe un enfoque psicológico a esta cuestión, y es el que les conducirá a ver cada vez mejor todos sus condicionamientos. Pero Swamiji (Swami Prajñanpad) nos propone también una definición de liberación más original y que nos lleva al corazón de la visión hindú de la verdad: "*To get rid of all matter, both gross and fine, is the essence of the quest*". Estos términos son elocuentes: "Deshacerse de toda materia, tanto sutil como burda, es la esencia de la búsqueda". O si lo prefieren: "Estar liberado es ser libre de toda materia burda o sutil". ¿Qué es una materia sutil, qué diferencia hay entre una materia burda y una materia sutil? ¿En qué consiste mi servidumbre de ser prisionero de la materia, burda o sutil, y cómo puedo liberarme de ella? Si queremos precisar esta definición podemos decir, aunque tal vez esto no resulte más claro para ustedes: "ser libre de toda identificación con la materia burda o sutil".

No olviden que, tanto para la tradición hindú o budista como para la investigación científica contemporánea, la materia no es algo estático: siempre está en movimiento, en transformación. Esta es la primera verdad que deben recordar para que puedan reflexionar de manera justa en lo que acabo de decir. Vean esta materia no como algo fijo, estable, sino como un proceso, un flujo, una corriente. Tal vez podría decirse, en lugar de "materia", "materialidad".

Todos sabemos qué es la materia burda; es lo que se puede tocar, manipular, lo que se puede ver con los ojos, es lo que se denomina la realidad concreta. Y la materia sutil es, para nosotros, emocional y mental. Los hindúes emplean la palabra *sharir* que quiere decir "cuerpo" y, ya lo saben, distinguen tres cuerpos contenidos uno en el interior del otro, que se denominan cuerpo burdo, cuerpo sutil y cuerpo causal. La Consciencia está situada en el cuerpo burdo cuando estamos en estado de vigilia; en el cuerpo sutil cuando estamos en el estado de sueño y soñamos; y en el cuerpo causal cuando estamos en un estado de sueño profundo, sin sueños. La consciencia de este cuerpo causal es imperfecta en el estado del sueño; sin embargo existe, ya que podemos decir: "He dormido bien, he dormido muy bien esta noche"; sabemos que somos nosotros los que hemos dormido bien.

Estos cuerpos están compuestos por esta materia física o esta materia sutil. A veces Swamiji empleaba la expresión cuerpo físico, cuerpo emocional y cuerpo mental: *physical body, emotional body* y *mental body*. Ya sea la palabra sánscrita *sharir* o la inglesa *body,* estas palabras, "cuerpo" y "materia", fueron escogidas deliberadamente por Swamiji que tuvo una formación como científico y que enseñó física y química. Liberación con respecto al cuerpo físico, al cuerpo sutil, y al cuerpo causal; o si lo prefieren, en otra terminología, liberación con respecto al cuerpo físico, emocional y mental. Estos cuerpos son llamados cuerpos porque están compuestos de materia, pero la idea de materia sutil, familiar para los hindús, resulta menos familiar para el europeo que descubre el Vedanta o el yoga.

Esta materia burda o sutil que su experiencia ordinaria les hace ver como dividida, discontinua, es de hecho una totalidad de la que todos los elementos reaccionan entre si. Físicamente, ustedes están demasiado identificados con su cuerpo físico como para percatarse de que ese cuerpo físico es menos independiente de lo que piensan, y que realmente, no es sino una célula del universo entero. Del mismo modo que cada célula de nuestro cuerpo humano, microcosmos a imagen del macrocosmos, está ligada a todas las demás, y que existe una interdependencia entre las células del ojo, las del hígado y las del músculo cardiaco para formar la totalidad que es el ser humano, de igual modo, en el plano físico, somos una célula de la totalidad del universo. Nuestro cuerpo físico se produjo sólo por los materiales del universo absorbidos por nuestra madre y después absorbidos por nosotros; nos comunicamos con el universo a través de la alimentación, la excreción, la inspiración, la expiración y otras comunicaciones más sutiles que son intercambios de energía y que por otra parte empiezan a ser estudiados también a través de métodos de investigación científica contemporánea.

Si hablamos del plano físico o del cuerpo físico, tenemos que recordar que el hombre es una célula de este Universo. Pero cada hombre, cada una de sus células, resume la totalidad, el universo entero. Existe un cuerpo físico universal, el que los griegos denominaban *physis*, la naturaleza, y es el que estudian nuestra física y nuestra química. Observen. Todo lo que ven, las nubes, los pinos, las montañas, son este cuerpo físico universal, y nuestro cuerpo forma parte de ello; está compuesto de los mismos elementos, de las mismas sustancias. Todo se encuentra en el cuerpo humano, aunque sea en pequeña cantidad, aunque sea en el estado de traza.

De la misma manera, si subimos un nivel, el cuerpo sutil de un ser humano forma parte íntimamente del cuerpo sutil universal. Y el cuerpo causal del ser humano, aún más interior, también es una célula del cuerpo causal universal. Este cuerpo causal corresponde a la realidad suprema cuando se vuelve creadora. Para los hindús, lo Absoluto existe ya sea bajo una forma estática, no manifestada, más allá de todo, que se llama *nirguna brahman* (brahmán sin ningún atributo), o bajo una forma dinámica, *saguna brahman* (brahmán con cualidades) el cual nos aparece como el Dios Creador, Ishvara, y que se manifiesta bajo las tres formas de Brahma, Vishnu y Shiva.

En el momento en que hay Creación o Manifestación hay materia: materia sutil, más o menos sutil, o materia burda. La distinción entre materia y energía no tiene ningún sentido desde el punto de vista tradicional hindú. Del mismo modo la distinción entre materialidad y espiritualidad es algo muy vago e impreciso. Se confunde demasiado a menudo la materia sutil y la espiritualidad. Las grandes emociones, los pensamientos elevados, son fácilmente considerados como "espirituales", mientras que de hecho se trata de productos materiales, pero de esa materia refinada. Podemos utilizar la palabra "psíquico", que designa los fenómenos que proceden de esta materia sutil. No existe ninguna separación irreductible entre la materia burda y la materia sutil. En primer lugar, esta afirmación resulta verificable a través de la experiencia interior, y resulta fundamental para comprender todo el enfoque vedántico o yóguico, y todo el camino de la liberación.

Lo que es propiamente espiritual, por tanto en absoluto material, procede de un orden diferente al de todos los fenómenos y del que no se tiene generalmente la experiencia. No confundan materia sutil y espiritualidad.

La "liberación" es la liberación con respecto a la identificación con toda materia burda o sutil, es decir, la identificación con nuestros diferentes cuerpos o, utilizando otra terminología, con nuestros diferentes koshas. La búsqueda del Sí-mismo, que en sánscrito se denomina *atma vichara* y, en inglés, con una expresión muy conocida en India *Self Inquiry*, es el descubrimiento de esta realidad totalmente inmaterial pero que sólo se revela a nosotros, al principio, bajo una forma material. Esta realidad espiritual se manifiesta, se expresa a través de esta materialidad sutil o burda, e inevitablemente, ésta será de entrada su punto de apoyo para descubrir eso que trasciende toda materialidad.

Quiero insistir sobre la importancia de la raíz sánscrita *ma* que encontramos en *manas*, el mental, y en *maya*. *Maya* significa etimológicamente "medida" y aquí tenemos un dato esencial. Esta misma raíz la encontrarán en todas las lenguas indo-europeas, inclusive la inglesa; la encontrarán en latín, en griego, en francés. La encontrarán en diferentes palabras que significan el *mar* (el océano), en diferentes palabras que significan la *madre* (mamá); *maternal, maternidad, matriz,* la encontrarán en *materia, material,* en la palabra francesa *madrier* (madero, tablón) o la española *madera*. En el simbolismo y las analogías, la madera a menudo ha sido considerada como la representación de toda la materialidad; por esta razón el árbol juega un papel tan importante en la mayoría de las tradiciones; por esta razón la madera de la cruz, en el simbolismo cristiano, representa la posibilidad de rebasar la materia apoyándose en ella. Es también una raíz que se encuentra en la palabra *metro* o en la inglesa *meter*. Medida, madre, mar, materia, material, todas estas palabras tienen un origen común y descubrirán ustedes una enseñanza muy rica si se interesan en la significación de esta familia lingüística.

***

Y de pronto, la medida aparece en el infinito. Cierta iconografía cristiana nos muestra a Cristo dibujado en el vacío (para expresar el vacío, un fondo de cielo), sosteniendo en la mano un inmenso compás: el Cristo, "*Logos* a través del cual todas las cosas han sido hechas", está representado mientras introduce la medida en lo ilimitado y lo infinito. Es una iconografía que no tiene nada de secreto ni de misterioso, aunque sea menos común y conocida que la del crucifijo. Así es como la medida aparece en lo ilimitado. Y consideren estas dos palabras: medida o materia, como sinónimos. Materia física, materia burda, materia psíquica, materia causal, materia emocional, materia mental, esto significa: *lo que es medible*.

La liberación, es la liberación con relación a toda medida —cualquiera que sea. Entonces, puedo mirarlos a cada uno y cada una a los ojos y preguntarles: "¿Se sienten sometidos a la medida?" ¿Quién de ustedes, incluso sin reflexionar mucho tiempo, podría responder otra cosa que "sí"? Bien. Ya han visto lo que podría ser su liberación: no sentirse más sometidos a la medida. No preciso, no voy más lejos; basta con plantear la pregunta y que cada uno la escuche y la sienta como quiera.

¿Se sienten sometidos a la medida? Estoy convencido de que todos van a responder "sí", pero seguro que a continuación, todos añadirían una precisión diferente. El que es bajo de estatura y sufre por ello dirá: "Oh, pues sí ¡yo me siento sometido a la medida! ¿Creen que es divertido para un hombre medir 1.55 metro?". Otro al que siempre le faltó el dinero en la vida, dirá: "Oh, pues sí ¡me siento sometido a la medida! No he podido, ni una sola vez, viajar en primera clase para saber cómo se siente, nunca he podido ir a un hotel de más de una estrella, nunca me he podido comprar un traje lujoso, aunque tuviera ganas de comprármelo; ¡toda mi vida me he sentido asfixiado!". Otro escuchará con ojos de sorpresa este tipo de respuesta y dirá: "¡Claro que me siento sometido a la medida! Y es que tengo una gran aspiración por la belleza, el amor y, sin embargo, ¡mi vida es tan mezquina, tan pobre!". Cada uno sentirá la medida a su manera. Pero todos saben que esa es su prisión: estar sometidos a la medida. Todo les parece medido. Por esta razón encontrarán muy a menudo en las enseñanzas espirituales, las palabras "riqueza" o "tesoro"; la imagen más inmediata de la extensión de esta medida es la palabra "riqueza". Solamente existe una cierta riqueza "que los ladrones no pueden robar, que la herrumbre no puede destruir", y que de ningún modo es medible, con ninguna unidad de medida. La ciencia podrá definir nuevas unidades de medida para fenómenos físicos o energéticos cada vez más sutiles, pero ninguna unidad podrá jamás medir el atman o el brahmán.

Sin su madre que les ha concebido, no tendrían medida. Este gesto hecho por Cristo en la iconografía cristiana, el introducir la medida en el Infinito, cada madre lo lleva a cabo cada vez que concibe. Con relación a lo ilimitado, al todo, aparece un punto medible y limitado, que al comienzo no es más que una célula: el huevo, la fusión de un óvulo y un espermatozoide; después aparece el pequeño embrión y podrán medir el número de células que lo componen, al cabo de algunas horas, al cabo de algunos días o al cabo de algunas semanas. Podrán medir después cuantas horas hace que ya existe o, al menos hacer una evaluación aunque no se pueda determinar, con un segundo de precisión, el instante de la fecundación. La Creación llevada a cabo por Dios, es la de la medida, y la procreación realizada por cada mujer es también la de la medida, pero para una entidad precisa, particular, que abandonará el útero materno al cabo de nueve meses.

Ya habrán visto por qué estas palabras "madre", "matriz" y "maternal" tienen el mismo origen que la palabra medida. Son prisioneros de esta medida y sufren a causa de esta medida. Si quieren una verdad simple, que resuma todo y en la cual todo esté incluido, es esa. Diremos que tal madre ha "medido sus caricias", "medido su amor", "medido su ternura"; ella daba poco, daba mezquinamente. Y nuestra psicología moderna ha puesto de moda la palabra "frustrado". ¿Cómo podría haber frustración cuando no hay medida? Todas las frustraciones son limitaciones en el interior de la medida, y la prisión es la sumisión a esta posibilidad de estar frustrado porque se está limitado.

***

La búsqueda del Sí-mismo comienza por la toma de consciencia de su identificación o de su libertad con relación a estos diferentes cuerpos y a estas diferentes materias. Nadie puede realizar esta búsqueda por ustedes: solo ustedes pueden llevarla a cabo, y es precisamente ella quien les conducirá al descubrimiento supremo. Si quieren buscar directamente lo supremo en ustedes, salvo rarísimas excepciones, esto será demasiado difícil. Si enfocan toda su atención en el atman, se arriesgan a ver cómo se les escapa constantemente. Durante horas, días, semanas tal vez, serán atrapados por las identificaciones a esos diferentes cuerpos. Como la palabra atman significa "Sí-mismo" –traducido algunas veces en francés por "Yo"–, observen, de la manera más sencilla, qué es este "yo". No busquen más allá de sus posibilidades; no busquen más allá de su experiencia, bajo el pretexto de que Ramana Maharshi lo haya dicho o de que está escrito en los Upanishads. "*Self Inquiry*" significa "investigación sobre sí mismo"; practiquen esta investigación. ¿Qué es este, "yo"? Es el cuerpo... una materia, una medida, un límite y observen su identificación con el cuerpo. ¿Soy yo este cuerpo? ¿Envejezco yo si el cuerpo envejece? ¿Estoy yo contrahecho si el cuerpo es jorobado? Entonces, verdaderamente, ¡no soy libre en absoluto de la materia física!

Y luego, sigan con su investigación. Descubrirán que son un cuerpo sutil, un cuerpo emocional, un cuerpo mental. Toda su vida afectiva está sometida a la medida: feliz, muy feliz, muy muy feliz; infeliz, muy infeliz, muy muy infeliz. Tengo sed de amor, estoy privado de amor o, al contrario, estoy desbordante de amor. La medida puede ser también negativa: "Ah, ya he tenido bastantes humillaciones". O tienen demasiado de lo que no les gusta o no tienen suficiente de lo que les gusta. Y recuerden medida = materia; materia = medida.

Aquí están, identificados con esa materia sutil. ¿Son ustedes realmente eso? Son ustedes, de entrada, son ustedes, ante todo. Pero ¿es que sólo son ustedes medida y cambio o es que "*ustedes*", en el sentido más profundo de esta palabra, "*yo*", en el sentido más profundo de dicha palabra, pueden ser sin medida y sin cambio? La respuesta de todas las enseñanzas espirituales es: sí. Pero este "sí" se debe convertir en su propio descubrimiento personal. No pueden vivir a través de terceros, a través del Buda, Ramana Maharshi, Ma Anandamayi, Karmapa o Kangyur Rimpoché ni siquiera de Jesucristo.

El universo se encuentra resumido en cada uno de ustedes. Desde ese punto de vista, todos somos semejantes: no hay seres humanos en los que no exista el atman y otros en los que sí exista el atman. Todo ser humano tiene un cuerpo físico más o menos desarrollado, un cuerpo sutil y un cuerpo causal. Descubrirán el atman a través de una toma de consciencia de estos cuerpos, de estas materias con las que se identifican y que, sin embargo, no constituyen su realidad suprema. Vean por ustedes mismos cómo se sitúan con respecto a la afirmación: "yo soy el cuerpo" o por el contrario: "yo no soy este cuerpo". Son ustedes, no los Upanishads, quienes deben responder. Pero no respondan apresuradamente, prematuramente; se requieren años para estudiar la mecánica del automóvil, mucho más es necesario para estudiar la mecánica humana. ¿Cómo piensan estudiarse a sí mismos con algunos intentos rápidos de meditación? ¿Cómo quieren conocer algo sin estudiarlo? ¿Y cómo van a descubrir en ustedes el Sí-mismo si no a través de lo que son o de lo que creen ser hoy?

Luego observen la identificación con el cuerpo sutil, que en ustedes se expresa a través de los pensamientos, las emociones. Siéntanlo: en todas partes encuentro la medida. Ahí donde haya medida habrá materia. Podrán sentirlo por sí mismos: eso es la prisión; eso es la servidumbre. Ya no es una palabra, es mi experiencia concreta. La palabra "liberación" no puede tener pleno sentido para ustedes si la palabra "servidumbre" no tiene pleno sentido para ustedes. Si pueden descubrir su servidumbre, es porque existe en ustedes, en la profundidad, la aspiración a la liberación. En el fondo de su consciencia, saben que son libres, pero siguen siendo prisioneros en las formas medibles. Si sienten: "yo-soy-prisionero", ya están salvados porque saben de donde parten, hacia donde van y cuál puede ser su camino. Esto además debe ser simple, si no todo se volverá complicado, intelectual; se enriquecerán con muchas ideas interesantes y verdaderas, pero serán ideas que seguirán procediendo, al fin y al cabo, de la medida. No existe ningún pensamiento, por noble o elevado que sea, que no sea material, que no esté inmerso en el mundo de la medida. Por consiguiente, no será a través del intelecto como sentirán en qué consisten la prisión y la liberación. Pero podrán tomar consciencia: "Soy prisionero de esta medida". Y si lo sienten, esa es la promesa de la liberación.

¿Por qué? ¿Cómo? ¿Por qué estoy prisionero? ¿En qué modo soy prisionero? Todos ustedes aspiran a eso que no se mide y a eso que no cambia; por tanto aspiran a liberarse de cualquier clase de materialidad. Y, sin embargo, están identificados con esos funcionamientos medibles. Esta palabra "identificado" era una de las palabras más importantes en la enseñanza de Gurdjieff, a través de la cual descubrí en mi juventud tantas verdades valiosas y es una palabra que aparecía con mucha frecuencia en el vocabulario de Swamiji. "Identificado", "fusionado con", "tomarse por" lo que no son realmente. Creer que son este cuerpo físico o este cuerpo sutil.

¿Qué quiere decir esto concretamente? Tomarse por lo que experimentan, aquí y ahora. El cuerpo físico está siempre ahí, cambiando, envejeciendo. Si no son conscientes de ello, no sentirán que son prisioneros de ello. Esto no representa en absoluto una servidumbre para ustedes. Después de todo, cuando duermen profundamente se liberan del cuerpo físico. Cuando nos duele algo, o encontramos un analgésico que nos permita quitarnos el dolor, o encontramos un somnífero que nos permita dormir, al menos mientras dormimos no estamos sufriendo. Por lo tanto no percibimos ya esta materia burda durante nuestro sueño, ya sea que durmamos con sueños o sin sueños.

Estos cuerpos existen para ustedes únicamente bajo la forma de la percepción que tienen de ellos aquí y ahora. Sienten su cuerpo como una determinada sensación y esta sensación se manifiesta en el instante y después desaparece. Cuando un hombre que sufre por ser demasiado bajo está viendo una película que le apasiona, durante hora y media ya no sufre por ser bajito. Si tenemos dolor de muelas basta con dejarse cautivar por una película apasionante para no sentir ya el dolor de muelas por una hora y media. No se enganchen con una idea demasiado vasta: "Mi prisión es la identificación con el cuerpo físico, el cuerpo sutil y el cuerpo causal. Mi prisión es la identificación con la materia burda o la materia sutil". Sean más precisos: mi prisión es la identificación con la consciencia particular que tengo de mí mismo, *justo en el instante*. Las sensaciones van, desaparecen; los pensamientos vienen, desaparecen; las emociones vienen, desaparecen, según ciertos ejes de causas y efectos que les son propios. Envejecen, eso es seguro, pero no cambian completamente de un día para otro, y sucede que podemos reconocer, en una foto sacada cuando tenía veinte años, al hombre que hemos conocido de setenta años.

Por lo tanto, su prisión es la identificación con esta consciencia medida y medible que tienen de ustedes mismos, con esta materialidad, pero bajo la forma de una sensación precisa, de un pensamiento preciso, de una emoción precisa, aquí y ahora; no hay otra cosa, y por lo tanto, solamente en este "aquí y ahora" podrán llevar a cabo su "*Self Inquiry*", "investigación sobre sí mismo". Y es esta investigación sobre sí mismos la que les conducirá al atman, al Sí-mismo.

Si se admiten estas ideas, si se constata intelectualmente y si se tiene el sentimiento de que podríamos ser libres de dichas identificaciones, ya no se puede permanecer en las ideas generales que no llevan a ninguna parte. El camino no está en lo general sino siempre en lo particular. Si no se tiene miedo a nada ¿dónde está entonces el problema del miedo? A cada segundo su afán; a cada segundo su "sí"; a cada segundo la no-identificación, hasta que ésta se establezca para siempre. Lo que les va a ayudar, es aquello con lo que se identifican en el instante: cierta sensación del cuerpo, cierto pensamiento, cierta emoción. En el instante, me siento sometido a la medida. No existe nada más que el instante. Nunca insistiré lo suficiente sobre eso. Todo lo demás es el mental. Si pueden escucharlo, están salvados. Pero sé muy bien, porque he pasado por ello, que dado que el instante es "muy pequeño", no conseguimos comprender el valor del instante y buscamos algo más vasto, una gran perspectiva con respecto a nuestro pasado y a nuestro futuro.

No hay nada más que el instante. No vale la pena buscar otra cosa, y es este "pequeñito", este *infinitamente pequeño,* este instante presente lo que les puede revelar lo *infinitamente grande* de la eternidad. El instante y la eternidad se encuentran porque ambos son infinitos. Si no están en el instante, de nuevo estarán en el tiempo y de nuevo estarán sometidos a cierta forma de medida. Si están exactamente en el instante, se escapan de la medida.

Traten de sentir que existe "yo" y la prisión. Esto surgirá bruscamente, después desaparecerá, y luego regresará con más frecuencia. Existe "yo", el "yo" puro, y la prisión; y esta prisión no es otra cosa más que la identificación de este "yo" con el pensamiento o la sensación o la emoción del instante. ¡Qué prisión que les limita por todos lados! Qué esclavitud y qué servidumbre, que tiene el poder de traerlos de acá para allá, de empujarlos, de tirar de ustedes, de elevarlos, de rebajarlos, de condenarlos a actuar. "*It is the status of a slave*" decía Swamiji. "Es un estatus de esclavo". Mientras que en realidad son libres, destinados a la libertad, herederos del reino.

Aquí me gustaría atraer su atención sobre una discordia con relación al lenguaje que perturbó inútilmente a innumerables cristianos cuando descubrieron al Vedanta hindú. El gran Swami Vivekananda que por sí solo hizo más que todos los orientalistas y todos los demás swamis para dar a conocer el hinduismo vivo al occidente, muchas veces se alzó contra la doctrina cristiana del pecado original que afirma que el hombre, creado a imagen de Dios, es un ser caído, nacido en el pecado. Me acuerdo, en efecto, de un texto que recité en el coro de una parroquia protestante durante los años de mi juventud: "Reconocemos y confesamos delante de tu santa

Majestad que somos pobres pecadores, inclinados al mal, incapaces de hacer el bien por nosotros mismos". Vivekananda decía: "Si persuaden a un ser humano de que es un gusano indigno, acabará por creérselo; si le persuaden de que ha nacido en la corrupción, inclinado al mal, incapaz de hacer el bien, alguien caído, marcado por la mancha del pecado, terminará creyéndolo". Nos convertimos en lo que creemos, nos convertimos en lo que pensamos. "¡No!" (tronaba Vivekananda, que al parecer tenía una voz magnífica), "¡ustedes son libres, son puros, son perfectos, son el atman! Créanlo y se convertirán en el atman que ya son".

Innumerables cristianos quedaron sorprendidos al leer esta frase de Vivekananda. Sin embargo, las mismas enseñanzas hindúes que nos dicen: "Usted es el atman, puro, sin tacha, ilimitado, eterno, nunca afectado", hablan de ceguera, *avidya*, de ignorancia, *ajnana*, de sueño. ¿Entonces? E inversamente, la enseñanza cristiana les dice que son hijos del Padre Eterno, herederos del Reino, destinados a la Resurrección y a la vida eterna, creados a imagen de Dios.

Recuerden lo que es común a todas estas enseñanzas: ustedes son perfectos, libres, completos, hechos y derechos, pero de cierta manera, exiliados de esta perfección. Este exilio es descrito, ante todo, como una servidumbre. Pueden entenderlo en los términos que utilizo ahora: "Ustedes son sin cambio, sin medida, sin ninguna materialidad; y son prisioneros de la identificación con la medida y con el cambio, pero podrían ser libres en el interior de la medida, en el interior del cambio, totalmente libres". Si no quieren deambular durante años en los meandros de la complejidad psicológica, si quieren que su proceso sea eficaz, activo, tan rápido como sea posible, no pierdan de vista esta verdad central: Yo soy (*aham*) y a este "yo soy" se le añade una medida, un límite, una identificación con la materia. Ustedes pueden ser libres de esta identificación. La materia o la medida continuará según sus propias leyes, pero *ustedes* ya no se sentirán limitados ni sometidos a la medida; en el corazón de su consciencia, en el centro de ustedes mismos, se sentirán libres de toda materia. Lo que se produce en el plano material, ya sea materia burda o sutil, ya no podrá afectarlos en su ser, en su esencia.

***

Regresen ahora a la situación actual, es decir: heme aquí prisionero de esta sensación, de esta emoción, de este pensamiento; heme aquí prisionero de la medida, heme aquí prisionero del cambio. Y vean la importancia de estas dos palabras: medida y cambio –véanlo en ustedes. "Busquen y encontrarán". Todo sufrimiento está hecho de limitación. Véanlo una vez. Véanlo una vez más. Siempre aquí y ahora, en lo particular, nunca en lo general. Y después vean que la otra realidad relativa está estrechamente asociada a esta medida: eso es el cambio. Estos son los dos aspectos de una misma apariencia que pueden llamar simplemente la forma, en oposición a la ausencia de todas las formas. Ahora estoy feliz, ahora triste, ahora inquieto, ahora tranquilo, ahora ofendido, ahora humillado, ahora halagado, ahora relajado, ahora tenso, ahora llego a tiempo, ahora tarde; siempre una forma.

Ustedes están siempre fuera de ustedes. Y como la palabra suprema es la palabra "atman" que quiere decir el Sí-mismo, todo pronombre personal adquiere en este camino un gran valor. Cuando dicen "yo", deben sentir lo que hay de grave y de importante en este pronombre. Y cuando digo "ustedes", debemos sentir juntos lo que hay de grave y de importante en este pronombre; yo digo "ustedes" porque somos varios en esta sala, pero debería decir "tú". Conocen la bella frase: "Yo te llamé por tu nombre". Esto va dirigido a cada uno.

Ustedes están siempre ausentes de ustedes mismos. Cuántas comparaciones, parábolas, alegorías para ilustrar esta verdad –desde la del hijo pródigo que había dejado la casa de su padre, hasta la del hijo del rey que se perdió cuando todavía era un niño y que vive prácticamente en la miseria recogiendo leña en el bosque mientras que los emisarios de su padre lo buscan por todo el reino– pasando también por las palabras de los sufís: "Busqué por todo el mundo y el bien-amado me esperaba en mi propia casa"; o "ando errante y sediento por las rutas del mundo, y el cántaro está lleno en mi casa". Todas estas frases significan: me disperso en las cosas exteriores, cuando la realidad perfecta, la satisfacción perfecta no está en las cosas medibles y no está en las cosas cambiantes. Está en esta Consciencia suprema que escapa a toda materia, por lo tanto, a toda medida y a todo cambio.

Lo que les voy a contar ahora es algo sorprendente, pero así se acordarán mejor de ello. Una de las más grandes frases de sabiduría que yo he escuchado –aunque ese día no comprendí en absoluto que era una frase de sabiduría– fue pronunciada hacia 1950 en una emisión de radio que pretendía ser divertida, que de hecho lo era, y que hizo célebre al comediante y artista de variedades Francis Blanche. Él salpicaba el programa con eslóganes publicitarios de lo más estúpidos, del tipo: "Los que deseen plantar árboles frutales en su departamento diríjanse a la comisaría". Y entre estos eslóganes había uno que era una parodia de una famosa publicidad de la época: "... Y para regresar a su casa, sólo una dirección: ¡la suya!".

Quince o dieciséis años después, esta tontería de Francis Blanche la recordé como el resumen de todo el budismo zen, de todo el budismo en general, de todo el Vedanta hindú, de todo el yoga y de todo el cristianismo. "Para regresar a casa, sólo una dirección, la suya". Y ustedes viven siempre fuera de sus casas, en una u otra forma, cuando su realidad última es sin forma. Forma implica cambio; forma implica medida; forma implica materia burda o sutil.

Usted es comparable a un hombre o una mujer que tendría su propio apartamento, pero que por razones profesionales nunca estuviese en él. Hay un apartamento que es suyo, con ese mueble que estaba en casa de sus abuelos, que tanto quería, y que ha heredado, con esa alfombra que tanto le gustaba y que un día hizo la locura de comprar a pesar de que era tan cara, con esa tela que trajo de un viaje a Sikkim o a Bután, y que puso en la pared, con esas fotografías familiares. Y una noche duerme en el Sheraton de Nueva York, otra en el Hilton de Teherán, otra en casa del primer secretario de la embajada de Francia en Tokio, otra noche en un albergue puesto a disposición por el gobierno afgano para los expertos extranjeros. En resumen, su vida profesional hace que no viva en su casa. Tal vez hasta haya dormido en hoteles absolutamente miserables, ¡devorado por las pulgas que no le dejaron dormir en toda la noche!

Lo esencial, en mi comparación, es que nunca están en su casa. Siempre en un lugar diferente, siempre diferente. Y después, de vez en cuando, en raras ocasiones, regresan a su casa y sienten: "Aquí es mi casa, es el lugar al que pertenezco, es mi hogar".

De la misma manera, nunca son ustedes mismos. Yo feliz, ese no soy yo; yo triste, ese no soy yo; yo impaciente, ese no soy yo; yo tranquilo, ese no soy yo; yo inquieto, ese no soy yo, etc. ¿Cómo van a descubrir de nuevo el "yo" que no es nada de todo eso?

Este "yo", este verdadero "yo" que no es nada de todo eso, va acompañado de un cierto sentimiento (*swarupa*). Es un sentimiento no-dependiente que emana del ser; no es una emoción causada por una buena noticia o una mala noticia; no es una emoción causada por una gratificación o una frustración. Es un sentimiento no-dependiente, y por esta razón, se trata verdaderamente de ustedes. Lo pueden llamar sentimiento de ustedes mismos –sentimiento de haber regresado a ustedes mismos, sentimiento de haberse vuelto a encontrar. Y acuérdense de mi comparación con su apartamento en el que casi nunca estarían. Sepan reconocer: "no soy yo –yo. Soy yo sometido a una forma". ¿Y van a estar indefinidamente identificados con esas formas, prisioneros de esas formas? ¿O pueden volver a encontrar ese punto fijo que reconocerán en ustedes?

Cada forma es diferente, sin embargo, ese "sentimiento de uno" siempre es el mismo. Por supuesto que algunas formas pueden parecerse: las tristezas, las alegrías, son las tristezas o las alegrías; las impaciencias son las impaciencias. Pero en realidad, ningún fenómeno se reproduce de un modo idéntico a sí mismo: cada tristeza es la tristeza de ahora; cada alegría es la alegría de ahora –alegría medible, alegría material, alegría dependiente. Eso no puede ser el atman. Ese "sentimiento de uno mismo", lo vuelven a encontrar. Han estado exiliados de él durante varias horas, varios días, varias semanas: eso no tiene importancia; lo reconocen. Y después, de nuevo, desaparece. ¿Cómo ya no estar exiliado? ¿Cómo estar instalado (en inglés se dice *to dwell*, residir, permanecer) en ese sentimiento de uno mismo no-dependiente, que no varía? Debido a que es no-dependiente, escapa a la medida. Nada le falta y nada se le puede quitar. Y descubrirán que, si las emociones desaparecen de su existencia, el sentimiento de uno mismo puede establecerse y mantenerse.

Si este sentimiento de sí está presente, podrán tener verdaderamente el sentimiento del otro y no una emoción que el otro provoca en ustedes: emoción de rechazo si les insulta, si les hiere –o emoción de atracción si les dice palabras de amor o palabras tranquilizadoras. Si las emociones desaparecen, el sentimiento de sí ya no estará velado o recubierto. Y si este sentimiento de sí es permanente en ustedes, es decir que ya no se dejan a sí mismos por un sí o un no, si permanecen en sí mismos, estarán un día "establecidos en el Sí-mismo", "viviendo en el Sí-mismo". Podrán experimentar el sentimiento del otro, que no tiene nada que ver con la emoción suscitada por el otro. Es la comunión con el otro a través del corazón; es el reconocimiento del otro; es la unión con el otro; es la consciencia completa del otro, no solamente de su apariencia y su forma momentánea, sino de su profundidad permanente y divina.

Si son prisioneros de una forma momentánea de sí mismos, solo tendrán acceso a la forma momentánea del otro frente a ustedes —siempre, minuto tras minuto, hora tras hora, día tras día. Y así es como se desarrolla casi la totalidad de las existencias humanas. Viven prisioneros de una forma momentánea de sí mismos y sólo toman consciencia de la forma momentánea del otro. Límite contra límite, superficie contra superficie, momento efímero contra momento efímero. ¡Qué tragedia!

Si están establecidos en el sentimiento de ustedes mismos, si ya no son jaloneados a la derecha y a la izquierda, si ya no están continuamente formados y deformados como un caleidoscopio, si ya no son prisioneros de una forma momentánea de ustedes mismos, sino que están establecidos en su centro, ya no serán prisioneros de la forma momentánea que aparece frente a sus ojos —cualquiera que sea la forma y, en particular, la forma momentánea de un ser humano. Ya no sólo verán su maldad del momento, su gentileza del momento, su nerviosismo del momento, su ira del momento, verán su realidad profunda, idéntica a la suya, lo que hay en él de ilimitado y de eterno.

Este "sentimiento de sí" no es compatible con las emociones. Si la emoción viene, el "sentimiento de sí" desaparece: ya no están en su apartamento, están de nuevo en un hotel miserable lleno de pulgas o en un lujoso Hilton en alguna parte del mundo, en cualquier lugar menos en su casa, por todas partes salvo en ustedes. "Y para regresar a casa, una sola dirección: ¡la suya!".

Este "sentimiento de sí" es incompatible con todas las emociones, pero es compatible con todos los sentimientos. Solamente no confundan "sentimiento" y "emoción". "Sentimiento" es sentir con el corazón, con la inteligencia del corazón, la realidad que está frente a ustedes. De este modo, descubrirán la unidad que hay/es en la multiplicidad, la unión que hay en la separación en la superficie. Reconocerán realmente al otro como ustedes mismos. Ninguna forma de ustedes es ustedes mismos; ninguna forma del otro es él mismo, y por supuesto, ninguna forma de ustedes es el otro, ni ninguna forma del otro es ustedes. Pero si están establecidos en lo sin-forma en ustedes y ven lo sin-forma en el otro, si detrás de la superficie cambiante ven la profundidad eterna, ¿qué diferencia hay entonces entre el otro y ustedes? En el Sí-mismo, a través del Sí-mismo, en lo sin-forma, a través de lo sin-forma, el otro es ustedes y ustedes son el otro. Hay identidad. Nunca habrá dos formas idénticas. Pero lo sin-forma es siempre idéntico. Y este "sentimiento de sí" puede ser establecido definitivamente en ustedes; ya nada les podrá arrancar de ustedes mismos, hacerles salir de sí mismos, exiliarles de sí mismos, cualesquiera que sean las condiciones y circunstancias. Ya no es cuestión de atracción; ya no es cuestión de repulsión; es cuestión de unión o de comunión, "unión con". Y el otro, aunque nunca haya leído ni una sola línea de un libro de sabiduría, será sensible a ello. A través de sus emociones de superficie, sus rebeldías, sus dudas, sentirá algo nuevo: este que tengo frente a mí no es una forma puesta enfrente de mi forma, este que tengo frente a mí no es otro que yo. Y eso es verdad. Comenzará a sentir que él también es el atman, que él también es algo más que las formas momentáneas con las cuales no ha dejado de identificarse.

Entonces ¿cuál puede ser el camino? Vean. Vean este incesante exilio de ustedes mismos: ahora arrastrados hacia la izquierda, después arrastrados hacia la derecha, una vez más identificados con una forma, con una materia, con una medida. Quiero regresar a mí mismo.

Pueden hacerlo. Esa ha sido la existencia de tantos monjes benedictinos en el siglo VI, de tantos monjes zen en Japón, de tantos yoguis hindúes o tibetanos y otros tantos, en diversas vías espirituales, iniciáticas, esotéricas. Pero es necesario que los diferentes puntos que he enumerado hoy queden claros para ustedes, si no la vieja rutina de la identificación continuará llevándolos y no sabrán, a través de su propia comprensión, lo que es servidumbre, lo que es liberación, lo que es libertad. Después, si lo que les estoy diciendo es verdadero para ustedes, los demás aspectos del camino van a jugar su papel. Constatarán las identificaciones más poderosas en ustedes, comprobarán que esas identificaciones tienen un aliado, como una "Quinta Columna": es su inconsciente, al menos en ciertos puntos, en ciertos ámbitos.

***

La Verdad es inmensamente simple. El mental es indefinidamente complejo y la Verdad es infinitamente simple. La Verdad es el atman. Es decir: "yo soy sin medida, libre de toda materia, sin cambio, establecido en mí mismo, en el sentimiento de sí y en comunión con el Sí-mismo, o lo sin-forma, que está en todos lados del interior de las formas cambiantes". Esto es algo simple ¡tan simple! La libertad es simple; la prisión es la que es compleja. ¡Ojalá puedan sentirse prisioneros, de un modo muy simple, pero no como un ego prisionero de los líos, prisionero de las dificultades, prisionero de las complicaciones, prisioneros de su red de relaciones, de su trabajo, de los vínculos familiares en los que están metidos! No como ego: como Sí-mismo – fundamentalmente prisionero.

Toda forma es una prisión, bella o fea, *si se identifican con ella*. La prisión y la liberación es más simple, más radical que todo lo que les puedan proponer el ego y el mental. El cuerpo está presente bajo la forma de una sensación dolorosa —un dolor de cabeza tal vez, o al contrario, una sensación de bienestar, pero que la experiencia les ha mostrado que no es algo duradero: yo me sentía tan bien esta mañana y ahora me siento mal... ¿Entonces? Un pensamiento del instante, una emoción del instante. Y el "sentimiento de sí mismo" tan próximo, ¡se vuelve de repente aparentemente algo muy lejano, muy olvidado!

Ya saben que, en ciertas tradiciones, especialmente la de los sufís, la palabra "olvido" y la palabra "recuerdo" son dos palabras clave. ¡Tan olvidado! ¡Tan cercano! Siempre cercano —siempre. Este "sentimiento de sí mismo", aunque no sean conscientes de ello, lo llevan a todos lados a donde van. No es como la comparación que he hecho hace un momento, porque no se llevan consigo su departamento si tienen un trabajo en México o en Tokio. Al "sentimiento de sí mismo" podrían regresar cualesquiera que sean las condiciones y circunstancias. Este es su bien inalterable. Las tribulaciones del mundo pueden quitarles todo, pero no el "sentimiento de sí mismo". Y verán que este sentimiento es algo realmente libre de toda materia, de toda medida –libre, absolutamente libre. Es libertad. Y verán que *su* Sí-mismo, su propio Sí-mismo, el de Catherine, el de usted Martine, el de usted Michel, es *el* Sí-mismo –no más ego. El Sí-mismo en todos. Si puedo utilizar el lenguaje búdico diría: "el vacío es el mismo en todos". Y si prefiero el lenguaje hindú: "la plenitud es la misma en todos". Lo sin-forma es siempre idéntico a sí mismo; ya no hay "dos". Pero solamente en este sentimiento, ya no hay "dos".

Yo dije en el primer libro que publicamos desde que estoy en el Bost: «No se debería utilizar la expresión "mis semejantes". Abran los ojos, observen, la verdad es "mis desemejantes": todo el mundo es diferente; todo el mundo es único, solo y único –de ahí las desilusiones, de ahí las disensiones, de ahí las fricciones, de ahí la impresión de que nadie nos comprende». Traten pues de comprender a todo el mundo ¡en lugar de quejarse de que nadie les comprende! "Mis desemejantes"... Por el contrario, si están instalados en la profundidad de sí mismos y que, por consiguiente, tienen acceso a la profundidad del otro, ya no es siquiera "mis semejantes", es "mí mismo", idéntico, identidad, "la identidad suprema". En cualquier ola, cualquiera que sea, ayer, hoy, mañana, sobre las costas de Francia o las de Florida, el agua es siempre el agua. "Mis semejantes", me doy cuenta de que esta palabra no quiere decir nada. O bien digan "mis desemejantes" si ven la superficie, o bien digan "yo mismo" si ven la profundidad. En el atman, somos "uno". Realmente existe un cuerpo físico universal, un cuerpo sutil universal, un cuerpo causal universal y un atman único, universal. Y, según la frase tan célebre: *"tat twam asi"*, "Eso, eres tú", que se dirige a cada uno, a cada uno de ustedes, feliz o desesperado, es eso.

***

Hablar de atman eterno e infinito, del cuerpo causal universal, leer libros sobre el Vedanta que nos hablan de *brahman, avyakta, Ishwara, Hiranyagarbah, karana* y *karya, viraj* y *vaishnavara,* es muy bonito. Para ahorrarles los términos sánscritos, es hacia estas realidades que ha apuntado hoy "el dedo que apunta hacia la luna (y lástima para aquellos que miran el dedo)". Pero ¿qué sentido pueden tener estas consideraciones si no ven con certeza lo que pueden poner en práctica en sus existencias? Eso es lo que importa. Observemos una vez más por qué no son siempre ustedes mismos, por qué no pueden establecerse conscientemente en el cuerpo causal o *anandamaya kosha* —y menos aún en el atman.

Existe una realidad inmutable, que no tiene ninguna forma en particular, que por lo tanto no tiene límite, no tiene futuro —es decir que no tiene historia, que no cambia, que es la misma ayer, hoy o mañana, que a veces se ha descrito como *satchidananda* (ser-consciencia-beatitud) y que designan varios términos casi sinónimos: el Sí-mismo, el testigo, el espectador del espectáculo, "el conocedor del campo en todos los campos", según la expresión de la Bhagavad Gita. Esta realidad está ahí, en ustedes; ustedes ya son esta realidad.

Existe también, en un grado menor de realidad porque este es un mundo en cambio perpetuo, en flujo, en transformación, lo que en la India se llama comúnmente "el mundo fenoménico". Los acontecimientos se producen fuera de nosotros o en nosotros —pero en realidad todo se reduce a los acontecimientos que se producen *en nosotros*: lo que sucede afuera no tienen más realidad para nosotros más que como una modificación de nuestra consciencia, que toma la forma de lo que vemos, percibimos, o escuchamos. Estos acontecimientos se desarrollan según algunas leyes, cadenas de causas y efectos, cadenas de acciones y reacciones.

Entre este mundo inmutable y este mundo perpetuamente cambiante, aparece una extraña función llamada "el ego", *(ahamkar) del que se puede decir que no tiene ninguna realidad porque esta función puede desaparecer un buen día sin dejar la menor huella.* Ahora bien, lo que es, no puede desaparecer, sino solamente transformarse; nada de lo que es, puede dejar de ser —y lo que no es, no puede bruscamente existir. No hay más que transformación, transformación incesante. Esta ilusión del ego interviene entre la Consciencia inmutable, perfecta, y el mundo fenoménico y, a partir de esta ilusión, tienen la impresión de que *ustedes* están sometidos a acontecimientos, a vicisitudes y que *ustedes* quieren o que *ustedes* rechazan. Es este ego el que se expresa diciendo "yo", mientras que el verdadero yo es algo de otro orden.

Este ego es tan ilusorio como un espejismo en el desierto. El espejismo parece existir, pero realmente no existe y cuanto más avancemos hacia el horizonte, menos encontramos ese lago que habíamos creído ver brillar bajo la luz. Todas las comparaciones que designan una ilusión han sido utilizadas para denunciar a este ego, esta impresión de "yo, que vive estos fenómenos, que es afectado por ellos, que es responsable de todas las acciones, y la liberación o el despertar es la desaparición de ese sentido del ego. Algunos fenómenos seguirán produciéndose al nivel de los diferentes *koshas* (recubrimientos del Sí-mismo) pero ya no son percibidos de manera personal o, digamos la palabra: egoísta. Para demostrar que este ego no se confunde exactamente con lo que llamamos ordinariamente "egoísmo", a menudo se emplea la palabra "egotismo" –consciencia egótica. Puede haber un ego generoso, un ego relativamente no-egoísta, pero sigue siendo un ego, es decir que subsiste la impresión "yo", yo individualizado, yo separado del resto de la manifestación universal.

La tradición hindú utiliza desde siempre las dos palabras sánscritas *mukti* y *moksha* que significan de un modo muy preciso "liberación". Y el ego se imagina que un día se liberará, lo cual no tiene ningún sentido. Hoy este ego inútil, vano, irreal e incómodo está ahí. Este ego es el que interviene todo el tiempo para tomar todo de manera individual y, cuando hablamos de liberación, el ego se cree ya "liberado". Se dice a sí mismo que debe ser en efecto un estado muy feliz, pero el ego no puede de ningún modo imaginarse en qué consiste esta liberación, ya que la liberación es precisamente la desaparición del ego. Comprendan bien esta paradoja, para evitar basar durante años su *sadhana* –su camino– sobre un enorme error: el ego imaginándose a sí mismo liberado. Eso es imposible.

Pero ya pueden entrever en qué podría consistir esta liberación si reflexionan sobre una verdad que tal vez les parezca sorprendente –tanto mejor, ya que les impactará más. La liberación que ustedes, como ego, ya pueden concebir consistiría en que *ustedes* liberen todo lo que han hecho prisionero. Escuchen esta extraña frase: la Liberación, *su* liberación consistiría en que liberen todo lo que han hecho prisionero. Es propio del ego apoderarse de todo lo que existe, de instante en instante, para hacer de ello algo personal, para tomarlo personalmente.

El verdadero mecanismo del ego es una proyección del "yo individualizado" sobre todo lo que no soy yo. Incluso utilizaría la expresión imperialismo. El imperialismo del ego es absoluto. El mundo entero es percibido en función de esta impresión de uno mismo, que en realidad es ilusoria, lo digo y lo repito,. Todo es tomado de manera egocéntrica. Esta frase lo expresa bien: el ego de cada uno se convierte en el centro del mundo. Si ya no hay ego, ese centro desaparece y yo podré emplear otra expresión: "cosmocéntrico". El centro mismo del universo, de la manifestación universal, se vuelve nuestro centro. Y ese centro del universo está en todas partes y en ninguna parte, es el mismo en cada uno de ustedes, en cada uno de nosotros. La extinción del ego es la pérdida de esa perspectiva egocéntrica y la realización de esa perspectiva cosmocéntrica en la que estamos en comunión total y perfecta con la marcha misma del universo —dicho de otro modo, en otro lenguaje, en la cual nuestra voluntad se fusiona perfectamente con la voluntad divina.

Si observan bien —y pueden observar, pueden ver— el mecanismo consiste en una apropiación del no-ego por parte del ego. Lo que yo llamo imperialismo es como un pulpo que se extiende con sus tentáculos por todos lados, en todas direcciones, y que se precipita sobre todo lo que tiene enfrente para anexárselo, para hacer de ello un asunto personal y crear una confusión inextricable entre la realidad y esta intervención de nosotros mismos que hemos pegado, añadido, superpuesto a esta realidad. Swamiji decía: "*Ahamkar*, es el sello del yo puesto sobre el no-yo". Nadie vive en *el* mundo, cada uno vive en *su* mundo —nadie ve a Alain o Christian, cada uno ve a *su* Alain o a *su* Christian.

Pueden pillarse a ustedes mismos en este mecanismo. Si están vigilantes, de repente descubrirán con toda certeza de lo que estoy hablando. Instante tras instante un acontecimiento aparece, un hecho aparece y sobre este hecho superponen algo de ustedes—y este ustedes está compuesto de miedos, de deseos, de "me gusta/no me gusta", de atracción y de repulsión. Cada vez que aparece "me gusta", habrán creado esta confusión entre el fenómeno y ustedes. Cada vez que aparece "no me gusta" habrán creado esta confusión entre el fenómeno y ustedes. Este mecanismo no se produce sólo de vez en cuando, está en acción todo el tiempo. Si no están vigilantes y si no empiezan a descubrirlo, nunca escaparán de él.

De todo lo que existe, ustedes hacen su asunto personal y todo se vuelve sometido al pronombre posesivo –no solamente lo que les pertenece legalmente. No pueden mirar un abeto sin que se convierta en su abeto y que haya una confusión entre ustedes y el abeto –el ego y el abeto. Si pudieran dejar que el abeto sea él mismo sin que se mezclen indebidamente con este abeto, sin proyectar sobre él su inconsciente, sus atracciones, sus repulsiones, por primera vez verían al abeto.

Miren las flores que están en esta sala. En el mismo instante en que miro estas flores, me apodero de ellas –porque me gustan, porque me parecen bonitas. O, al contrario, me apodero de ellas al no gustarme, rechazándolas. Esta avidez, esta codicia es el pecado fundamental. Y tal vez puedan ahora comprender un poco mejor mi afirmación: lo que será *su* liberación será la liberación que ustedes lleven a cabo de todo lo que mantienen prisionero de este imperialismo y de lo que han hecho su mundo personal –incluso lo que no les pertenece como algo propio y de lo que no pueden decir "mi casa, mi oficina, mi hijo, mi hija o mi mujer". El ego se apodera de todo.

¿Pueden dejar cualquier cosa –cualquier cosa, incluso los seres humanos–libre de ser sí mismo? Esto es algo sutil y les pido que lo escuchen con un deseo real de comprender. Dejar a un ser humano libre, no quiere decir dejarlo libre para hacer lo que sea. Con el pretexto de no ser "imperialista" no voy a dejar a mi niño prender fuego a las cortinas jugando con cerillos; con el pretexto de no ser imperialista, no voy a dejar a mi hijo hacer gastos considerables que desequilibren completamente el presupuesto del hogar; bajo el pretexto de no ser imperialista no voy a dejar a mi secretaria enviar una carta llena de errores y de inexactitudes. El mental habrá llevado rápidamente lo que estoy diciendo al nivel más burdo y les propondrá una serie de argumentos que desmentirán lo que estoy diciendo. Mientras sientan que pueden intervenir, mientras tengan conciencia de ser el autor de las acciones y de tener cierta influencia sobre los acontecimientos, actúen. Incluso cuando este mecanismo del ego haya desaparecido, podrán seguir actuando y, como he dicho muchas veces, he visto a sabios "liberados" intervenir muy firmemente para prohibir, reprender, impedir. Yo he visto a Swamiji expulsar a personas del ashram; a Ramdas también. No conviertan esta libertad en algo totalmente burdo.

Un país colonialista, como Francia, renunció a su imperialismo y liberó poco a poco a todas sus antiguas colonias. Ustedes tienen el mundo entero por liberar; y para esto es necesario en primer lugar que se den cuenta cómo se apropian, cómo someten sutilmente, mentalmente al mundo entero. Traten de poner en práctica esto de lo que estoy hablando. Verán ese sello del "yo" sobre el "no-yo". Cuando digo "yo", hablo del "yo" como ego limitado, individualizado, personal y no del atman, el gran "Yo soy". En lugar de permanecer en mi sitio y dejar al otro —cualquiera que sea ese otro— en su lugar, creo esta mezcla, de tal manera que ya nada existe en sí mismo. Ya no veo nada más, no veo nada más que a mí mismo por todas partes, indefinidamente. El abeto existe, pero lo cubro con mi abeto; Lucía existe, pero la cubro con mi Lucía; Mónica existe, pero la cubro con mi Mónica. Pueden entrenarse poco a poco a darle su libertad al otro y a ya no confundir entre lo que soy yo y lo que no soy yo. El otro es otro. Cada ser humano, cada objeto, cada acontecimiento, cada fenómeno *es*, en sí mismo, sin tener nada que ver conmigo. Si yo no estuviera presente para tomar consciencia de él, estaría ahí de todos modos, igual existiría sin mí.

Es preciso que observen in fragante este movimiento hacia afuera, este movimiento centrífugo en el cual, en lugar de permanecer aquí, sin moverse, centrados en sí mismos, ni movidos por la atracción, ni movidos por la repulsión, se precipitan psicológicamente sobre todo lo que ven. Miran sencillamente la manija de la puerta que se encuentra a nueve metros de ustedes y ya están allá, a nueve metros, enganchados a esa manija; dejaron el centro de ustedes mismos, se fueron a la periferia de ustedes mismos y llegaron hasta la puerta. Miran el reloj, y ya están exiliados de su centro, situados en el reloj. No crean que en eso haya la menor unión o comunión. Únicamente hay imperialismo. Tomo los ejemplos que tengo frente a mis ojos, que tal vez les parezcan insignificantes, pero este mecanismo está siempre en acción.

Después verán que eso también es verdad con ejemplos que les afectan más, tales como su mujer, su hijo, su jefe, su empleado, su amante. Esta es la situación general. Mientras no tomen consciencia de ello, no se darán cuenta hasta qué punto lo que les digo es verdad. Si no son buscadores de la verdad, todo esto resulta sin interés y debe ser la charla más aburrida que jamás hayan escuchado. Pero si realmente han sentido que hay algo insatisfactorio en sus vidas, en su ser, en su consciencia, entonces pueden presentir que hay en estas palabras una clave importante.

***

El otro, cualquiera que sea ese "otro", es otro. Quizás sea yo como atman o brahmán pero, como ego, seguro que él no es yo. El camino de la superación del ego y de la liberación pasa a través de esta necesidad de devolverle al "otro" la libertad plena para ser él mismo, lo cual no excluye el hecho de actuar si sienten que esa acción es útil y justa, a la vez que se reconoce al otro como otro. *Ustedes* como ego pueden desaparecer completamente; la Consciencia permanece, los fenómenos continúan, pero el ego, que hace de los fenómenos un asunto personal, ha desaparecido. Están ahí como testigos inmutables, permanentes y los fenómenos están ahí –sin confusión. Los fenómenos han existido para ustedes desde el momento de la concepción; han existido incluso en lo que llamamos las vidas anteriores; existirán aún esta tarde, mañana, pasado mañana, hasta su muerte –y existirán incluso después de la muerte de su cuerpo físico. ¡Déjenlos existir! Y *ustedes,* ustedes serán testigos de ello, el espectador. Para el espectador la historia se ha acabado. Ustedes sienten que tienen una historia, un futuro, que han tenido momentos felices, momentos infelices, han tenido la sensación de progresar, de no progresar más, tal vez incluso de retroceder, de descender la pendiente, de remontarla. Esta historia personal solo existe para el ego. Los fenómenos no les conciernen realmente. Pero cuando digo: "ustedes", presten atención; a veces, "ustedes" designa el atman, otras veces "ustedes" se refiere al ego. Permanezcan atentos y no se confundan.

Este sentido del ego les da la impresión de tener una historia individual, con un pasado y un futuro, y de que han cambiado, progresado o no progresado. Cuando el ego desaparece, para ustedes, en el sentido más profundo de la palabra "ustedes", el futuro ha terminado. Habrán alcanzado la meta, habrán alcanzado "la otra orilla" y, por consiguiente, el viaje de la existencia se ha terminado. Pero en realidad, para la Consciencia, esta historia nunca ha existido. Esta historia personal solo ha existido para el ego y este ego es un malentendido, una ilusión que se interpone entre el mundo fenoménico (o la realidad relativa) y ustedes como Consciencia Inmutable.

Por el momento ese ego está aquí. Cuando dicen: "yo", se confunden con las cadenas de causas y efectos, con los fenómenos. Están atrapados, identificados, sujetos al deseo, sujetos al miedo, sujetos al sufrimiento; se acuerdan de que tuvieron un pasado con el que se sienten muy vinculados y que les provoca el convencimiento de que tienen un futuro. Para el atman no existe ningún futuro. El atman es inmutable. No cambiará nunca, suceda lo que suceda, o que no suceda. Pero mientras su consciencia sea la del ego y no la del atman, proyectan el pasado sobre el futuro y se imaginan a ustedes mismos teniendo aún una historia por delante, que tal vez sea feliz, o infeliz; algunas perspectivas les tranquilizan, otras perspectivas les inquietan, mientras que para la Consciencia no-dependiente, no es cuestión ni de estar tranquilos ni de estar inquietos.

Véanlo, a este ego, véanlo en acción. Hay una enseñanza que seguir, hay descubrimientos que hacer; hay verdades que ignoran hoy y que mañana ya no ignorarán. Y en este conocimiento o toma de consciencia se encuentra todo un aspecto de lo que se puede llamar "camino", camino que implica de hecho una irrealidad: esa ilusión del ego. Para el atman, para la Consciencia, no existe ningún camino: la Consciencia ya está ahí, pero aún no está realizada en plenitud. Cuidado, desconfíen, hoy por hoy están sometidos a esta consciencia del ego y el ego se hace una idea sobre esta liberación de la que de hecho no puede hacerse *ninguna* idea, ya que la liberación es la desaparición del ego. Un ego liberado, no existe. Un ego que ha desaparecido, sí. ¿Cómo puede desaparecer dicho ego?, esta es toda la cuestión.

Este ego no desaparece por medio de la supresión, la represión, la negación –por supuesto que no. Este ego desaparece volviéndose cada vez menos restrictivo, cada vez más fino, hasta que, de golpe, el cambio de nivel tenga lugar, parecido a un despertar –el sueño es cada vez más ligero y bruscamente se produce el despertar.

No paramos de hablar día tras día de esta desaparición del sentido del ego. Pero dense cuenta de que, para empezar, el ego está ahí. La flor no tiene nada que ver conmigo como ego. Ya sea yo árabe, judío o ario; ya sea viejo o joven; ya sea rico o pobre; ya sea que mis padres me hayan amado mucho o me hayan martirizado –eso no concierne a la flor. La flor está ahí. Y si encuentro bella esa flor, ya me he identificado con la flor, me he proyectado sobre la flor –simplemente declarando que es bella. De nuevo lo que me gusta y lo que no me gusta intervino. Y si digo que esta flor es bella, me parecerá fea otra flor de un tipo que no me guste. Nunca seré libre de ese monstruoso ego que aprisiona toda la plenitud, toda la libertad, toda la alegría, toda la paz.

Entonces ¿puedo mirar la flor y dejarla ser? Sorpréndanse, a pesar de su buena voluntad para aplicar esto de lo que hablo, en el proceso de no permitir a la flor ser diferente de su ego –completamente diferente. En lugar de proyectarse sobre la flor, regresen a sí mismos: están aquí, la flor está ahí, el otro es otro, no tiene nada que ver con mi ego y le devuelvo su total libertad para ser el mismo.

Con esto parecería que están reforzando todavía más la dualidad. Desde luego es necesario establecer en primer lugar la dualidad de una forma muy clara entre el ego y el no-ego; sólo de este modo podrán realizar la verdadera no-dualidad; nunca realizarán en la superficie la no-dualidad; la no-dualidad no se descubre sino en la profundidad. Por más que tomen a la flor, la abracen, la acaricien –siempre seguirá siendo "otra". Pero si le dan el derecho total a no tener nada que ver y nada que hacer con el ego de ustedes, si no la ven ya con una perspectiva egocéntrica, sino cosmocéntrica –es decir, de donde el ego ha desaparecido– *entonces*, en un nivel totalmente diferente, realizarán la unidad fundamental que hay entre ustedes y la flor. Pero esta unidad entre ustedes y la flor, la descubrirán en lo más profundo de ustedes mismos y ya no lanzándose o proyectándose sobre la flor.

Ahora podemos utilizar ejemplos que nos atañen mucho más que una bella flor. Podemos aplicar este punto de vista a los seres humanos que nos rodean y con los cuales estamos en relación. Ahí, el ego disfruta –o padece– al ya no reconocer la alteridad del otro y su derecho a la diferencia, y al ya no mantener esta separación, *esta dualidad sagrada* entre el ego y el no-ego. Tal vez como hemos hablado tanto de no-dualismo, se encontrarán sorprendidos al escucharme decir "esta dualidad sagrada". Sí, esta dualidad es sagrada, y el crimen del ego consiste en no respetarla. El ego comete un crimen al decir: "yo, yo, yo" y al invadir todo, al tomar todo personalmente, al poner su sello en todo –mi hijo, mi esposa... No, mi esposa es otra, mi hijo es otro, mi jefe es otro, mi secretaria es otra. El ego no tiene ninguna posibilidad de apropiarse. El respeto sagrado de esta dualidad es el único camino que puede conducirles a la no-dualidad.

Dos olas serán siempre olas diferentes, hagan lo que hagan. Es solo en calidad de océano que son uno. Como olas siempre serán dos. *El ego rechaza esa dualidad.* Y el camino quiere que vayan hasta el final de esta dualidad. Vean en acción este irrisorio esfuerzo del ego para que dos olas no sean más que una –imposible. Sufrimos por esta dualidad, tan bien descrita en los Upanishads: si hay dos, hay miedo; si hay dos, tarde o temprano esos dos se separarán, si hay dos, uno de los dos puede convertirse en mi enemigo –o si el otro es mi amigo puede desaparecer y dejarme solo; si hay dos, no hay seguridad ni paz inmutable. Y debido a que esto hace sufrir al ego, éste trata desesperadamente de suprimir esta dualidad intentando pretender: ¡la otra ola soy yo! No. La otra ola es la otra ola –y como olas que somos, estamos absolutamente separados y somos diferentes el uno del otro. Yo digo que el reconocimiento de esta dualidad es sagrado. Entonces, descubrirán la no-dualidad como océano. Pero ningún ego puede apropiarse de otro ego, nunca. Ni mi hijo, ni el gran amor de mi vida –o cualquier otra cosa que yo pretenda "amar".

Prueben, pongan en práctica. Y de este modo el ego desaparecerá sin dejar traza. A menos que se expresen diciendo: "el ego se ha transformado en atman", lo finito se ha transformado en infinito, lo limitado se ha transformado en ilimitado. "Transformado": más allá de la forma.

Es necesario que ustedes –en lo que tengan de más verdadero hoy, de más puro, es decir, más purificado, menos mezclado con lo que no son ustedes–observen con sumo cuidado este mecanismo. Cuanto más liberen, más se liberan a ustedes mismos; cuanto más reconozcan que el otro es otro, más se acercan al único atman, en el cual la dualidad se halla realmente anulada. Y esta no-dualidad, esta comunión real, esta base común a todo, nunca la descubrirán a través del imperialismo –ni siquiera en "el amor". Podrán estrechar a una mujer en sus brazos hasta ahogarla, serán siempre dos. Si pueden respetarla al punto de concederle la libertad total de ser otra, diferente de ustedes, en la profundidad de sí mismos descubrirán que son "uno". Y si esta mujer tiene la misma actitud con ustedes –¿por qué no?– descubrirá también que es una con ustedes. Esa es la verdadera comunión: ser uno con.

Si no ven con total certidumbre la ceguera del egocentrismo, nunca saldrán de la dualidad; seguirán viviendo en esta caricatura de no-dualidad que es la apropiación del universo entero por medio del ego. No hay salida. He dado la vuelta a esta cuestión en todos los sentidos, he reflexionado sobre mis fracasos del pasado, sobre lo que me mantuvo en la limitación durante años a pesar de mis esfuerzos de *sadhana*, sobre lo que un día hizo desaparecer dicho límite, y ahora soy categórico al respecto. El camino pasa necesariamente por esta etapa: la toma de conciencia plena de este mecanismo de apropiación o de imperialismo, y de esta mezcla indebida y mentirosa del ego con el no-ego, del "yo" con todo lo que no soy yo. Dejen esta mezcla, dejen este adulterio, dejen de proyectarse, dejen de apropiarse, dejen de hacer de todo su asunto personal –y dejen todo lo que no es el ego, no ser el ego. Ahora bien, en realidad, nada es el ego. Todo es el atman, pero nada es el ego.

***

Lo que he dicho se aplica también a lo que ocurre en el interior de ustedes. Este ego tiene también una relación imperialista con los fenómenos que se producen dentro de ustedes mismos, en lugar de reconocerlos como "producciones". Ciertas cadenas de causas y efectos producen un dolor de cabeza, y en lugar de permitir que ese dolor de cabeza esté ahí, lo cual no impide tomar una aspirina –a lo que tienen perfectamente derecho– hacen de ese dolor de cabeza un asunto personal. Y aquí conozco bien las reacciones del mental: "¡Me parece que Arnaud se pasó esta vez! Entiendo que me está prohibido hacer un asunto personal del comportamiento de los seres humanos que me rodean, pero si, además, me prohíbe hacer un asunto personal de mi propio dolor de cabeza, ya es un poco abusivo".

Si quieren ser libres de esta manera de ver egocéntrica, es preciso que sean neutrales con todo lo que sucede dentro de ustedes. Algunos fenómenos, es decir, las emociones, un día desaparecerán completamente. Las emociones desaparecen con el ego o el ego desaparece con las emociones –como prefieran. El ego está constituido de emociones y, si no hubiera ego, no habría emociones. Si dejamos que el otro sea otro ¿dónde podría nacer la emoción (feliz o infeliz)? La emoción es la expresión de este imperialismo del ego. Un día las emociones desaparecerán totalmente en ustedes. Pero, por el momento, están ahí. E incluso podrán reconocer a la emoción como un fenómeno producido por cadenas de causas y efectos y con el que se confunden, del cual se apropian, ya sea para ser todavía más felices si se trata de una emoción feliz, o para rechazarlo si se trata de una emoción dolorosa.

Hagan la prueba: dejen que los fenómenos se produzcan, denles derecho de producirse, actúen, pero sin imperialismo. Verán revelarse en ustedes poco a poco la Consciencia no afectada, la verdadera Consciencia, esa que ya estaba ahí, que ES ahí. No puedo siquiera decir: que estaba ahí, que está ahí y que estará ahí; es una Consciencia con la cual sólo se puede emplear el tiempo presente: que es ahí –eso es todo.

Descubrirán esta Consciencia inmutable devolviendo la libertad. Devuelvan la libertad a un dolor de cabeza que se produjo porque una serie de cadenas de causas y efectos actuaron; devuelvan la libertad a un dolor de espalda que se produjo porque una serie de cadenas de causas y efectos actuaron; e incluso devuelvan la libertad a una angustia que se produjo en ustedes porque una serie de cadenas de causas y efectos actuaron.

Cuando rechazamos los sufrimientos los agravamos, los reforzamos, los hacemos durar –y nunca somos libres de ellos. Liberen ese sufrimiento: sufrimiento, ya no me perteneces, te dejo libre. Y ese sufrimiento desaparecerá por sí mismo. Denle su libertad, lo aprovechará, estén seguros de ello, se irá. "Lo que viene se va". Esto es verdad con todas las emociones, sin excepción. Una emoción sólo llega para irse. Déjenla libre, no la retengan. Como una nube que pasa en el cielo, no se apropien de ella.

Vean estos fenómenos interiores dentro de ustedes, con los cuales se confunden e identifican. Vean estos diferentes recubrimientos del Sí-mismo, estos *koshas*, físico, energético, mental, intelectual –hasta el recubrimiento muy fino y sutil de *anandamayakosha*, la envoltura más pura, la más próxima al atman. Al nivel de todos estos recubrimientos existe una historia– hay creación, hay destrucción; hay muerte, hay nacimiento.

***

En los Upanishads hay una noción cuya importancia no es tan fácil de comprender y que concierne especialmente al sacrificio, la ofrenda en oblación. La noción de *anna* y *annada*: el alimento y el que come el alimento. Swamiji me dijo un día esta frase, de entrada sorprendente, a propósito de esta *anna* y *annada*: "Si usted comprende de qué se nutre y a qué sirve de alimento, habrá comprendido lo que hay que comprender". Y los Upanishads nos enseñan: "El brahmán es lo que no come nada y que no es comido por nada".

En la dualidad, tal como se presenta y tal como debe ser reconocida plenamente–el otro es otro– tratarán todo el tiempo de comer, de devorar, es decir, de apropiarse, de hacerlo suyo; y no podrán evitar ser ustedes mismos comidos todo el tiempo y que el otro, cualquiera que sea (ser humano o fenómeno natural) les coma, es decir que trate de apropiarse de ustedes. Lo recíproco es forzosamente verdadero. Y quien dice comer dice, por lo mismo, digerir, asimilar —y eliminar. ¿Cuál es la mejor manera de "tomar" de manera personal? Es comer —ya que hago de ello mi propia carne y mi propia substancia. Comprendan bien esto. Señalo de paso, y les propongo que sólo reflexionen en ello si este tema puede afectarles, que tratamos superficialmente aquí un tema fundamental y poco comprendido del cristianismo, el de la Eucaristía: "Les doy mi cuerpo a comer, les doy mi sangre a beber".

Comer no quiere decir solamente comer zanahorias o papas. Si no responderían muy fácilmente a la pregunta de Swamiji: "¿Qué como? Carne, pescado, espinacas, huevos. Pero entonces ¿qué es lo que me come? Pues bien, hoy no puedo ver bien esto, pero seré comido por los gusanos cuando me encuentre reducido al estado de cadáver". Pero ustedes no están compuestos sólo de un cuerpo físico; están compuestos de cinco koshas. Y este fenómeno del que come y del que es comido (*anna* y *annada*) es una verdad permanente, y es verdad al nivel de los cinco *koshas*.

Comprendan bien que este imperialismo del ego del que hablo consiste en querer devorar, absorber, hacer mío. Ah ¡si lo consiguiéramos!... El universo entero nos pertenecería y el ego hubiera triunfado en su empeño de imitar al atman y, en cuanto ego limitado, de conquistar lo ilimitado. Realmente eso es imposible. Lo finito nunca absorberá (otra manera de decir comer) a lo infinito, lo limitado nunca absorberá a lo ilimitado. Pero mientras no vean la locura de este ego que intenta ser una vana caricatura del atman y de la no-dualidad, no escaparán de él. Seguirán siendo llevados por este movimiento insensato que busca siempre absorber. Permanecerán identificados con *anna* y *annada*, el alimento y el que come el alimento.

Muchas expresiones del lenguaje popular designan esta gran verdad de *anna* y *annada*. Pueden decir que devoran kilómetros con su coche o su motocicleta. A veces este deseo del ego se manifiesta directamente por el hecho de comer pasteles en las pastelerías o queso en la cocina, y ciertas personas llegan al punto de simplemente engordar o de volverse obesos. ¡Pero eso no hará que su cuerpo físico sea capaz de contener al universo entero! Lo mismo ocurre con el cuerpo sutil. El cuerpo sutil no puede, sobre la base del ego, contener al universo entero —solamente sobre la base de la comprensión: comprender, lo cual significa incluir. Pero sólo pueden comprender e incluir verdaderamente aquello a lo que le dan pleno derecho a ser; si no lo anexan sin haberlo visto, sin haberlo reconocido –adueñándose de él de inmediato, proyectándose en seguida sobre él. Entonces vean: el cuerpo físico experimenta la necesidad de comer; el cuerpo sutil también y de muchas maneras. Trata de nutrirse con todo. Uno prefiere las patatas fritas, el otro prefiere tallarines; del mismo modo ciertos cuerpo sutiles prefieren un tipo de alimento como la gloria y el éxito (alimento que le convenía a Napoleón cuando conquistó Europa), y otros preferirán nutrirse sobre todo de música. El proverbio dice: "Cada quien toma su placer donde lo encuentra". Podemos decir también: cada uno toma su alimento ahí donde puede tomarlo.

Observen bien como este imperialismo del ego del que les hablo corresponde, en un sentido sutil, a esta noción de comer, devorar. El ego trata todo el tiempo de alimentarse, como las vacas que no dejan de rumiar de la mañana a la noche. Vean el lugar que ocupa el alimento en la vida natural.

Si comprenden que tratan todo el tiempo de comer, absorber, deben comprender que lo recíproco debe ser verdad, y que de la mañana a la noche los demás tratan de comerlos, absorberlos. De la mañana a la noche, al mismo tiempo que tratan de alimentarse como ego, también son "tragados" como ego. Un doctor es "tragado" por sus enfermos, un amante es "tragado" por su amante, algunas madres son "tragadas" por sus hijos. Pero el atman no come nada y no es comido por nadie. Apliquen a ustedes la frase de Swamiji: "Arnaud, si usted comprende de qué se alimenta y a qué sirve de alimento, entonces habrá comprendido lo que hay que comprender". No hagan de esto una frase tan misteriosa y esotérica que ya no tenga nada que ver con ustedes; regrésenla a su nivel. Lo que es verdad en un nivel también lo es en otro; las leyes son las mismas en todos los planos. Hoy viven en esta consciencia particular del ego. Vean en acción esta gran verdad de los Upanishads de *anna* y *annada*, el alimento y el que come el alimento. Y comprendan que ambos fenómenos están forzosamente ligados. Si quieren comer, servirán de alimento a otro; esto es algo inevitable, resulta verdad en todos los niveles: físico, vital, mental, intelectual, salvo el último —el atman. Están de acuerdo en comer todo el tiempo, en alimentarse de todo lo que les gusta. Admitan también que la existencia se nutre de ustedes, los demás se nutren de ustedes.

Físicamente servirán de alimento a los gusanos, pero hoy, de un modo vital (*pranamaya kosha*), lo que "chupa" su energía se nutre de ustedes; y en el plano mental (*manomaya kosha*) lo que les provoca emociones se nutre de ustedes. Si comen son comidos. *Lo que toman con avidez, al mismo tiempo se apropia de ustedes.* Un matemático que se nutre de sus matemáticas sirve de alimento a sus matemáticas; él es "devorado" por sus investigaciones y su trabajo —inevitablemente. ¿Quieren ser libres? Liberen. ¿Quieren ser libres? Abran las puertas. Ustedes son guardianes de la prisión.

Si tuvieran una visión total de esto que trato de explicarles, se liberarían al instante. He visto... se acabó. Hay una puerta que abrir definitivamente. Todavía no pueden abrirla porque no están lo suficientemente unificados. Todavía están hechos de piezas y pedazos. En los textos budistas se emplea la expresión "la gran colección" para designar al ser humano. Esta no-unificación les impide poner total y definitivamente en práctica lo que tienen la impresión de comprender. Porque su totalidad no lo comprende tan claramente como el intelecto. Si pudieran ver que esto es una gran verdad, soltarían la presa completamente, liberarían, y al mismo tiempo, serían libres. No más ego. Aceptarían la ley natural, inevitable, del intercambio: no pueden tomar sin dar. Así es la ley, están obligados a alimentarse *en el mundo fenoménico* —y a servir de alimento *en el mundo fenoménico*. Pero descubrirían eso que, en ustedes, no come nada y no es comido por nadie —ni física ni sutilmente— es decir, el atman. Descubrirían que eso que no come ni es comido por nadie, es la base universal, inmutable, de este mundo fenoménico que consiste únicamente en ese doble movimiento de *anna* y *annada*. En el nivel de la multiplicidad todo es alimento y todo se alimenta. En el nivel del único, eterno e infinito océano, nada come, nada es comido. Y esto lo pueden descubrir en ustedes. Es la seguridad absoluta. La muerte es simplemente un aspecto particularmente importante de este fenómeno. El cuerpo físico es destruido definitivamente, ha dejado de alimentarse y va a servir de alimento. Pero en el plano sutil los fenómenos continúan.

No transformen mis palabras en un sin sentido imposible de poner en práctica. Físicamente se alimentan. ¡Coman! Coman de manera justa, no se atasquen, coman los alimentos apropiados –sabiendo que un día serán ustedes los que serán comidos. Esa es la ley. Desde el punto de vista energético (*pranamaya kosha*) absorban la energía. La energía les llega con el aire, con la luz, con todas las vibraciones –todo es más o menos un portador de *prana* y *este prana*, esta energía, ustedes son capaces de nutrirse de ella en mayor o menor medida. Nútranse artísticamente, intelectualmente. Nútranse de música, nútranse de obras de arte. Nútranse. Pero acepten que sirven de alimento, no se rebelen. Acepten, acepten. Si usted es una madre sirva libre y conscientemente de alimento a sus hijos; si es un doctor, sirva de alimento a sus pacientes. Entréguense conscientemente para ser devorados. "No existe un amor más grande que dar su vida por aquellos a los que se ama." El ego grita: "¡Yo quiero comer, pero no quiero ser comido!" El atman dice: "Me da igual, ni como, ni soy comido". En cuanto a los fenómenos, estos se desarrollan según su propia ley de causa y efecto, "la voluntad de Dios", con la cual su voluntad puede fusionarse un día.

Y después vivan de manera justa, es decir, tomen sólo lo que les resulte necesario y dejen a cada cosa ser ella misma: no traten inmediatamente de apropiarse de ello. No hablo solamente de los casos en los que, manifiestamente, están ustedes devorando a alguien debido a su insistencia, sus demandas, sus reclamaciones. Yo digo –y pueden comprobarlo– que, de la mañana a la noche, ya no respetan la diferencia, ya no respetan la dualidad, y a través de la anexión nunca alcanzarán la comunión, al contrario. Este imperialismo del ego les saca de sí mismos, les arranca de su propio centro, les atrae cada vez más hacia la periferia, hacia los objetos de los que quieren apropiarse.

Concédanle la libertad a lo que les rodea y, así, estarán centrados en ustedes mismos. Mi amor hacia esta flor me ha arrancado de mí mismo y me he fusionado con la flor; mi repugnancia por esta serpiente me ha arrancado de mí mismo y me he fusionado con esa serpiente. Si doy la libertad, me doy la libertad a mí mismo. Devuelvan la libertad a lo que no les gusta, devuelvan la libertad a lo que aman. No decidan: esta flor es bella. Ya se han apropiado de ella. No. Ella "es"; ella ES. El cardo es tan bello como la gladiola, el diente de león es tan bello como el crisantemo...

Una frase del Maestro Eckhart dice: "Pueden aprovechar todas las bendiciones de la existencia si, en ese mismo instante, están dispuestos a abandonarlas de inmediato de manera igualmente alegre". Esta es otra manera de expresar lo mismo. Pueden aprovechar todo lo bueno de la existencia si, en el mismo instante, están dispuestos a acoger de modo igualmente alegre un acontecimiento considerado como desagradable. En ese momento son libres. Pueden entender esta frase en dos niveles distintos. Pueden entenderla como refiriéndose al *jivanmukta* que es capaz de ser uno con todo, de apreciarlo todo, lo "bueno" y lo "malo" –pero es difícil comprenderlo sin antes haberlo experimentado en uno mismo–. Y pueden también entenderla como concerniente al discípulo comprometido con el camino –el discípulo que progresa, que va a seguir viviendo en el ego, pero de una manera mucho más refinada, el ego está aún ahí, pero de un modo menos restrictivo, menos tenso, mucho más libre. Tomen esta frase como algo que ya les concierne como discípulos a partir de hoy. ¿Por qué vivo en el miedo, la culpabilidad, y me frustro? Acojan, acojan lo que puedan recibir y lo que les es dado. Pero acojan también lo que no les gusta y que les es dado. Acojan los acontecimientos felices; acojan también los acontecimientos infelices, sin rebelarse. Y cuando reciban algo feliz, tómenlo sin imperialismo, sin codicia, sin apego (*moha* en sánscrito) sin hacer de ello un asunto personal. Lo recibo en la libertad; en el instante, está ahí. No se puede decir ya "tomar" sino "comulgar". En el instante, está ahí. Tal vez en un segundo ya no esté ahí. Está ahí. Si otra cosa sucede, la acojo también.

A través de esta libertad interior sentirán lo que es justo, qué acción debe ser llevada a cabo. Ya no se trata de la expresión del ego con su ceguera, sus miedos, sus deseos, su enloquecimiento. Es la respuesta neutral y objetiva para toda circunstancia; dada sin dejar ese centro que no come nada ni es comido por nadie.

***

Como la palabra ego está en singular, puede fácilmente inducirles al error. El "sentido del ego" es el denominador común de la "gran colección", de la coexistencia de facetas diversas y contradictorias en cada hombre, y que a menudo son incompatibles y tienen una indiferencia y un desprecio soberbios las unas hacia las otras.

Con frecuencia el camino se expresa en términos contradictorios –y esto lo deben aceptar. No estamos acostumbrados a admitir que diferentes puntos de vista puedan ser verdaderos al mismo tiempo. La lógica occidental afirma: o es así o no es así; o dos cosas son iguales o son desiguales. Pero la lógica oriental es fiel a la vida, más completa y más sutil: eso puede que no sea ni diferente ni no-diferente, eso puede ser a la vez diferente y no-diferente. Mentalmente estamos desconcertados, pero solamente si aceptamos vivir estas contradicciones podremos ir más allá.

Si existen dos términos contradictorios y escogen uno eliminando al otro, permanecerán en la dualidad, permanecerán en el conflicto. ¿Es posible situarse en sí mismo en un plano de consciencia que vea y que incluya a la vez lo que normalmente se siente como opuesto o contradictorio? Acepten que, si se atienen a las palabras, un día puede ser dicha una verdad y al día siguiente esta verdad puede ser contradicha por una expresión del todo diferente, y sin embargo, que ambas sean correctas.

Por ejemplo, yo digo que deben encontrar la unificación. Y también digo que deben aceptar la multiplicidad. ¿Acaso no existe una contradicción? Yo digo que el ego debe extinguirse y desaparecer; digo también que el ego debe abrirse, ensancharse, expandirse, sentirse realizado. ¿Acaso no hay en esto una contradicción? Aparentemente sí. Tendrán que ir más allá de la lógica ordinaria y comprender que la Consciencia real o la Vida real incluye a los contrarios, reconcilia a los opuestos, mientras que nosotros estamos habituados a pensar sólo por eliminación. Observen bien cómo funciona nuestra existencia, está basada en la eliminación; conservan lo que les gusta, eliminan lo que no les gusta.

La realización se sitúa a un nivel totalmente diferente, no solamente al del mental sino también al de la inteligencia ordinaria, la inteligencia del técnico, que es la inteligencia objetiva no perturbada por las emociones, pero que permanece aún en el interior de las polaridades o de las dualidades.

La gran cuestión no es escoger la unidad contra la multiplicidad, o la multiplicidad contra la unidad, se trata de reconciliar la unidad y la multiplicidad. La unidad de la que hablamos es una unidad que no se opone a la multiplicidad, voy a retomar una vez más el ejemplo inagotable de las olas y el océano: las olas innumerables son conciliables con un único océano. No se trata de elegir *o* la multiplicidad de las olas *o* la unidad del océano, es *a la vez* la multiplicidad de las olas *y* la unidad del océano. La visión justa ve la multiplicidad como expresión de la unidad. La multiplicidad no excluye la unidad y la unidad no excluye la multiplicidad. Si sólo vemos la multiplicidad, tendremos una visión parcial y si, en un estado de meditación o de *samadhi*, sólo vemos la unidad, no todo está resuelto. Según la expresión hindú, la realización es *all embracing*, incluye todo.

He dicho muchas veces que el punto de culminación del camino podría ser expresado a través de los mismos términos que el punto de partida, pero totalmente a la inversa, como el negativo de una foto con referencia al positivo. Al principio del camino, nos consideramos erróneamente como una unidad. Durante el camino, descubrimos que somos una multiplicidad. Al final del camino, esta multiplicidad se encuentra incluida en la Unidad. Pero, entre el inicio y el final, existe un momento de transformación. Es necesario saber si hablamos de la consciencia ordinaria en la que viven los hombres "dormidos" o "ciegos", o si hablamos de la Consciencia despierta, o si hablamos de la transformación que representa el paso de un modo de consciencia a otro.

El ser humano ordinario no es realmente consciente ni de su multiplicidad, ni de sus cambios incesantes. Ya es parte del camino el afrontar esta inestabilidad y estas contradicciones. Pero si un ser humano, de manera brusca y brutal, tomase consciencia *simultáneamente* de todos los aspectos de sí mismo, quedaría realmente desmantelado. Su consciencia de sí no podría soportarlo. Acabaría teniendo esquizofrenia u otra perturbación grave –tal vez incluso incurable– que tiene más que ver con la psiquiatría que con la ascesis. La naturaleza actúa de tal forma que estas tomas de consciencia brutales sean excepcionales. A veces se producen prematuramente por el consumo de ciertas drogas; ha sucedido, bien lo sabemos, que algunos experimentadores no han podido soportar las revelaciones que la droga les brindó, y nunca pudieron regresar a un estado de consciencia normal quedando definitivamente incurables.

La verdad es que su consciencia ordinaria incluye muy poco; no solamente incluye o comprende muy poco de este vasto mundo, sino que también incluye y comprende muy poco de lo que les compone; y esta verdad es la base de las enseñanzas antiguas.

Díganse que ustedes no conocen todo lo que ocurre en su interior. Están en la situación de alguien que poseería una gran casa y un jardín pero que siempre viviera en el jardín y nunca entrara en la casa. Conocen las dos palabras: exoterismo y esoterismo. "Exoterismo" quiere decir que atañe al exterior y "esoterismo" quiere decir que atañe al interior; se dice generalmente que las enseñanzas exotéricas conciernen al gran público y que ciertas enseñanzas esotéricas conciernen a una minoría y a una élite de iniciados. Pero lo que es exotérico, es el hecho de no conocer más que la superficie de nosotros mismos; lo que resulta verdaderamente esotérico es conocer el interior de nosotros mismos. Un ser humano que no está comprometido con un camino de ascesis y de despertar puede vivir y morir no habiendo conocido más que la periferia de su ser o de su consciencia –una parte muy pequeña. Y lo esencial, una parte infinitamente más vasta, permanece desconocido. Un aspecto importante de la sadhana es la toma de consciencia de todo ese interior que ignoran. La palabra "esoterismo" toma aquí todo su valor.

Todo lo que compone el universo se encuentra en el interior de ustedes, aunque sea en estado de traza. Varios personajes existen en ustedes, en las profundidades. A veces es uno, a veces es otro el que se manifiesta, y otros más nunca pueden manifestarse abiertamente; su expresión está censurada, prohibida. Aunque estén de acuerdo, no se digan: "Yo, Giselle, o yo, Bernard conozco a todos esos personajes". Digan más bien: "Estos personajes no se conocen unos a otros". Pues ahí está lo esencial. Imaginen a un doctor que recibiera clientes a lo largo del día pero que se las arreglara para que dos clientes nunca se cruzaran en el pasillo, ni en la sala de espera, ni siquiera en las escaleras; una cita se acabaría a las 10h y siguiente sería a las 10h 05. Ustedes se encuentran en dicha situación. Un personaje surge en ustedes, habla, decide, desaparece en las profundidades y otro, totalmente diferente, sube a la superficie. Esto es mucho más importante de lo que podemos imaginarnos durante mucho tiempo; aunque aceptemos esta idea, no podemos darnos cuenta hasta qué punto esto es verdad –y trágico.

Poco a poco empiezan a conocer -verdaderamente conocer– a estos diferentes personajes, los que son halagadores, los que lo son menos, los que la opinión pública acepta de buen grado, o los que la opinión pública reprueba, los que la moral predica y los que la moral condena –que aparecen, que desaparecen, y con los cuales cada vez se encuentran identificados o fusionados.

Se encuentran en la situación de un actor en un teatro que alterna su programa, que en lugar de interpretar todas las noches la misma obra, interpreta el lunes *"El Cid"*, el martes *"Polyeucte"* y el miércoles *"Andrómaca"* y que cada vez se identifica con el papel que está interpretando. Que cada vez olvida que es el señor Paul Dupont, actor, y debido a una extraña aberración, se siente realmente Pyrrus, Rodrigo o Polyeucte. Cuando aparece un protagonista se creen dicho personaje, y cuando otro protagonista aparece, sienten que son el nuevo personaje, olvidando el papel que han interpretado mecánicamente, no conscientemente, una hora antes u ocho días antes. El personaje que, con todo su corazón, toma una decisión no es el que, más tarde, actúa de modo contrario a dicha decisión. No es el mismo personaje el que decide no fumar porque quedó impresionado al leer un artículo sobre el cáncer de laringe, y el que, al día siguiente, va a comprar un paquete de cigarrillos. No se trata del mismo personaje que, con todo su ser, se vuelve hacia Dios en el transcurso de un retiro sincero en un monasterio trapense y el que conduce a 160 km/h a pesar de los límites de velocidad para reunirse media hora antes con la mujer de la que está perdidamente enamorado, y por la que abandona a su esposa y a sus hijos.

No crean que tomo ejemplos exagerados. Yo mismo he conocido y vivido estas intensas contradicciones entre los aspectos de mí que me parecían los más orientados hacia la sabiduría o la santidad, y los aspectos de mí que me parecen los más fuertes y violentos pertenecientes al mundo del deseo, de la codicia y del temor. Y esto es verdad en todo ser humano.

***

¿Es posible encontrar una unidad compatible con esta multiplicidad de protagonistas? Al comienzo del camino van a descubrir a todos esos personajes que están dentro de ustedes. Pero si este "ustedes" es simplemente uno de los personajes, no llegará a conocer nada; desaparecerá y será reemplazado por otro. Con frecuencia este mecanismo no queda claro. Hay un personaje que lee apasionadamente a Krishnamurti y que incluso va a escuchar a Krishnamurti cuando da una conferencia en Londres o en Suiza. Después este personaje desaparece y otro, que no tiene ningún contacto con él, ninguno, aparece en su lugar. Alguien que, dentro de ustedes, pudiera realmente tener el conocimiento de estos diferentes protagonistas no puede ser un personaje más entre otros, ni siquiera el personaje que lee a Krishnamurti ni el que experimenta un sentimiento muy grande cuando mira una foto de Ma Anandamayi o de Ramana Maharshi.

Les ruego que encuentren en sus propios recuerdos sus propios ejemplos, cómo ciertos días han visto, pensado, sentido de una manera y cómo, horas más tarde, a veces algunos instantes más tarde, han visto y sentido de un modo totalmente diferente. Es indispensable que un "ustedes" nuevo, que no sea ninguno de los personajes en cuestión, aprenda a conocerlos; que un "ustedes" nuevo esté presente, idéntico a sí mismo, inmutable, mientras que estos personajes se reemplazan unos a otros, y que este "ustedes" sea plenamente consciente del místico en ustedes, del ambicioso en ustedes, del criminal en ustedes, del perverso en ustedes, del sediento de pureza en ustedes, del niño perdido en ustedes.

Recuerden que algunos de estos personajes nunca tienen derecho a la palabra directamente. Actúan en la profundidad, clandestinamente, ocultos, y nunca pueden manifestarse abiertamente. Si quieren conocerlos, es preciso darles la oportunidad de expresarse y de decir lo que tengan que decir —completamente.

Estos personajes se suceden, se reemplazan unos a otros, a veces rápidamente, cien veces en el mismo día. A veces un personaje parece tener la preeminencia por un mes, dos meses: después desaparece completamente y otro obtiene la preeminencia por otros seis meses. Estos reemplazos se producen en diferentes escalas y diferentes periodicidades. Pero estas manifestaciones tienen lugar en el tiempo, en la sucesión; las circunstancias, los estímulos externos sacan a uno u otro a la superficie. Deciden ustedes hacer un retiro en un monasterio; la atmósfera del monasterio, la arquitectura, el modo de vida, el silencio, los oficios orientan sus pensamientos y sus sentimientos en cierta dirección —es decir hacen que aparezca en la superficie un personaje que estaba latente en ustedes pero que tal vez no se había manifestado hasta entonces.

Van por primera vez a ese monasterio y descubren un aspecto de sí mismos que no conocían. Se conocían como un seductor que tiende al flirteo, como un ambicioso profesional, como un hombre valeroso pero muy colérico. Y descubren en esas circunstancias nuevas, sentimientos que nunca habían experimentado, pensamientos que nunca les habían llegado a la mente, una visión nueva del mundo. Aunque el monasterio sea propicio para la presencia en sí mismo, mucho más propicio que las condiciones ordinarias de la existencia, es posible que una vez más se identifiquen con dicho personaje, que crean que son de verdad ese personaje, olvidando a todos los demás que, momentáneamente, están entre bastidores.

En ciertos monasterios está vetada la entrada a la mujer; durante quince días, tres semanas, uno se olvida completamente de la realidad del sexo femenino. Después dejan el monasterio, toman su coche; tienen sed, están algo cansados; "Bueno, voy a parar y a tomarme un té. Estacionan su coche, entran en el café y resulta que la camarera es muy bonita y que está escasamente vestida. Y de nuevo otro personaje diferente reemplaza al místico con el cual se habían fusionado durante quince días o tres semanas. El místico desaparece totalmente y aparece otro rostro con emociones diferentes, pensamientos diferentes, actitudes físicas diferentes —¡completamente diferente!— que le preocupa saber si está guapo, si tiene buena facha, si es atractivo y que está muy interesado por el sex-appeal de esta mujer. Y que, si se atreviera a dirigirle la palabra o pudiera seducirla, estaría dispuesto a pasar la noche con ella —incluso a costa de hacer una llamada telefónica diciendo resueltamente a su esposa: "Discúlpame, pero me quedo un día más en el monasterio". La mentira que hubiera parecido imposible, impensable dos días antes, se vuelve natural para este personaje.

Podría tomar ejemplos hasta el infinito. Les pido que encuentren los propios en su existencia. Verán cuántos protagonistas totalmente contradictorios, que no se mezclan bajo ningún pretexto, existen en ustedes. Son el uno, son el otro, pero nunca todos al mismo tiempo.

Algunos personajes disminuyen con la edad, con la experiencia –y desaparecen. El personaje de su infancia para quien en el mundo sólo existía una cosa, el patín de ruedas, probablemente ha desaparecido en ustedes. Otros personajes aparecen. Hay uno que aparece en la pubertad: el mujeriego o la provocadora de hombres. Algunos envejecen, pero están presentes desde el nacimiento hasta la muerte, especialmente los que traemos de *samskaras* de existencias anteriores.

Una primera etapa consiste en mantener una consciencia idéntica a sí misma a través de la aparición y la desaparición de estos diferentes personajes. Y comprendan bien que esta consciencia es forzosamente de otro orden, si no sería dispersada. No podemos decir que el personaje apasionado de las plegarias y del misticismo, que reinó durante tres semanas en el monasterio Trapense, sea capaz de asumir nuestro proceso, ya que él se ha volatilizado en el momento en el que entramos en la cafetería, una hora después de haber dejado el claustro. Tan sólo queda de ello restos de algún recuerdo, una nostalgia, un malestar en el trasfondo, el hombre sensual lo ha reemplazado por completo.

Una visión de otro orden puede coexistir con la aparición o la desaparición de estos personajes y reconocerlos. Para ello no hay que rechazarlos ni juzgarlos. Hay que tener un respeto sagrado a la verdad. Esta primera parte de la sadhana se llevará a cabo en el tiempo, en la sucesión. A las once de la mañana el personaje calmado, sereno y pleno de amor por sus hijos se manifiesta; a las siete de la tarde toma lugar un personaje irritado al que los niños le cansan, que ya no los soporta. Yo soy consciente en un rostro de mí mismo, y yo soy consciente en otro rostro de mí mismo. Esta consciencia, que es compatible con todos estos rostros, no es ninguno de estos, donde aparece uno, desaparece otro.

***

Pregúntense ahora lo que sería su consciencia si todos esos personajes estuvieran presentes simultáneamente. Si tratan verdaderamente de imaginárselo, si lo sienten profundamente, podrán de entrada decir que eso es imposible. Por el modo en que están constituidos, si son honestos, deben ver que durante años eso no es posible. Esos personajes no pueden coexistir. Pero el "esoterismo" es esa inmersión en el interior de nosotros mismos que nunca habíamos llevado a cabo. No solamente hemos tomado total consciencia de esos diferentes aspectos de nosotros que aparecen y desaparecen; sino que también hemos tomado consciencia de los aspectos de nosotros que normalmente ni siquiera pueden manifestarse. Hemos ido a buscarlos en nuestra profundidad y los hemos sacado a la luz y a la superficie.

Un día uno, otro día otro –y todo eso, somos nosotros. Somos esa multiplicidad; somos esa "gran colección", ese "parlamento", somos esas incompatibilidades, esas contradicciones. Les aseguro, y estoy midiendo mis palabras, qué si de repente pudieran vivirlo, verlo, hay de que volverse locos. Tienen la ilusión de que hay cierta unidad, una cierta cohesión. Si esos personajes tan contradictorios pudieran estar presentes simultáneamente en ustedes, en efecto, tendrían la impresión de verse desmantelados, pulverizados, fraccionados. Y, sin embargo, esa es su verdad. Se requiere pues tener ya un gran entrenamiento a la toma de consciencia para poder estar situados en un eje central, que es realmente nosotros (*swarupa*) y que no es nada en particular; que no es ni nosotros "bueno", ni nosotros "malo", ni nosotros "amando", ni nosotros "odiando", ni nosotros "místico", ni nosotros "pornográfico" –nada de todo eso. Es verdaderamente la Consciencia no identificada, capaz de pasar de uno a otro, de ver uno, de ver otro –Consciencia realmente libre. Mientras se identifiquen con las sensaciones, las emociones, los pensamientos orientados en cierta línea de causas y efectos que les definen, no pueden hacer frente a una realización como la que les describo. Un crecimiento interior, un despertar interior previo son necesarios.

Existe el atman, el vacío, la Consciencia; existen la multiplicidad y las formas; y, entre ellos existe un vínculo que podría muy bien no existir y que se llama *ahamkar* o el ego. Sepan que este *ahamkar* o ego es su experiencia habitual, ordinaria, y que se impone de tal modo en ustedes que durante mucho tiempo ni imaginan cuestionarlo. Este ego está llamado a desaparecer, porque realmente es inútil; es más, es ilusorio, irreal. Pero es lo que constituye su única experiencia; es lo que en este momento consideran como ustedes; y esto es lo que establece una apariencia de cohesión entre esos diferentes aspectos contradictorios que están latentes en su profundidad. Si los hábitos emocionales y mentales de este ego fueran puestos en tela de juicio de una manera excesivamente brutal, la posibilidad misma de expresarse, de manifestarse, de formar parte del mundo quedaría comprometida. No hay duda de que, si se sigue un camino de conocimiento de sí mismo y de transformación interior, que no se contente con algunos retoques en la superficie, existe un peligro. Todo lo que es eficaz es peligroso y como se dice en India, todos los venenos pueden ser utilizados como medicamentos, pero todos los medicamentos pueden ser venenos.

Si están habituados a la identificación, se sienten más o menos a gusto en un personaje, se sienten más o menos a gusto en otro. Pero este bienestar nunca es perfecto porque, cuando un personaje está en la superficie, los demás en el inconsciente llaman a la puerta, les recuerdan una buena (o mala) experiencia y les impiden estar totalmente unificados. Pero esta trágica no-unificación no la sienten realmente. La sienten un poco, lo cual provoca que nunca estén en un estado de perfección, nunca serán completamente uno con la situación ni consigo mismos. Estos personajes en segundo plano, aunque no tengan derecho a la palabra, están lo suficientemente presentes entre bastidores para impedirles estar completamente en paz.

La experiencia real del conflicto es relativamente rara. A veces, sí, se sienten desgarrados, divididos entre una mitad que quiere y otra que no quiere: ¿Voy o no voy? ¿Lo hago o no lo hago? Pero no todo el tiempo es así y, entre todos estos numerosos rostros, nunca son más de dos personajes los que se manifiestan en el mismo instante.

Si pueden no estar ya identificados, si pueden ser conscientes de lo que hay de inmutable en ustedes durante un acontecimiento y cuando un personaje surge en la superficie, y de nuevo vuelven a ser conscientes de lo que hay de inmutable en ustedes en condiciones diferentes y cuando otro personaje aparece, se situarán cada vez mejor en esta Consciencia libre. Esta Consciencia está siempre presente como posibilidad, pero no siempre lo está en plenitud, por falta de vigilancia. Un día su libertad interior con relación a todas las formas con las que se identifican hoy en día será suficiente para que puedan vivir *simultáneamente* la realidad de todos estos personajes contradictorios. Pero comprendan bien que se trata de una experiencia extraordinaria y dramática. Si esta experiencia se presentara demasiado pronto, sería insoportable –insoportable. Sería tan conflictivo y desgarrador que perderían la razón en la experiencia. Se requiere de toda una preparación, todo un hábito de situarse en la Consciencia libre –conciliable con todas las formas por el hecho mismo de que no tiene forma– para poder asumir estas contradicciones y estos conflictos.

Una de ustedes me dio una imagen, la de un abanico que se abre. Esta imagen es muy apropiada. Imagínense un abanico; véanlo cerrado; todas las partes del abanico están ahí unas sobre otras; y hay un eje que las une, un remache alrededor del cual estos elementos del abanico pueden girar. Pueden ver una de las hojas, otra, y en ellas verán ciertas decoraciones. Sepan que este abanico es bastante grueso y que, sobre cada uno de estos elementos, se encuentra uno de los personajes en cuestión. Sobre uno de ellos verán al místico para el que sólo cuenta una cosa: la entrega absoluta de sí en el amor a Dios y el amor a los demás. Sobre otra de las hojas verán al ser al que sólo le importa: ser amado (yo te amo, tú me amas, sí te amo, dime que me amas, dímelo una vez más, sí, sí, te amo). Sobre otra hoja más verán al criminal que existe en todo ser, pues todo ser quiere matar lo que para él es causa de sufrimiento: su hermanito que al nacer les robó todo el amor de su madre, su marido que les ha hecho sufrir tanto a causa de sus infidelidades, su padre que les asfixió con su autoridad durante toda su juventud y su adolescencia. El criminal está en ustedes. Y el criminal es puramente criminal. Es únicamente la expresión del deseo de matar. Ojalá puedan verlo a la cara… Pero con todo lo que la educación y la moral han construido en ustedes esto sería absolutamente inaceptable.

En lo que a mí concierne, un día vi al criminal. Yo estaba en el ashram, tenía uno de esos sprays modernos que se utilizan para matar moscas, mosquitos, insectos y como un loco sádico armado con una ametralladora, no solamente mataba a los mosquitos sino que corría por todo el jardín del ashram en busca de cualquier mariposa, de cualquier bichito inofensivo, y que nunca hubieran penetrado en mi cuarto, como un asesino desenfrenado de los que vemos en la vida o en una película. De repente me sorprendí a mí mismo, pero por un largo rato estuve poseído, no me daba cuenta, corría de acá para allá. Sólo había una cosa que me importaba: ¡una mariposa más! Sssshhh... hasta que cayera. No fue sino hasta el día siguiente con Swamiji que supe a quien realmente quería matar, en el fondo del corazón. Y no pude dudar de que quería realmente matarlo y que, si ese personaje en mí hubiera tenido licencia plena para salir a la superficie, ¡hace tiempo que el crimen hubiera sido cometido! Y ustedes saben bien que, de vez en cuando, se cometen crímenes —si no, no habría ni abogados ni tribunales.

Hoy les hablo de una experiencia excepcional en la que *todos* esos personajes están presentes al mismo tiempo porque el abanico está completamente desplegado. Primero conocen a uno, después conocen a otro, luego a otro, y uno desaparece y otro regresa. Los conocen en la existencia y los conocen cuando penetran en el inconsciente para conocer a los personajes que nunca han salido a la luz. Un día todo eso de lo que están compuestos aparece simultáneamente en su consciencia. Hay en ello una experiencia desgarradora de la cual el mental habitual es absolutamente incapaz. Es el fruto de años de esfuerzos en el conocimiento de sí, de inmersiones intrépidas en las profundidades y de sacar a la luz los rostros ocultos.

Ese descubrimiento puede en sí mismo ser perturbador porque dejamos de dormir; uno se debe asumir tal como es, y dejar de negar lo que no nos conviene. Crecer es adquirir una libertad en el interior de uno mismo, que permita a la consciencia circular sin trabas a través de todos los niveles más o menos profundos accesibles al ser humano, de todos los planos de la realidad que se encuentran en nosotros.

Dicho de otro modo, nuestra consciencia se sitúa en este eje alrededor del cual giran las diferentes hojas del abanico. Por esto los Upanishads insisten tanto sobre el centro, la "consciencia axial", el buje alrededor del cual gira la rueda, pero que permanece inmóvil. Esta consciencia es compatible con todas las formas, pero no es ninguna forma en particular. Cuando han vivido, o si algún día viven, esta toma de consciencia total y simultánea de todo lo que les compone, en lugar de tener sólo una vista parcial, aunque ésta penetre un poco en la profundidad, en ese momento se vuelven un ser total —y solamente en ese momento. Me viene a la mente una palabra inglesa que he escuchado muchas veces, es la palabra *whole* que quiere decir "total" o "completo"; hasta ese momento, sólo han sido parciales.

***

¿Si ustedes no se comprenden a sí mismos, en su totalidad, ¿cómo pueden comprender al resto del universo? *Sólo pueden comprender fuera de ustedes lo que ya han comprendido en ustedes.* Si han aceptado en ustedes al personaje religioso, comprenderán a los demás seres religiosos; pero pueden ser muy religiosos y no comprender en absoluto a los ateos, a los obsesos sexuales, los sedientos de dinero. Se convierten en un ser religioso que, al nunca haber tomado consciencia de esos personajes dentro de sí mismo, al haberlos simplemente hecho prisioneros en el subsuelo, rechaza a todos los que no piensan como él; dicho de otro modo, se convierten en un fariseo tal como los Evangelios nos los describen y cualquier actitud comparable con la de Cristo, que tenía la misma mirada de amor para los publicanos, las prostitutas y los bien-pensantes, les parecerá chocante. Se convierten en un ser religioso que no comprende más que a los seres religiosos que funcionan como él, y que rechaza todo lo demás.

Sin embargo, estén seguros de que la totalidad de la humanidad siempre está en ustedes, expresada más o menos en equilibrios diferentes. Pero lo que no quieren aceptar conscientemente en ustedes, no quieren aceptarlo conscientemente en el exterior, *porque el exterior los devuelve a sí mismos y los obliga a rechazar aún más.*

Si han aceptado todo en ustedes, si han visto conscientemente que el universo entero estaba en ustedes, lo mejor de lo mejor, lo peor de lo peor, *todo* –conocen, en el verdadero sentido de la palabra conocer que significa "ser conscientemente", todo y por consiguiente ya nada les resulta extraño; ya nada. El criminal no es otro para ustedes: lo han conocido dentro de ustedes. El idealista no es otro para ustedes: lo han conocido dentro de ustedes. El místico no es otro para ustedes: lo han conocido dentro de ustedes. El vanidoso no es otro para ustedes: lo han conocido dentro de ustedes.

Es la misma consciencia la que acepta la totalidad de lo que está en ustedes y que acepta lo que está afuera. Y descubren que el valor supremo es esta consciencia sin-ego, en la cual y a través de la cual todo está resuelto –todo– ya que es libre. Sólo esta consciencia es realmente ustedes mismos. Han atravesado una etapa en la que la consciencia de sí habitual, dormida, en efecto parece ser desmantelada porque todos los aspectos de ustedes están presentes en el mismo momento, en lugar de que sólo uno suba a la superficie. En la aceptación plena de estas contradicciones, han descubierto la totalidad y han descubierto la unidad. Todos estos aspectos de ustedes mismos están iluminados por la misma Consciencia. Estos aspectos son cambiantes, no son más que la expresión de cadenas de causas y efectos o de acciones y reacciones; es un flujo: "nunca nos bañamos dos veces en el mismo río". ¿Y qué es verdaderamente real, inmutable? ¿Qué *es*, en sí mismo, por sí mismo, no dependiente de nada? Es esta consciencia o esta visión que puede comprender todo, en ambos sentidos de la palabra "comprender": incluir e ir al corazón mismo de lo que hasta ahora habíamos considerado como otro diferente a nosotros.

Entonces pueden decir que la frase: "La consciencia incluye al universo entero" por fin cobra sentido para ustedes. El universo entero ya está en ustedes, pero ustedes no lo incluyen. Si lo comprenden, si lo incluyen, la diferencia entre interior y exterior ya no será la que era antes. Y, debido a que han descubierto en ustedes el secreto del ser, ven –y esta visión nunca más podrá ser velada– que el secreto del ser es el mismo en cada uno. Cada hombre no tiene de sí más que una consciencia parcial mientras que ustedes, tienen de él una consciencia total. En el momento en que el ser triste está frente a ustedes, se ven como el ser triste, el ser alegre, todas las facetas. En el momento en que el ser violento, huraño está frente a ustedes, ustedes ven también al ser pleno de amor. El que está frente a ustedes sólo conoce de sí mismo el aspecto que se manifiesta en un momento dado. Pero ustedes ven la totalidad del otro; no solamente el personaje del que es momentáneamente consciente, sino que ven todos los personajes de los cuales él no es consciente, que existen en él, y de los cuales ustedes han tomado consciencia dentro de sí. Cuando se vuelven "totales", ven a cada ser humano como "total"; mientras que cuando son "parciales", ven a cada ser humano como "parcial". Esto es para que vean hasta qué punto su visión es fragmentaria, pobre, limitada; a cada instante no ven más que una pequeña parte de ustedes mismos, sólo ven una pequeña parte del ser que está frente a ustedes. Es esta pequeñez en ustedes la que encuentra la pequeñez en el otro; es esta superficie en ustedes la que encuentra la superficie en el otro.

Es vano querer comprender a los demás sin haberse comprendido a sí mismo. Por esta razón toda la enseñanza antigua, no solamente la de Grecia, está basada en el mandamiento supremo: "Conócete a ti mismo" o "Si te conoces a ti mismo, conocerás el secreto del universo entero". Descubran en ustedes la totalidad, simultáneamente. Y descubran la consciencia libre. En este descubrimiento de la totalidad, en el verdadero sentido de la palabra descubrimiento (ver lo que estaba ahí pero que se encontraba velado), el ego desaparece —ya que el ego sólo está constituido de separación, de oposición, de pequeñez, de rechazo. Si el ego puede incluir la totalidad de ustedes mismos y la totalidad del Universo, ¿dónde queda el ego en el sentido de "yo-en-relación-a-todo-lo-demás"? El ego ha desaparecido. Pero es necesario que acepten que después de una preparación más o menos larga dependiendo de que estén más o menos maduros, llega un momento en que las formas habituales, dormidas, de la consciencia, se resquebrajarán por todos lados antes de que una nueva armonía se haya establecido definitivamente en ustedes entre la consciencia y las diferentes cadenas de fenómenos en el plano de los diferentes cuerpos, físico y psíquico, que constituyen a un ser humano encarnado en esta manifestación.

Inevitablemente habrá una etapa que a menudo he comparado con la crisálida, el paso intermedio entre la oruga y la mariposa, y que es la muerte del hombre viejo y el nacimiento del hombre nuevo, como una trans-formación, como una meta-morfosis —en el verdadero sentido de estas dos palabras. La forma antigua de la consciencia se borra y una consciencia vacía, libre, una consciencia sin forma se revela, en el interior de la cual las formas múltiples pueden nacer y desaparecer.

Si se han convertido en una totalidad, si viven en la totalidad del universo, si cada vez que se reúnen con un ser humano es la totalidad de ustedes mismos que se reúne con la totalidad de este ser humano, entonces seguramente intuyen que las acciones no pueden ya ser las mismas. La acción de un ser parcial, que vive en el miedo de su propia profundidad, y que encuentra a otro ser también parcial, resulta forzosamente imperfecta. La acción de un ser total, libre de todo miedo, y *que encuentra en todos lados a otro él mismo*, no puede ser sino una acción diferente. Tal vez no pueden ustedes entender todavía realmente lo que es esta acción porque aún no la han experimentado, pero al menos pueden sentir que la acción del sabio no responde ya a las mismas leyes que las reacciones habituales.

Seguramente un día, todos los aspectos de esta multiplicidad cambiante que les constituye serán reconciliados en esta consciencia inmutable; y *las* formas de consciencia serán reconciliadas en *la* consciencia. Pero esta unificación real pasa primero a través de la pérdida de la falsa unificación que no es más que una ilusión. Y primero tendrán que asumir su multiplicidad y sus contradicciones. Esto exige mucho valor, determinación y perseverancia. Esto exige puntos de apoyo, una enseñanza, un guía —pero se trata de un camino que no puede ser evitado.

Dios sabe que el hombre moderno ha instaurado técnicas para facilitarse la existencia, desde los tractores y las cosechadoras hasta las máquinas lavavajillas, los teleféricos y las computadoras. Pero en materia de conocimiento de sí y de despertar interior, no será posible ningún progreso técnico, y lo que era verdad hace tres mil años todavía es verdad hoy. Desde hace algunos siglos las transformaciones del mundo sólo afectan a la superficie de la vida y no afectan –ni afectarán jamás– al despertar interior y a la consciencia de la totalidad. Y este es un camino que nadie puede recorrer por ustedes; sólo ustedes pueden conocerse a ustedes mismos. Esta es la gran aventura de la existencia, pero se trata de una aventura difícil que no acepta a los diletantes ni a los aficionados.

**

Si quieren descubrir la unidad, descubran primero la multiplicidad, la contradicción y el conflicto –y no entren en conflicto con el conflicto. Sitúense en el eje, sitúense en el centro, sitúense en el remache alrededor del cual se abren todas las hojas del abanico, cada vez más, cada vez mejor, hasta que puedan comprender todo. Y si quieren comprender todo, basta con que comprendan todo en ustedes.

¿Qué es lo que está cuestionado por la "liberación"? Queda claro que no se trata de la inteligencia –un sabio no se vuelve idiota. No es la capacidad del corazón de amar, de compartir –un sabio no se transforma en un bruto. No son los funcionamientos físicos –un sabio se mueve, respira, se expresa a través de su cuerpo. ¿Qué es lo que se pone en tela de juicio, qué puede ser disociado, desmantelado? Son únicamente los mecanismos inútiles y verdaderamente irreales, sobreañadidos. La realidad comprende los fenómenos y la consciencia que los alumbra; y entre ambos se encuentra cierto modo de consciencia limitativo al que precisamente llamamos ego o mental, y que llega a velar la totalidad para no hacer perceptible más que un fragmento. Es únicamente esta consciencia inútil e ilusoria la que es desmantelada. Nada de real es destruido.

El lenguaje que les habla de muerte y resurrección, de destrucción del ego, no debe inducirlos a un error. Un pedazo de cuerda se encuentra en el campo durante el crepúsculo, lo confunden con una serpiente, y organizan toda su existencia alrededor de esa serpiente. Ponen rejas a todas las ventanas de su casa para que la serpiente no pueda penetrar y compran un aparato costoso y complicado para atrapar la serpiente, tan convencidos están de que venderán cara su piel a un marroquinero. Y después se les pide que renuncien a esa completa ilusión que les ha hecho ver en la penumbra una serpiente en lugar de una cuerda. ¿Qué es lo que se destruye? Únicamente esa ilusión. Pero mientras siguen aferrados a dicha ilusión, mientras su existencia está basada en la realidad de esa serpiente que no existe, lo que les acerca a la verdad lo sienten como amenaza –todo su mundo es cuestionado: si ya no hay serpiente mis protecciones resultan inútiles y todos mis proyectos de venta de la piel de serpiente a un marroquinero resultan vanos. En este sentido tienen la sensación de perder algo. ¿Pero qué pierden? ¡Nada! Una ilusión. ¿Qué es destruido? ¡Nada! Una ilusión.

Si entienden bien el lenguaje que habla de muerte y de destrucción con referencia al camino, sólo la ilusión puede morir, solo la ilusión puede ser destruida. Lo que es real no puede ser destruido. Destruyan lo destructible –y descubrirán lo indestructible. Dejen que la ilusión se destruya –y la realidad se revelará. No se dejen impresionar por la palabra: "desmantelamiento". Yo pienso que "desmantelamiento del ego" sería una buena definición de la palabra "esquizofrenia" para un diccionario pequeño. Nunca se ha considerado que la "sadhana" estuviera destinada a llevarnos a una clínica psiquiátrica. Despiértense del sueño trágico que los mantiene en el sufrimiento y encuentren su Ser esencial, invulnerable, indestructible, totalmente libre, *egoless state*, el estado-sin-ego.

II

EGOÍSMO E INFANTILISMO

Es muy fácil hablar "metafísicamente" del ego y del dichoso estado-sin-ego (*egoless state*). Pero el ego (*ahamkar*) es en primer lugar el egoísmo y el no-egoísmo. Esta palabra egoísmo es un poco difícil de utilizar porque estamos habituados a ella desde nuestra infancia. Nos han enseñado que no había que ser egoísta, que debíamos prestar nuestros juguetes, aceptar el dar a los demás, compartir, y esta enseñanza nos parece una enseñanza elemental, cuando en realidad es la gran enseñanza, la sabiduría suprema. Cuando aborden ciertas verdades, sepan cuestionarse sobre lo que han recibido en su infancia, porque se trata de algo diferente de lo que se acuerdan.

Tanto para los hindúes como para los budistas, la liberación es la desaparición de ese "ego". Esta palabra latina que se ha transformado en una palabra francesa y una palabra inglesa [y también en español] es algo que se escucha en los ashrams igual o probablemente más que los términos "karma", "dharma" o "yoga". "*Ego free*" o "*egoless*": libre del ego. Puede existir un ego aparentemente altruista, aparentemente generoso, pero que sigue siendo un ego.

Deben escuchar una verdad muy simple; si son al menos un poco sinceros y la escuchan bien, no podrán evitar comprometerse con el verdadero camino. Nos han repetido tanto que ser egoísta es un horrible defecto, que nos cuesta admitir de buen grado que lo somos. Y lo que deben entender, de una manera muy simple, es que el ser humano –incluso aquel que es un poco generoso– es egoísta. Nos han dicho que es malo robar –y estoy seguro que no roban; nos han dicho que es malo mentir –puede que la mayoría de ustedes no mienta o mienta poco. Por el contrario, la definición del hombre que no ha llevado a cabo un trabajo interior de una u otra forma, es la de ser completamente egoísta. Eso es. Todo reside ahí.

La distinción entre egoísmo –el egoísmo del que se dice a los niños que hay que deshacerse– y egotismo –por oposición al estado-sin-ego, permite atraer nuestra atención sobre el hecho de que podemos ser aparentemente poco egoístas y al mismo tiempo, vivir en esa consciencia del ego que debe ser rebasada. Pero esta sutil diferencia hace que podamos fácilmente soñar con el estado-sin-ego, sin poner en tela de juicio a nuestro egoísmo. Y vale más decir que se trata de lo mismo: mientras haya ego habrá egoísmo.

El papel esencial de la educación es "educar" (conducir fuera de) a los niños fuera de dicho egoísmo. Desgraciadamente, en las condiciones actuales, nuestra educación no ha podido ser lo que hubiera debido ser y lo que hubiera sido en ciertas sociedades y no se nos ha ayudado a crecer fuera de nuestro egocentrismo.

El egoísmo prácticamente se confunde con las emociones. No se les ha educado fuera de sus emociones. Es el ego el que tiene emociones y mientras esas emociones, esos sufrimientos, esos deseos, esos miedos estén presentes, estamos condenados al egoísmo. Todos aquellos que están algo familiarizados con la enseñanza de Swamiji han observado esta oposición entre lo que nos gusta y lo que no nos gusta, y sobre la cual insisto tan a menudo, y que nos condena a apreciar todo a través del ego.

Esta distinción comienza en el nacimiento y toda la vida se organiza alrededor de ella. Mientras subsista esta oposición, existirá el egoísmo. No solamente hay ego, sino que hay egoísmo, es decir que una voz muy fuerte en nosotros reclama todo el tiempo: yo, yo, yo. Esto deben entenderlo, comprenderlo y aceptarlo como algo normal. Piensan que cómo se les ha dicho que era muy malo ser egoísta, ahora ya no lo son. "La prueba de que no soy egoísta es que..." y encuentran una u otra prueba. Es normal para un ser humano ser egoísta. Lo que es extraordinario, maravilloso y excepcional es no serlo más. Pero la perspectiva hindú ha tomado al sabio como criterio de la normalidad y, con respecto al sabio establecido en el estado "natural" (*sahaja*), el estado habitual del ego en el que hemos estado sumergidos desde el nacimiento es un estado anormal o patológico del que podemos ser curados. Muchas comparaciones, algunas incluso muy antiguas, comparan al gurú con el que cura. Buda era llamado el Gran Médico y Ramdas decía a menudo de él mismo que curaba una enfermedad muy precisa que era la enfermedad del ego.

Si lo que estoy diciendo les parece banal –porque aparentemente es mucho más banal que si les hablara de las divinidades tántricas tibetanas– dejarán de lado verdades que pueden constituir descubrimientos fantásticos: realizar a qué punto este egoísmo es poderoso y que "ego" (por oposición al "estado-sin-ego") o egoísmo es lo mismo.

✶✶✶

Lo que las enseñanzas tradicionales llaman la realidad es una realidad que no cambia, eterna, no-divisible, no-múltiple, que no conoce ni el conflicto ni la oposición, ni la contradicción y sobre la que ninguna causa puede producir ningún efecto, es decir que es perfectamente libre. Esta realidad es la realidad de todo este universo y es la realidad de cada uno de ustedes. Y la paz, en el verdadero sentido de la palabra paz, y la felicidad real, inmutable, no dependiente sólo pueden ser descubiertas a través de la "realización" de esta realidad. Pero, la experiencia común es la de la separación o la "separatividad", lo sabemos bien. Cada vez que su emoción va hacia la unidad y que su acción va en el sentido de la unidad, se dirigen hacia la realidad. Cada vez que su emoción afirma la separación o el antagonismo y cada vez que su acción confirma dicha separación, le dan la espalda a la realidad. Sólo ven la apariencia.

La experiencia ordinaria, el estado usual de consciencia sometido aún a la ilusión del ego es: yo y todo lo que no soy yo. En concreto, esta separación se expresa en ustedes a través de las emociones. Las emociones de temor, de rechazo afirman que hay dos, ustedes y eso que rechazan; las emociones de deseo, de entusiasmo manifiestan también que para ustedes hay dos, ustedes y eso que quieren (y que, por supuesto, no les gustaría ver que se les escape). Si hay dos, hay miedo. Y si hay dos, inevitablemente, tarde o temprano, estos "dos" serán separados. Solamente en el no-dos se encuentra la seguridad absoluta.

Ahora observen que esta sensación de "separatividad" es la obsesión del niño. Tal vez tengan hoy treinta años, cincuenta años, pero todos y todas han sido niños y el niño está marcado por la tragedia de la separación. Aquí, la enseñanza tradicional coincide con las observaciones de los psicólogos y pediatras que se han dado cuenta de que el nacimiento significa la separación de la madre, que al principio el niño está aún muy ligado a la madre y que poco a poco debe aceptar esta separación. Debe aceptar el hecho de sentirse separado del resto del universo, representado ante todo por la madre, pero también por todo lo que va descubriendo a través de sus cinco sentidos y las impresiones que le afectan. Esta separación es la que no ha sido realmente aceptada. No quiero retomar los datos procedentes de la psicología que ustedes podrían encontrar en libros especializados, y de todos modos hablo desde el punto de vista de una enseñanza tradicional; pero el niño tiene miedo, miedo de que lo dejen solo, miedo de ya no ser amado, miedo de que no se ocupen más de él. El quiere rebasar, aniquilar esa separación, quiere regresar a la seguridad del no-dos. Y en cada adulto, según un porcentaje variable, subsiste aún un niño. Swamiji decía: "El adulto perfecto es el sabio". Y también: "Un ser humano de cuarenta años es más o menos adulto: un 15% adulto, un 50% adulto, un 70% adulto, un 80% adulto..."

El egoísmo comienza en la infancia, pero normalmente en la actualidad el ser humano ha olvidado su infancia. Aparte de algunos recuerdos que interpreta a través de su pensamiento de adulto, ha olvidado sus emociones de niño y hasta qué punto pudo ser vulnerable. Esa es la definición del niño. Aunque no sean pedagogos de oficio ni pediatras, observen a los niños con simpatía y observarán su fragilidad. Asustar a un niño es la cosa más fácil que existe. Observen cómo un niño se lanza a las faldas de su madre en cuanto se asusta. Esta es la raíz tan profunda del egoísmo en todos los sentidos de la palabra, del ego en oposición al estado-sin-ego y del egoísmo más natural, el egoísmo moral.

Vean a los niños. Son conmovedores; qué debilidad, qué dependencia, por lo tanto, qué miedo. Y si, como muchas veces es el caso, siguen siendo niños adornados por un cierto número de características de adultos tales como la instrucción, los medios financieros y la función sexual genital, el egoísmo permanece todo-poderoso. Recuerden que todos ustedes han sido niños. El niño no puede hacer nada por sí mismo. ¿Qué puede hacer un pequeñín? Ni siquiera puede alcanzar el grifo para llenar un vaso cuando tiene sed, no puede untar mantequilla en una tostada, no puede secarse solo cuando sale de la bañera, no puede limpiarse solo cuando va al baño y grita: "¡mamá, ya terminé!" para que su madre venga a ayudarle. ¿Cómo quieren que un pequeño ser humano, que vive en tal impotencia y dependencia, no esté centrado en sí mismo, pasando constantemente de la sorpresa al miedo?

Esto comienza con el nacimiento, continúa con el hecho de llorar cuando tiene hambre y que la madre no acuda, y sigue cuando la madre empieza a enfrentarse al niño para entrenarle, para enseñarle a ya no mojar su cama, etc. Cada uno puede decirse: yo fui un niño perdido porque todo niño es un niño perdido. En el momento en que el niño no se siente realmente protegido, es decir, en los brazos de su madre o sostenido por la mano de su papá —a condición de que no haya se haya sentido amenazado por el padre o la madre— todo niño es un niño perdido. Observen a los niños a su alrededor —generalmente es más fácil ver a otros niños que a los propios. ¿Qué hay que hacer para aportarles esa fuerza interior y esa confianza en sí mismos que les permitirá ser menos egoístas? Egoísmo es sinónimo de infantilismo e igualmente es sinónimo de dependencia. Si hay dependencia, hay demanda, hay miedo, por consiguiente, este "yo, yo, yo" sigue siendo todopoderoso.

Cuando se empieza a descubrir el no-egoísmo y se puede ver a los demás, a los otros adultos, con una mirada objetiva, acogedora, simpática, nos damos cuenta del poder absoluto de este egoísmo. Véanlo en ustedes. No se dejen paralizar por el hecho de que es malo ser egoísta, pues así no puedo ver que yo lo soy. No es algo "malo" ser egoísta, no es peor que ser tuberculoso. Es una enfermedad de la que no nos hemos curado. "Yo tengo necesidad de ser amado; yo tengo necesidad de ser escuchado; yo tengo necesidad de ser tranquilizado; yo tengo necesidad de ser protegido. ¿Qué me va a suceder a mí? ¿Qué me van a dar a mí? ¿Me van a hacer daño?" ¿Existe en el niño una gota de no-egoísmo? Ninguna. No pueden ver una traza de no-egoísmo en un pequeño que, sin lugar a dudas, no puede considerar la vida más que por él, para él, a través de él, en función de él –y ningún otro. Y ese niño pequeño sigue viviendo en ustedes.

Este egoísmo es el instinto vital; soy egoísta para permanecer vivo. Este egoísmo simplemente se vuelve cada vez más complejo con todos los mecanismos emocionales y psicológicos que se cristalizan a medida que pasan los años. Hoy en día ¿Qué hacemos de manera hábil, metódica, inteligente, eficaz, aquí, bajo nuestra mirada para conducir a los niños a esa transformación tan profunda, gracias a la cual podrán comenzar a liberarse de sí mismos y a no preocuparse más de sí sino de los demás? Lo verán, prácticamente nada. Se educa a los niños, más o menos, en función de las necesidades de la sociedad o de las necesidades de los padres y generalmente de una manera que no solamente no puede permitir al niño escapar de dicho egoísmo, sino que lo único que hacemos es reforzarlo. Como con los regaños y los castigos siente una amenaza, por lo tanto, un miedo, pide todavía más. Su corazón grita todavía más "socorro, no, quiéreme, protégeme, no me castigues" –y se trastorna.

Si encuentran sus verdaderos recuerdos de niño, verán cómo, aunque hayan tenido una familia feliz, toda su infancia no ha sido más que una demanda de recibir y sufrimiento por no recibir –desde las caricias y la leche cuando pedimos mamar, hasta las muestras de interés, la necesidad de ser reconocidos por los padres, hasta el tiempo que queríamos que nos dedicaran; ser tranquilizados, protegidos, validados, instruidos. Todas las formas de sufrimiento posibles se van a organizar alrededor de un dato fundamental como es el miedo, el miedo a sufrir. Yo sufro porque no me han explicado algunas cosas y no las comprendo; sufro porque de golpe me siento menos que los demás, porque los demás niños saben ver la hora cuando llegan a la escuela y yo soy el único que no sabe. El niño se inquieta tan rápido que incluso ve lo que no es; puede que dos niños hayan dicho "puedo ver qué hora es" y él concluye que toda la clase sabe ver la hora y que él es el único al que no le han enseñado.

Nada se hace conscientemente para liberar al niño de este egoísmo psicológico. Se le dice: "Ves, eso está mal. Si te dan una bolsa de caramelos, debes ofrecerle algunos a tu prima". Podemos conmoverle contándole la historia de un niño que es muy infeliz porque ya no tiene ni a su papá ni a su mamá, y que es tan triste. Entonces el niño se asustará, llorará y, a partir de una emoción que surge solamente del ego, estará dispuesto a dar todos sus juguetes –y al día siguiente estará furioso y se arrepentirá amargamente de su generosidad.

El egoísmo del niño continúa toda la vida y las leyes están ahí para suavizar el choque entre los diferentes egoísmos. Un poco de ley, un poco de miedo, un poco de adiestramiento, un poco de resignación, un poco de habilidad –es decir que el ego se da cuenta de que para conseguir sus fines necesita a veces transigir y que no siempre puedo violar o robar. La forma exterior puede que parezca aparentemente menos egoísta en unos más que en otros, pero el egoísmo metafísico nunca es curado.

Un día sentí realmente de que se trataba esto de lo que les hablo. Liberarme de ello se convirtió en una verdadera ambición para mí. Todas las demás ambiciones que podía haber tenido –satisfechas o no– se habían borrado; no quedaba más que una: quiero conseguir volverme no-egoísta, es una cuestión de dignidad para mí. Del mismo modo que un ser humano puede no admitir más ser torpe al extremo de dejar caer todo lo que toca (o cualquier otra insuficiencia inaceptable) yo ya no podía seguir comprobando el poder absoluto de mi egoísmo, es decir el poder absoluto de mi infantilismo, de mi dependencia y de mi demanda. De la mañana a la noche no actuaba sino para mí, no vivía sino en función de mí "Yo" o "ego", son sinónimos; ego quiere decir yo en latín, eso es todo. Me di cuenta de la relación que había entre este egoísmo en el cual vivía, sin ser claramente consciente de ello, y el "estado-sin-ego" de Ramana Maharshi del que había estado leyendo libros desde hacía quince años.

Ustedes no tendrán la vocación del no-egoísmo si antes no perciben la realidad de dicho egoísmo y lo que tiene de indigno para un ser humano. Ahí está, es natural, es normal, pero sin embargo, resulta indigno permanecer en esta dependencia, centrado sobre uno mismo. Tomen un periódico en la mañana, ¡lo leen en función de ustedes mismos! Hay que darse cuenta y reconocerlo: si hay una guerra entre Israel y los árabes, no es la muerte de los niños israelitas o de los niños árabes lo que me preocupa, son las repercusiones que eso tendrá en Francia –por consiguiente, en mí. Leo el periódico egoístamente. Me despierto cada mañana egoísta.

Todos los sentimientos de amor son egoístas. Mi, mis, mío, lo mío, todo lo que se expresa a través del pronombre posesivo, sin duda está centrado sobre el ego. La vida está centrada sobre el ego.

***

Ambas verdades, la de la separación o dualidad y de la no-separación o unidad, y la del niño que subsiste en el adulto, están ligadas en muchos aspectos. Un adulto debe ser capaz de estar en solitud y el sabio alcanzó la capacidad perfecta de la solitud; de hecho, hay una palabra sánscrita, *kaivalya*, que significa solitud o "aislamiento y desapego". ¿Pero qué sentido le van a dar a esta palabra? No se trata de un aislamiento o un retraimiento egoísta, es simplemente el hecho de no sentir más la dualidad. Si ya no hay dos, si en la profundidad no hay más que uno, ese uno está solo, sin duda, y no hay "otro" frente a él.

Esta noción es una verdad absoluta y metafísica pero también tiene su importancia en lo relativo. En lo relativo existen grados, hay gradaciones. Un adulto es más o menos infantil y los adultos hoy, por las mismas condiciones de vida del mundo moderno, son mucho más infantiles que en otras épocas. En inglés existen dos palabras que he escuchado a menudo utilizadas por uno u otro sabio; es la palabra *childlike* y la palabra *childish*. *Childlike* quiere decir "parecido a un niño". Es verdad que Cristo dijo: "Si no se vuelven parecidos a niños, no entrarán en el Reino de los Cielos" y es verdad también que a menudo se ha comparado al sabio con un niño, que el sabio ha vuelto a encontrar la espontaneidad del niño, la inocencia del niño. Swamiji decía: "*The sage is an enlightened child*", el sabio es un niño iluminado. Pero, al lado de la palabra *childlike*, "parecido a un niño" existe también, en el inglés de los ashrams, la palabra *childish* que quiere decir "infantil". Deben reflexionar acerca de estas dos palabras como algo que les concierne personalmente a todos: ¿Cómo reencontrar esta pureza, esta simplicidad y esta espontaneidad del niño sin seguir por ello siendo infantil? Normalmente el adulto debería ser una gradación entre el niño y el sabio, ya que el adulto perfecto, el adulto 100% adulto, es el sabio.

En la medida en que están todavía muy marcados por el sentido de la separación, ya sea bajo la forma del rechazo o bajo la forma del deseo, díganse a ustedes mismos: "Soy todavía infantil". El primer signo de hombría, la primera promesa de llegar a ser verdaderamente adulto, es reconocer en primer lugar el propio infantilismo. Un niño vive en las emociones, un adulto ya no tiene emociones. Entonces, si admiten esta definición, ¿cuántos adultos son verdaderamente dignos de llamarse adultos? Acepten la verdad de que en mayor o menor grado son infantiles y que muchos de sus comportamientos, que consideran como comportamientos de hombre o de mujer de veinticinco, treinta o de cincuenta años, son en realidad comportamientos de niño y que van a hacerse cargo, con la ayuda del gurú, de su propia educación hasta que sean enteramente adultos. Subsisten en ustedes pedazos del niño, como si en una mariposa subsistieran pedazos de la oruga no reabsorbidos, no transformados en mariposa.

El niño vive en las emociones porque vive en el sentido de la separación y en el miedo a la separación. El niño necesita ser tranquilizado al respecto. Tiene necesidad de contacto físico que el hombre moderno ya no sabe dar. La sensación es algo que existe y que no debe ser sospechada o despreciada; no es vergonzoso el hecho de tocar a un niño, de acariciarlo, de abrazarlo, de tomarlo de la mano y, mientras el niño lo desee, ¿por qué destetarlo prematuramente? Un niño tiene necesidad de contacto físico, un niño tiene necesidad de contacto afectivo, de sentirse amado, reconocido, mimado; tiene también necesidad de contacto intelectual, de que se le hable, de que se conteste a sus preguntas, que se le enseñe lo que son las cosas. Y les voy a decir más, aunque para entenderlo y vivirlo haga falta una gran simplicidad de corazón: un niño tiene incluso necesidad de una cierta sexualidad infantil ante la cual no hay que sentir miedo ni vergüenza. Todo es puro para aquellos que tienen el corazón puro, y un padre o una madre que reconociera esta necesidad y que tuviera un corazón puro incluso podría jugar el juego de esta sexualidad infantil sin que esto desembocará en algo perjudicial para el niño, al contrario: depende de la libertad interior. Desgraciadamente nuestros padres seguían siendo todavía un 30%, 50%, 70% niños o infantiles: ¿Cómo podrían haber sido, incluso con la mejor voluntad del mundo, plenamente adultos con nosotros?

Observen a los niños chiquitos: verán, y es algo muy sabido, que el niño trata de tomar o destruir. Cuando algo se opone a él, lo destruye: destruye el castillo de arena o la construcción de cubos de un amiguito, trata de hacer añicos lo que le hace sentir la separación, lo que le hace sentirse "otro" (la alteridad) o trata de agarrarlo, empezando por meterlo en su boca. ¿Cómo enseñar al niño a rebasar este sentimiento de separación para que realice poco a poco la posibilidad de la unidad? Esta es la educación que les ha hecho falta en mayor o menor grado. No solamente el niño, sino que también el *niño pequeño* de 1 año, de 1 año y ½, de 2 años, de 3 años, de 5 años subsiste en el adulto y el adulto sigue siendo infantil. Un cuerpo de adulto, un cerebro de adulto, una fuerza muscular de adulto, una sexualidad de adulto, permanecen al servicio del niño pequeño dentro de ustedes, y es este niño pequeño el que poco a poco debe crecer para que ustedes ya no sean un adulto al 15%, sino un adulto al 100%.

Este niño pequeño debe crecer, pero no se desharán de él aplastándolo. Generalmente el adulto siente más o menos lo que estoy diciendo, pero no puede llegar hasta el final de la verdad y reconocer: "Existe aún un niño en mí, un niño poderoso, y en ciertos aspectos, yo sigo siendo ese niño". Entonces, como adulto, rechaza a este niño que está dentro de él, este niño que es él mismo, trata de ahogarlo para deshacerse de él. No solamente no ha recibido la educación perfecta que le hubiera llevado a alcanzar su pleno desarrollo, sino que además, lejos de darse más tarde esta educación, lejos de ocuparse con amor de ese niño en él, continúa maltratándolo, ahogándolo, martirizándolo. Si quieren convertirse en verdaderos adultos, sepan reconocer al niño en ustedes y amarlo con todo su corazón. *Y el niño en ustedes es aquel o aquella para quien la separación es la tragedia.* Ya ven que esto es lo contrario de la sabiduría en la que ya no hay separación.

El hecho de que se haya comparado con frecuencia al sabio con un niño puede inducirles a error. Según otro punto de vista, el sabio es exactamente lo opuesto del niño; el niño vive en las emociones, el sabio ya no tiene emociones, el niño vive en el sufrimiento de la separación y el sabio ha superado todo *sentido de la separación*. Entre ambos está el camino normal que hace del niño un adolescente, del adolescente un adulto, del adulto un sabio. Y después están las excepciones, cuando al salir de la adolescencia, un ser humano, uno en cien millones, accede inmediatamente a la realización del atman o de la naturaleza-de-Buda. Pueden considerar que se encuentran ustedes en un proceso de crecimiento, en un proceso de expansión, como un movimiento continuo que tendrá un fin. A veces Swamiji nos mostraba su puño cerrado y después lentamente abría su mano, abría su mano, la abría cada vez más y, cuando la mano está completamente abierta: se acabó. En primer lugar, el puño cerrado se abre y el ego cerrado se abre, y cuando el ego está completamente abierto y desplegado, comprende, incluye en él al universo entero. Ya no hay ego, ya no hay distinción entre yo y el otro, ya no hay separación.

Cualquiera que haya sido su educación, el pasado es el pasado. A ustedes les corresponde llevar a cabo lo que no haya sido cumplido, cicatrizar lo que fue herido, enderezar lo que fue torcido, desanudar lo que fue anudado; a ustedes con la ayuda del gurú. Pero el gurú tiene necesidad de su ayuda. En la India, muchas veces se ha comparado al gurú con un instrumento musical. Es el virtuoso lo que hace el valor de un instrumento musical. Se dice también una frase aún más difícil de comprender: "El discípulo es el que hace al maestro". El discípulo no puede transformar en sabio a un hombre emocional, pero es la actitud del discípulo la que permite la respuesta del maestro. No cuenten tan solo con el que les guía, cuenten también con lo que yo llamo "el discípulo en ustedes" para convertirse en el educador del niño en ustedes. Un niño se educa con amor y les deseo que tarde o temprano tengan amor hacia el niño que hay en ustedes y que ya no lo sientan humillante, molesto, ridículo y rechazado. Por supuesto, un adulto siente que algo no se ha cumplido, que algo no es justo, cuando se comporta como un niño, cuando tiene emociones, cuando patalea, cuando está llevado por la situación, cuando quiere una mujer como un niño quiere un tren eléctrico. Y el adulto siente que tampoco es justo tener miedo, irritarse, rechazar como lo hace un niño. Pero si esta es su condición actual, al menos permanezcan en la verdad aquí y ahora.

Si se acuerdan de su infancia, es más, si pueden traer a la superficie con su frescura intacta, las experiencias de su infancia, si pueden hacer presente lo que les parecía pasado pero que, para el inconsciente, es algo eternamente vivo, pueden volver a encontrar este miedo de la separación y esta necesidad de ser tranquilizado: el niño que grita "¡Mamá, mamá, mamá, mamá!" en la noche para que vaya a decirle buenas noches a su cama, el niño que se angustia porque su madre llega diez minutos tarde a buscarle a la puerta de la escuela, o simplemente el niño al que su madre no le tomó de la mano. Encontrarán en la literatura moderna toda una riqueza de información que debemos a los pediatras y psicólogos. Pero lo importante no es lo que dicen los libros, sino que es lo que dice su propio corazón.

¿Cómo superar esta separación? ¿Cómo volver a encontrar "Oneness", la unidad? Algo es posible para ustedes, que no es un esfuerzo del ego reforzando al ego, sino que simplemente es la sumisión a la verdad; algo es posible para ustedes y es, con la vigilancia, ver en ustedes manifestarse el sentido de la separación: "Yo quiero, yo quiero, yo quiero, yo quiero, no puedo vivir sin eso". Un niño no puede vivir sin su mamá y algunos hombres no pueden vivir sin la mujer de la que están enamorados o ciertas mujeres no pueden vivir sin el hombre del que están enamoradas: "no puedo vivir sin él, me muero, me vuelvo loca". Esto por más que se trate de una novela de amor digna de ser llevada a la pantalla, es una actitud de niño. Un adulto puede vivir solo, si es necesario. Un niño no puede. Si no pueden aceptar una forma u otra de soledad es que el niño en ustedes sigue siendo muy poderoso, y mientras el niño sea todopoderoso en ustedes, la sabiduría les está vedada. Momentos de meditación importantes, sí, quizás incluso un samadhi momentáneo, pero no sahaja state, el estado natural e inmutable en el cual no se entra y del cual no se sale. El niño siempre les hará salir. Ramana Maharshi decía: "Es como una cubeta que meten en un pozo con una cuerda; como la cubeta está abierta en su extremidad superior, cuando está sumergida en el pozo, el agua de la cubeta se comunica libremente con el agua del pozo y la separación desaparece; y después la cuerda saca al cubo fuera del pozo y de nuevo el agua que está en el interior de la cubeta está separada del agua del pozo". Y también decía el Maharshi: "Este es el caso de los samadhis momentáneos; los vasanas y los samskaras hacen el papel del la cuerda que saca a la cubeta fuera del pozo y de nuevo pierden ese momento de unidad". ¿Qué es un momento de unidad del que los vasanas y los samskaras nos pueden arrebatar? Y ahora puedo decirles: es el niño en ustedes quien tira de la cuerda, en caso de que hayan tenido experiencias de meditación que les parecieran como realmente admirables, divinas, pero que no hubieran durado.

Ustedes pueden ver este sentido de la separación, es decir las emociones, y pueden ver la cantidad de sus palabras y de sus acciones que confirman dicha separación. Véanlo y dense cuenta de que, cuanto más se enreden en esa separación, cuanto más afirmen dicha separación, más afirman la realidad de un mundo del que se nos dice que es *maya*, evanescente, ilusorio, irreal, más le dan la espalda a la no-dualidad o a la unidad. Bien. Pero vean también lo contrario. Existe otra tentativa, totalmente vana, para superar la separación con todo lo que esto representa de vulnerabilidad, de inseguridad; se trata de no buscar ser uno con el otro sino esperar que el otro sea uno conmigo. Esto también es el niño en ustedes.

∗∗∗

Así como el niño vive en las emociones, el adulto ya no tiene emociones sino sentimientos, el niño está para pedir y recibir, y el adulto está para escuchar la demanda y dar. Es doloroso escuchar esto cuando el niño en nosotros todavía es todopoderoso. No me mientan, yo mismo he pasado por eso durante unos cuantos años con Swamiji y sé lo mucho que duele oír esta frase: "el niño está hecho para pedir y recibir; el adulto está hecho para escuchar la demanda y dar". Midan su existencia usando como parámetro esta frase y se darán cuenta de que el niño es aún muy poderoso en ustedes ya que todavía tienen tanta necesidad de pedir y recibir, y tan poca disponibilidad para escuchar y dar verdaderamente.

Aquí voy a hacer una aclaración indispensable: dar *libremente*, porque existe una necesidad neurótica de dar que es igualmente infantil. Existe una necesidad de dar que hace que busquemos a personas a las que les podamos dar, una necesidad de enseñar a los que no necesitan enseñanza, una necesidad de hablar a los que no tienen necesidad de que se les hable. Algunas vidas filantrópicas o caritativas se basaron en la neurosis y la necesidad de dar. Esta es una necesidad infantil en la medida en que es obligatoria, "compulsiva". No somos libres de ello. Es una necesidad que procede de la profundidad. Debe ser aceptada y reconocida, pero no confundan esta necesidad compulsiva de dar con el acto libre.

Un día le hice a Swamiji la siguiente pregunta: "¿Qué debemos pensar de esta palabra tan de moda en occidente?: los complejos (complejo de castración, complejo de Edipo, etc.)", pues sabía que Swamiji tenía una información bastante completa sobre la psicología de las profundidades. Swamiji me sonrió y me dijo: "No se preocupe, o al menos preocúpese sólo de un complejo: el "*saviour complexe*"." Este no existe para Freud: el "complejo del salvador", lo cual quería decir en ese caso en particular: desconfíe Arnaud del fervor que puede usted poner en consagrar su vida profesional de televisión haciendo películas sobre la sabiduría tibetana, hindú, sufí o zen, sobre los ashrams y los gurús, porque usted tiene la necesidad de llevar la buena nueva al público. Si existe esta necesidad en usted, no está libre de ella, es un esclavo. Tuvo tal necesidad de ser guiado, dirigido, tal necesidad de que se le muestre el camino, de que se le eduque, una tal necesidad de que se le salve, que la otra cara de esta necesidad es querer salvar a los demás.

No olviden que, si tienen el cóncavo, tienen el convexo. Siempre. Si tienen el amor, en el sentido ordinario de la palabra, que de hecho no es más que codicia o deseo, tendrán forzosamente el odio y, si tienen la necesidad de ser salvados, tendrán inevitablemente la necesidad de salvar a los demás. Esto no es una acción libre. Existe una necesidad de dar que es neurótica: no se equivoquen en esto. Ustedes conocen una de las definiciones dadas por Swamiji a propósito del estado realmente adulto o la sabiduría: "He hecho lo que tenía que hacer, he recibido lo que tenía que recibir, *he dado lo que tenía que dar*". En cuanto a los *vasanas*, a las propensiones, a las tendencias latentes, he dado lo que llevaba en mí para dar. Se acabó.

En este movimiento del despliegue del puño cerrado hacia la mano abierta, hay el tomar, tomar, recibir, recibir, como la flor que se abre recibiendo el sol y el agua, pero también hay que hacer, hacer lo que se tiene ganas de hacer, hacer lo que se lleva dentro de sí por hacer —esto varía en unos y otros— y hay también que dar lo que se lleva dentro de sí para dar: si tienen necesidad de ganar mucho dinero para poder ser muy generosos, háganlo; si tienen necesidad de dar a la humanidad sus sinfonías, compongan como Beethoven.

Hecha esta aclaración, regreso a mi definición; el niño tiene necesidad de tomar y recibir y el niño está ahí para pedir; el verdadero adulto (y aún más el sabio, ese adulto perfecto) está ahí para escuchar la demanda y para dar. Según como se sitúe en ustedes el porcentaje de las demandas y de la capacidad de dar libremente, podrán medir el grado de su infantilismo o de su estado adulto el cual, les acerca a su estado de sabiduría.

En consecuencia, o siento que fundamentalmente el otro está para mí y que aún soy un niño, o bien, fundamentalmente siento que estoy para el otro y que me he vuelto un adulto en un porcentaje diverso: un 50% niño o 90% niño, 50% adulto o 90% adulto. Porcentajes diversos, pero pregúntense: "¿Fundamentalmente como siento al otro?" Y cuando digo el otro, no es solamente otro ser humano, lo que los Evangelios llaman nuestro prójimo; es todo aquello que sentimos como exterior a nosotros, como otro diferente a nosotros. Y también, para aquellos que son religiosos, existe un Otro supremo, con O mayúscula, que es Dios. ¿Acaso siento, si me expreso en términos dualistas o religiosos, que con respecto a este otro supremo estoy indefinidamente en estado de demanda, y en ese caso, mi religión será siempre infantil? O bien un día estaré presente para dar, es decir para escuchar la voluntad de Dios y para responder a dicha voluntad de Dios. La actitud infantil puede ser la de un ser religioso y así permanecerá hasta el fin de sus días. No podrá convertirse en un sabio. La religión no debe mantenernos en el infantilismo, debe conducirnos a la plenitud del estado adulto.

Así pues, toda su existencia se sitúa a partir de dos posibles actitudes. En ciertas circunstancias, se trata de "el otro está para mí", que grita en ustedes y en dichas circunstancias son como un niño. En otras circunstancias lo que surge en ustedes es "yo estoy para el otro" y bajo esas condiciones, son adultos. La madre que es una madre, es decir que está realmente para sus hijos, es adulta. El padre que es un padre, es decir que está para sus hijos, es adulto. Pero algunas madres necesitan a sus hijos, piden a sus hijos que les den el amor que no encuentran en su marido, la admiración que no han encontrado en sus propios padres y cosas por el estilo. Estas son madres infantiles que nunca podrán ayudar a sus hijos a convertirse en adultos. Y cuando han sido humillados en su trabajo, algunos padres también necesitan la admiración de su hijo al regresar a casa. Por consiguiente, piden: son padres infantiles y no podrán ayudar a sus hijos y a sus hijas a convertirse en adultos.

***

Toda situación puede ser vista de dos maneras: ¿qué es el otro para mí? y ¿qué soy yo para el otro? Ahora bien, generalmente, si no son vigilantes, sólo se preguntan la mitad: ¿qué es el otro para mí? Pero todo encuentro o relación comporta estos dos aspectos.

No vayamos demasiado lejos para buscar un ejemplo. Todos ustedes habrán tenido una relación con un artesano –aunque se trate del plomero al que llamaron pidiendo ayuda. Para ustedes existe una determinada relación. Yo llamo a este plomero una vez al año, y además tengo un problema que es importante, mi grifo no vierte o mi lavabo está tapado. Por tanto, el plomero representa algo para mí. Pero yo ¿qué represento para el plomero? El plomero tiene diez clientes, quince clientes a lo largo del día durante todo el año; soy un cliente entre ochocientos o novecientos que tiene durante el año. ¿Cómo pretenden que dé la misma importancia al desatasco de su lavabo, que es un lavabo entre miles más, que la que ustedes le dan ese día que no tienen más que un solo lavabo? Vean bien que, en esta doble relación, él no ve más que la mitad y ustedes no ven más que la otra mitad, y sus dos mitades son completamente diferentes. ¿Son capaces de preguntarse en cada relación: "Así es como siento esta relación, ¿pero cómo la sentirá el otro? Así es como veo al otro, ¿pero, cómo me verá el otro?"?

Pienso que un ejemplo tan concreto como este es bastante elocuente. Ustedes ponen cualquier relación dentro de un vasto conjunto que es la totalidad de su situación actual y de su existencia del momento, pero el otro ignora completamente este conjunto en el que sitúan su relación con él. El no ve más que esa relación precisa y la pone en otro conjunto que es el propio y que no tiene ninguna relación con el de ustedes. Por consiguiente, no hablan de lo mismo. Emplearán las mismas palabras: reparación del grifo o desatasco del fregadero de la cocina, pero esta misma expresión implica dos realidades diferentes para ustedes y para el otro.

Esto siempre es verdad. Si no son vigilantes, seguirán viendo cualquier relación únicamente bajo su propio punto de vista personal. Esta sigue siendo una actitud infantil. El niño demanda; tiene sed, hay que darle un vaso de agua; le duele el estómago, llama; está triste, hay que consolarlo y no le van a pedir a un bebé que se diga: tal vez Mamá esté cansada, tal vez Papá tenga trabajo que hacer cuando regresa de la oficina. El niño ve la relación con el otro estrictamente desde su punto de vista, comenzando por papá y mamá, luego posiblemente con un hermano, una hermana. No pueden pedirle nada más. Eso es todo. Yo tengo necesidad, yo demando, yo, para mí. No se imaginan al niño tratando conscientemente de ponerse en el lugar de su madre o de su padre. Lo que es triste es que muchos padres y madres no son capaces de ponerse de un modo consciente en el lugar de sus propios hijos y sienten: "*mi* hijo, *mi* hija, es *mi* hijo, es *mi* hija", en lugar de sentir: "yo soy *su* padre, yo soy *su* madre" y eso sería una actitud realmente adulta, realmente no egoísta o, para emplear el lenguaje que estoy utilizando hoy, realmente no infantil.

Si ustedes no pueden concebir en una relación más que su propio punto de vista, son infantiles. Si pueden concebir casi por igual su punto de vista y el punto de vista del otro, empiezan a ser adultos. Y si pueden ver mucho más el punto de vista del otro que el propio, estarán empezando a transformar el adulto en sabio. "Solamente yo, yo y los demás, los demás y yo, solo los demás". "Sólo yo" es el niño, "yo y los demás" es el comienzo del adulto, es la verdadera educación; "los demás y yo", es el adulto digno de ese nombre; "los demás solamente" es el sabio. Un lenguaje simple como este les permite situarse de inmediato en su propio nivel de expansión o de transformación, hasta un día en que no haya ni grado, ni expansión, ni transformación, porque el puño cerrado se habrá abierto completamente. Más, más, más, hasta el día en que puedan decir: "Se acabó, he hecho lo que tenía que hacer, he recibido lo que tenía que recibir, he dado lo que tenía que dar, por consiguiente, ahora estoy disponible". Si no, no contemplarán un camino posible.

Es cierto que mientras haya un camino, permanecerán en lo relativo, es cierto que existen las verdades en plural y la verdad en singular, pero una frase del Mundaka Upanishad dice: "Las verdades son el pavimento del camino hacia Dios". En la verdad no existe ni gradación ni progreso; en el error más o menos grande, existen grados. Así pues, pueden decir: error más o menos grande, verdad más o menos grande, transformación, crecimiento. La liberación nunca es el resultado de la frustración. No se transformarán en adultos o en sabios si siguen frustrando en ustedes al niño que ya ha sido frustrado. La liberación es el fruto de la plenitud completa; un ego perfectamente pleno se trasciende a sí mismo. Un ego maltratado subsiste y, como la cuerda que Maharshi decía que sacaba a la cubeta fuera del pozo, ese ego maltratado les arrancará siempre de sus momentos de consciencia más puros, incluso de sus samadhis, para meterles de nuevo en el conflicto y la dualidad.

Lo que estoy diciendo ahora se puede poner concretamente en práctica. ¿Cómo harán para que la enseñanza impregne sus días de la mañana a la noche, y no solamente cuando leen un libro o cuando practican la meditación? Toda relación, todo encuentro, todo lo que les hace sentir la dualidad es una oportunidad para crecer, para volverse menos infantil, más adulto. En primer lugar, vean al niño, vean su reacción egoísta. Yo veo la relación en función de mí mismo: "Es mi plomero". Es necesario que yo vea también: "Soy su cliente".

Esta posibilidad de tratar de tener una visión total de la realidad está todo el tiempo disponible para ustedes. Su relación ya no es egocéntrica, el centro ya no está en el ego, el centro está en la verdad. Toda relación, para ser verdadera, implica dos aspectos. El niño no puede ver más que un aspecto: ¡yo quiero! "Mamá, mamá" y si mamá no responde, el tono se vuelve más fuerte. "Dime papá, pero contéstame papá". Esto es normal en el niño y si son adultos deben poder responder, al menos en la medida justa. Pero ya no es normal en el adulto ser como un niño. En todo momento el niño tiene la necesidad de que nos interesemos en él y de que nos ocupemos de él para que pueda superar esta tragedia de la separación. ¿Pero, van a seguir siendo infantiles esperando que todo el mundo se interese en ustedes, que el universo entero esté para ustedes, que los demás estén para ustedes? Entonces de nuevo el mundo se vuelve: "mi Claudine, mi Jacques, mi Jean-Philippe" y: "mi plomero, mi carpintero". Pero el carpintero está en su derecho de decir: "mi primer cliente del día" o "mi cliente de esta semana".

***

Para superar la "separatividad", el sentido de separación, existen dos actitudes posibles: una actitud vana, que es la del ego o la del niño en ustedes, "el otro debe ser uno conmigo" –y una actitud justa, "yo puedo ser uno con el otro".

"El otro debe ser uno conmigo" es la demanda del niño en ustedes, o si lo prefieren, es la demanda del ego y esta demanda nunca será satisfecha, nunca. Sólo un poco de vez en cuando. Están con una mujer a la que aman, y dicen: "Qué maravilla esta 7ª sinfonía de Beethoven" y la mujer responde: "¡Sí! ¡Qué maravilla esta sinfonía de Beethoven!". El otro es uno con ustedes. Pero si esta mujer dice: "¡Cómo! ¿Te gusta Beethoven? ¡Si es pomposo! ¡Ah no! Yo la única música que soporto es la música concreta de Pierre Shaeffer". –¡Ah, qué dualidad! El otro ya no es uno conmigo.

La tragedia del niño es descubrir poco a poco que el otro ya no es uno con él: ni su madre, ni su padre, ni su amiguito, ni su maestra de escuela. Más o menos: a veces un abuelo ha sabido ser uno con nosotros. Entonces, si pudiera volver a encontrar su corazón de niño, bastaría con que dijeran: "abuelito" para que su corazón de niño, siempre vivo dentro de ustedes, se pusiera a latir y las lágrimas llenaran sus ojos. Debido a que se nos enseñó a ser "un verdadero adulto", es decir un verdugo para el niño, estas emociones no salen a la superficie, a menos que tengamos el valor de regresar al niño en nosotros, de tomar a este niño ahí donde ha sido abandonado, a los dos años, tres años, un año y medio tal vez, y con la ayuda del gurú, volvernos para él un padre y una madre. Me gustaría repetir dos frases de la tradición hindú. Una de ellas está en las leyes de Manú y la otra en un Shastra, es decir en un tratado: "Se convertirá en un sabio aquél que haya tenido una madre, un padre y un gurú". Y la otra: "Un padre vale cien *acharyas* –es decir un instructor, preceptor, maestro– y una madre vale mil padres".

Pero lo que pasa es que a nosotros ya no nos queda claro lo que es una madre y un padre. Un día dije a Swamiji, hablando de Denise –a veces se da el caso de que un marido se queje de su esposa con el gurú– pero ese día yo le dije a Swamiji: "Denise es una madre muy buena". Swamiji me fulminó con la mirada: "¿Qué acaba de decir? *Untruth!*". No-verdad. Era la gran palabra de Swamiji: "Usted está fuera de la verdad, no-verdad. Una "buena madre", eso no existe", *"There is no good mother, no bad mother; either she is a mother or she is not a mother"*: "No hay buena o mala madre; o es una madre o no lo es". Y el hecho mismo de que nuestro lenguaje, en efecto, utilice una expresión como: "Es una madre muy buena" nos demuestra hasta qué punto hemos perdido toda noción del dharma. "Es una muy buena madre porque se ocupa muy bien de sus hijos; esto no es una "muy buena madre", es una madre. La definición de una madre es ocuparse muy bien de sus hijos y si no se ocupa muy bien de sus hijos, no es una "mala madre", simplemente ya no es una madre. Tal vez sus madres no eran verdaderas madres, eran un 30% madres, un 50% madres. Por consiguiente, eso no es una madre. Si se les entrega un 30% del automóvil, le faltará el carburador, le faltarán los frenos, no es un automóvil, "algo que se mueve por sí mismo"; lo que llamamos un automóvil contiene un carburador y frenos. Una madre que es un 30% madre no es una madre. Un padre que es un 70% padre no es un padre.

Tal vez su madre no era completamente una madre, tal vez su padre no era completamente un padre, porque él tenía sus propios problemas, sus emociones, su infantilismo. Pues bien: ¿Creen que el rencor los hará libres? ¿Creen que las recriminaciones los harán libres? Si quieren ser libres, liberen, no se mantengan prisioneros de ustedes mismos, liberen el pasado, denle su libertad, tanto cuanto puedan y ciertas técnicas podrán ayudarlos a darle al pasado su libertad. ¿Quieren ser libres del pasado? Liberen el pasado, déjenlo ir. Es más fácil decirlo que llevarlo a cabo, lo sé. Su madre fue lo que fue, a partir de sus propias cadenas de causas y efectos. Ella también fue creada a imagen de Dios, también tenía como realidad esencial el atman y la naturaleza-de-Buda y también tenía sus vasanas y sus samskaras y lo mismo sucede con su padre. Ahora les corresponde a ustedes ser, para ustedes mismos, su propio padre y su propia madre con la ayuda del gurú. Proyecten, transfieran sobre el gurú: hagan de él una buena madre, hagan de él una mala madre, hagan de él un buen padre, hagan de él un mal padre. Así poco a poco podrán llegar a ser adultos. Pero el gurú solo no puede hacerlo todo. Ustedes, el discípulo en ustedes, deben volverse también su propio educador. "El discípulo en ustedes" es el adulto en ustedes.

Y de pronto este adulto se da cuenta de que tiene que tomar en cuenta a un niño, un niño complejo, un niño muy marcado, con muchas demandas, un niño que no puede hacer otra cosa que seguir siendo infantil y reclamar "¡yo!". Es lo contrario de la famosa oración de San Francisco de Asís: "Que yo no quiera tanto ser amado sino amar"; el niño dice: "quiero ser amado". "Que yo no quiera tanto ser comprendido sino comprender"; el niño dice: "quiero ser comprendido". La oración de San Francisco de Asís es la de un hombre que la religión ha transformado en adulto. El niño en ustedes es totalmente egocéntrico, no puede ponerse en el lugar del otro y esa es su propia prisión. Si quieren comprender de modo más concreto lo que es este famoso "ego" que debe borrarse para que aparezca el *"egoless state"*, el estado-sin-ego, díganse: "Pues bien, el ego, el ego que debe desaparecer, es el niño que subsiste en mí.

"Dissociate adult and child", decía Swamiji. "Disocien al adulto del niño". Cuando Swamiji dijo esto primero puse mala cara, como solía hacerlo: "Ah! Una dualidad más, si está el niño y está el adulto, esto son dos…" No. No son dos. Porque hoy, lo que es verdaderamente real es el adulto que ve las cosas tal como son y en cambio el niño pertenece al pasado: ya no tienen tres años, ya no tienen dos años y medio. Si pueden disociar en ustedes al adulto y al niño, podrán estar de verdad en el mundo real, aquí y ahora, y no en el mundo recubierto por las proyecciones del niño. Swamiji decía

también: "El ego es el pasado que recubre el presente". El ego es el niño en ustedes que viene a recubrir el presente. Pueden ver en ustedes al niño que siempre está ahí para educarlo con amor. Pero mientras el niño esté presente no serán ni un adulto ni un sabio.

***

El niño tiene una idea propia, muy normal y al mismo tiempo muy ilusoria: "Sé cómo voy a suprimir la separación, voy a exigir que el otro sea uno conmigo". Una madre es efectivamente una con el niño durante algún tiempo: él llora, grita, ensucia sus pañales, quiere mamar, la madre está siempre de acuerdo. Y después, al cabo de algunas semanas, de algunos meses, la madre ya no puede vivir únicamente para el niño, poco a poco él tendrá que aprender a volverse separado. Y entonces es la tragedia. El niño siente que "el otro" ya no es uno con él, que el otro se vuelve contra él; y si tiene ganas de comer la comida con los dedos y su padre le exige "se come con el tenedor", el niño siente que el otro es otro.

Es la tragedia sin más, la tragedia metafísica, la alteridad por oposición a la unidad, pero de manera muy concreta, es la tragedia del niño. Y esto continúa... Observen, observen su comportamiento de adultos: desean tanto, esperan tanto que el otro sea uno con ustedes, que el otro venga a reunirse con ustedes en su mundo. Claro la maravilla del gurú es que él es uno con ustedes, se reúne con ustedes en el mundo de ustedes. Pero han sido heridos de tal manera que por cualquier motivo tienen la impresión de que el gurú les traiciona, ya no les comprende, que prefiere a otro. El gurú no está ahí para arrullarlos en su infantilismo, el gurú está para ayudarlos a que se vuelvan adultos. El gurú está ahí para educar al niño y no para ponerse al servicio del niño. "Amor infinito" no quiere decir en absoluto "debilidad infinita".

El niño nada más es capaz de decir "yo"; el adulto es capaz de decir "nosotros" y más tarde "ellos". Pero entre yo y ellos existe nosotros. Y para el niño ya es tan difícil sentir que tiene que compartir con un hermano, una hermana, tal vez con otra hermana más y otro hermano más. Para el hermano mayor que tuvo el privilegio del amor exclusivo de la madre durante dos o tres años, el nacimiento de un hermano pequeño o de una hermanita es una traición igual de terrible que la de un joven esposo que, después de tres años de amor sin defecto, descubriese de repente que su mujer le dice "te amo" a otro, a un querido amante. La traición es la misma para el hijo mayor que ve a su madre decir: "te amo" mirándole a los ojos a un recién nacido. Y el segundo hijo sufre menos el choque en este sentido, pero él tiene todo el tiempo a un hermano mayor: "Sí, pero él es más grande, sí, pero él es el mayor, sí pero tú eres aún pequeño" lo que hace que el segundo esté celoso del mayor y tenga también sus problemas.

¿Pueden ustedes pasar de yo a nosotros? No sólo existe mi ego en el mundo, no sólo existe mi ego en el Bost.

***

Tradicionalmente conocemos dos caminos: uno que consiste en disminuir, disminuir el ego hasta que no queda nada. Mi hijo me contó una serie de televisión, la historia de un hombre que se encoje cada vez más; se da cuenta de que se vuelve cada vez más pequeño porque un día su ropa es demasiado grande. Él se encoje, se encoje. Al final su talla no es más grande que la de una mosca y al final ¡se vuelve tan minúsculo que ya no existe! Tenemos aquí una extraña aventura sacada de la imaginación de un guionista. Pues bien, ciertas "sadhanas" consiguen disminuir, disminuir, disminuir al ego. La consciencia permanece, pero sin ego, sin la dualidad: yo y el universo. El ego ha desaparecido tanto, tanto que la totalidad prevalece.

Al contrario, otro camino consiste en hacer crecer al ego. Me acuerdo de un dibujo animado en el que un personaje se vuelve enorme, enorme, más grande que una ciudad entera, más grande que un país; luego es tan inmenso que la Tierra es una pequeña esfera bajo sus dos pies. El ego se vuelve cada vez más grande, cada vez más vasto hasta alcanzar la misma medida que el universo.

En ambos casos el ego ha desaparecido, el ego que dice "yo", en relación a "todo lo que no soy yo". Estoy centrado en mí. Todo lo demás no es yo y todo lo demás me va a ser favorable o desfavorable. Sean honestos. Sea cual sea su expectativa de no-egoísmo, su generosidad, fundamentalmente ustedes permanecen egoístas. Los momentos auténticos de no-egoísmo que han experimentado son aquellos en los que estuvieron lo más unidos con ustedes mismos, lo más en paz con ustedes mismos, lo más felices, pero, fundamentalmente, siguen siendo egoístas; existe todo el resto del mundo y existo yo. ¿Y yo estoy aquí, para qué? Para ocuparme de mí, para evitar que este resto del mundo me aplaste y me destruya, o aplaste y destruya lo que considero que como yo: mi familia, mis hijos, mi negocio, mis riquezas.

La descripción tradicional del ego, en todas las enseñanzas, corresponde a la enseñanza de la dualidad y de la no-dualidad. El no-egoísmo completo es la no-dualidad y, mientras subsista el menor egoísmo, también permanecerá la consciencia de la dualidad; yo y el otro. ¿Y cómo podría yo verdaderamente adoptar los intereses de otro? Para el ego y el mental ordinario esto es algo inconcebible. Desemboca siempre en un callejón sin salida. "¿Qué dice? Pero si ya no estoy centrado en mí mismo y estoy en competencia comercial con otro, si ya no pienso más en "yo", sino que pienso en "él", entonces voy a seguir su juego inmediatamente y no me queda más que dejarle mi negocio; si combato en la guerra y no centro mi consciencia en mí mismo sino sobre el campo enemigo, no me queda más que entregar mi país al enemigo." La consciencia aún limitada por el ego no puede imaginar lo que es la consciencia liberada del ego cuya acción no-egoísta, impersonal y libre compete a otras leyes. Este "yo" es una prisión. Este "yo" es la prisión. Si este "yo" desaparece, la consciencia liberada del ego aparece como ilimitada, infinita, nunca afectada, invulnerable, escapando del tiempo —el atman o la naturaleza-de-Buda.

El camino que en la India se llama el "yoga del conocimiento" (y encontrarán equivalentes en otras tradiciones diferentes al hinduismo) es aquel en el que el ego se vuelve cada vez más vasto: "Yo soy braman", yo soy "eso", la realidad —yo no soy este ser limitado, con ciertas medidas, condicionado, determinado, sometido a la destrucción, a la amenaza y, por consiguiente, a la necesidad de protección contra la amenaza. Yo no soy este ego: yo soy braman. Por supuesto que es muy fácil para el ego repetir este tipo de mantra y, sin embargo, no progresar ni un solo centímetro. Pero cuando este camino de *jñana* es seguido de manera justa, la consciencia se vuelve cada vez más vasta. Un ego vasto es lo contrario de un ego hipertrofiado. El ego comprende, en el sentido de "incluir dentro de él", cada vez más, y se borra en la medida que el círculo de sus intereses se amplía. Yo, yo y los demás, los otros y yo, los otros solamente.

Un gran camino de no-egoísmo, en una sociedad tradicional, es el amor de los padres por sus hijos. Me acuerdo de esta frase de una joven hindú –cito solamente el final de nuestra conversación–: "cuando el niño nace ya no somos marido y mujer, somos padre y madre". ¿Quién tiene el derecho a decir esto en nuestra sociedad porque lo esté viviendo? Si seguimos el camino en el que el ego se amplía, hasta poder decir "Yo soy braman" y que esto no sea una mentira, empezamos por un crecimiento progresivo en el que simplemente nos volvemos cada vez menos egoístas. Está "yo y mi demanda", pero empiezo a hacer mía la demanda de los demás. Comprendo al otro empezando por mis hijos, mi entorno, mi familia. Lo incluyo en mí mismo; ya no soy yo el centro a través del cual todo es visto y todo es apreciado. Empiezo a tener efectivamente muchos centros, o un centro que no está en ningún lugar, que está aquí, que está allá, que por un momento está centrado en uno, y por un momento está centrado en otro.

El camino religioso es el de la desaparición del ego. Este camino va a tomar diversas formas. En primer lugar, todas las formas erróneas, degeneradas, neuróticas, que no llevan a ninguna parte –y también formas que conducen a la meta con la condición de vivirlas de una manera justa. Morimos a nosotros mismos poco a poco. Dios es todo, Dios es infinito –y yo no soy nada, sin Dios no puedo nada. El camino religioso está muy bien representado en la India, no es una exclusividad cristiana, implica la disminución del ego, que se borra, que abandona –que está, como lo expresan algunos, "mortificado".

Estos son los dos grandes caminos que siempre han existido. Estos dos caminos son caminos de no-egoísmo. Pero ambos pueden degenerar en caminos egoístas. Lo hemos visto en la religión en general. Saben de las infamias a las que puede conducir la mayoría de las creencias. Y se puede ver en la existencia de un hombre religioso, ya sea hindú, católico o de otra religión que tenga un culto, ceremonias, con una relación dualista con respecto a la realidad suprema. En cuanto al egocentrismo de los aspirantes al conocimiento (*jñana*) este resulta a menudo exacerbado.

Recuerden esto: es muy simple. Es necesario que el ego, la distinción del "yo" y del "no-yo" desaparezca y que yo alcance un día "el estado-sin ego". Existen dos posibilidades. El simple sentido común lo dice: existe el todo, este vasto universo, que comprende enemigos, amenazas, peligros –y existo yo. ¿Y cómo hacer para que ya no exista una separación entre este universo y yo? Pues bien, en efecto es necesario o bien que yo crezca de tal modo que el universo entero esté contenido en mi propia consciencia, o bien que mi consciencia de ego disminuya de tal manera que yo desaparezca completamente: no queda más que la consciencia, por tanto, cualquier rastro de ego ha desaparecido. Este camino está muy bien descrito en toda la literatura religiosa. En el camino del conocimiento los textos son menos claros y el ego puede muy fácilmente interpretarlos a su modo. "Yo soy Shiva, yo soy Brama, yo soy la realidad suprema", pero el candidato *jnani* no hace nada en concreto para atacar su egoísmo emocional, su egoísmo mental, su egoísmo psicológico y no hace nada para poner en tela de juicio su consciencia de ego en la existencia cotidiana. En meditación no basta con tratar de convencerse a sí mismo: "Yo no soy estos diferentes *koshas*, estos diferentes recubrimientos del atman". Es un proceso justo pero que no siempre afecta al egoísmo en la existencia cotidiana. Difícilmente podrán seguir un camino religioso dualista serio, en particular con un maestro en un monasterio o en un ashram, sin que el ego sea atacado sistemáticamente todo el tiempo. Todo está previsto para eso: renunciar a la propia voluntad para obedecer al abad y vivir a través de una verdad superior, supra-egoísta, que se llama la voluntad de Dios. ¿Qué quiere Dios que yo haga? ¿Qué espera Dios de mí? Enseguida el ego es cuestionado y el poder absoluto del ego es visto de frente de inmediato. Todos los monjes se han topado con eso: "¿Cómo? ¡Porque el hermano Michel me miró mal, todo el día me sentí incómodo! Así es como estoy con mi ego. ¿Cómo? ¡Porque trabajé en la cosecha con el padre Jean-Marie y el abad se dirigió a él y no a mí, me siento celoso!".

En todos los monasterios y ashrams se ve esta lucha con el ego, el cual prácticamente se fusiona con lo que se llama el tentador o el maligno.

En el camino del conocimiento es muy posible dejar escapar esta experiencia concreta (e indispensable) de nuestro egoísmo. Estamos satisfechos por ciertos postulados intelectuales de la no-dualidad, ya sea expresada en términos budistas, en términos hindúes o incluso en términos del sufismo. "Yo no soy este ser limitado, yo soy lo Infinito, yo soy Braman, yo soy Shiva. No soy este cuerpo perecedero, no soy estos pensamientos que fluctúan". Pero fuera de ahí, ¿qué es lo que cuestiona al ego? ¿Qué atrae mi atención sobre el poder absoluto de mi egoísmo? La mayoría de las veces, nada. Considero a los demás como más o menos irreales y viviendo en la ilusión, mientras que "todo es braman" – entonces no me intereso mucho en ellos… Este camino puede nunca cuestionar al ego sobre el terreno de la existencia cotidiana en lo relativo. Entonces puedo decirles que no lleva muy lejos. El ego también es el sufrimiento. Mientras que el ego siga poderoso, no experimentarán la paz del corazón. Felices un día, infelices al siguiente, tranquilos en la mañana, preocupados en la tarde.

***

La enseñanza de Swamiji estaba basada en los fundamentos intelectuales del advaita –del no-dualismo– con la fuerza de convicción que tenía este gurú que era a la vez un braman de nacimiento, educado a la antigua, un conocedor del sánscrito, un científico y alguien que tenía la fuerza intelectual que admiramos en Ibn Arabí, el Maestro Eckhart o Shankaracharya. Pero su enseñanza se apoyaba sobre este mundo fenoménico del que Swamiji afirmaba, así como los demás, que es puramente evanescente, una ilusión del mental, que ve una realidad múltiple donde solo hay Uno. Swamiji se basaba en la metafísica, pero, al mismo tiempo, sin que el vínculo entre ambos se perdiera, nos devolvía constantemente a la realidad de nuestro egoísmo y nos hacía comprender que no había ninguna esperanza de meditación mientras que ese egoísmo no hubiera sido completamente superado.

Esto de lo que hablo ahora, la importancia de este no-egoísmo puede parecerles moralista, pero Swamiji le otorgaba una grandeza y una amplitud extraordinarias. Era la sabiduría suprema que empezaba a volverse verdadera y a intervenir un poco en nuestras existencias con la posibilidad de que algo cambiara. Entonces el punto de partida se volvía claro, la meta se volvía clara y la vía se volvía clara: del egoísmo al no-egoísmo.

Estoy seguro –digo bien: estoy seguro– que ustedes no han entendido realmente lo que les he dicho hoy, que no están verdaderamente convencidos y que no se dan cuenta del poder absoluto de dicho egoísmo. Piensan: "¡No es verdad! No soy tan egoísta, cuidé muy bien a mi padre cuando estaba enfermo, y a pesar de mi trabajo agotador, iba todos los días a verle al hospital". Y, sin embargo, puedo asegurarles que lo que afirmo es verdad. "Que no digan que yo soy egoísta porque me levanté todas las noches cuando mi hijo estaba enfermo." ¿Qué hay de no-egoísmo puro en el hecho de levantarse tres veces en la noche cuando se es madre y que lo que nos parece lo más terrible sería que el niño no se curara? Porque no podía, yo, soportar que mi hijo estuviera enfermo, ¡me levanté tres veces en la noche! Véanlo...

Yo no he presenciado, desde que el Bost existe, más que cuatro entrevistas privadas de carácter no-egoísta. Siempre es: "Yo tengo un problema, yo, con mi mujer". "¡Cómo, pero yo no he hablado de mí! ¡Arnaud dice que yo no hablo más que de mí y yo no hablo más que de mi mujer en mis entrevistas con él! ¡Yo no le hablo más que de mis hijos!" Si, ¡pero hay que ver cómo hablan de ello! Y es normal, yo veo en ustedes lo que yo era cuando estaba con Ma Anandamayi, Ramdas, Kangyur Rimpoché, Sufí Mohamed Din –y Swamiji.

Un día aparece el germen del no-egoísmo, es decir una entrevista en la que realmente alguien ya no habla de sí mismo. Hay una manera de hablar de sí mismo a través de los demás. Las entrevistas en las que no hablé de mí mismo con Swamiji fueron muchas, pero le hablaba de personas que no me gustaban o de personas que me gustaban, es decir, a propósito de mí. Si estoy locamente enamorado de un hombre o de una mujer, según mi sexo, voy a hablarle sin parar a mi gurú de la mujer que amo o del hombre que amo, eso es algo completamente egoísta. Lo que es interesante es poder hablar de alguien que, con relación a mi ego, no significa nada para mí, y para quien sólo quiero el bien.

Para liberar a un niño del ego, no se trata de decirle que le de la mitad de sus dulces a su primo, ni que preste sus juguetes al niño que vive en el piso de abajo, ni mandarle: "No seas egoísta, no ves que mamá está cansada". Cuando le decimos esto, el niño se alarma interiormente, se culpabiliza, se siente abandonado, traicionado porque su mamá está cansada; siente que ya no tiene lugar y que va a sucederle lo peor. Eso no le libera en absoluto del ego. *Liberarse del egoísmo, es asunto de una vida.* Y es el descubrimiento de todo lo que realmente buscamos, es decir la paz, la alegría, una riqueza y una intensidad de vida que no habíamos conocido. Si supieran lo que se pierde con el egoísmo, lo que se gana con el no-egoísmo, el camino estaría abierto de par en par delante de ustedes. La verdad es que lo saben porque los momentos en que de verdad han sido no-egoístas, son los momentos más felices que han conocido. No viví sino para otro y recibí todo. Recuerden: ¡de golpe han sido liberados de su ego! Su "yo, yo, yo" ya no estaba allí para estorbarles. "Yo no soy amado, yo no soy comprendido; yo no tengo lo que espero; esto va a acabar mal; ¿qué va a ser de mí? ¿Quién va a ayudarme? Interésense en mi, ámenme". Liberados de todo esto, han pasado unos instantes sin ego, porque han sido de verdad uno con el otro.

Este no-egoísmo concreto está a su alcance hoy, mañana, siempre. Les dará una felicidad que conocen todos los seres verdaderamente religiosos. Es el comienzo de la maravilla y el milagro, es el gran camino. Se trata no solamente del camino de la *bhakti*, del amor a Dios, del amor al prójimo –sino que es el camino de la más alta experiencia de *jñana*– del conocimiento de lo real y de lo irreal.

Si se sienten inclinados a una vía emocional, religiosa, les digo: es el camino de la felicidad; una alegría, una dilatación del corazón y una "dilatación del pecho", expresión utilizada por los sufís. Si están orientados hacia el yoga del conocimiento, también es el gran camino. Tratan de ser conscientes de ustedes mismos ya que la consciencia de sí es el camino hacia la consciencia del Sí-mismo. Si conscientemente renuncio a mí mismo, si conscientemente no vivo más que para el otro, en el momento en que tengo la impresión de que verdaderamente sólo existo para el otro, la consciencia de sí se revela; y en el momento en que más haya renunciado a mí mismo, me siento ser.

Todos los que practican la meditación hindú o budista, la vigilancia (*awareness, mindfulness, collectedness* en inglés) se han sentido conscientes, centrados en sí mismos: siento que yo soy, yo percibo "yo soy" y ahora miro un objeto; por el simple hecho de ser consciente de mí mismo, el objeto se vuelve muy presente para mí, se vuelve real en la misma medida en la que yo emerjo en mí mismo y me vuelvo real.

Y lo contrario también es verdad. Si en lugar de empeñarme en tener consciencia de mí mismo, de estar presente en mí mismo, trato simplemente de estar presente para el otro más allá de mi ego, esta consciencia de sí que los que viven una ascesis tratan de mantener a través de toda su existencia, esta consciencia de sí aparece. El momento en el que más me olvido de mí, *conscientemente*, para el otro, es el momento en el que más me reencuentro a mí mismo. Esto está magníficamente expresado en la oración de San Francisco de Asís: "Pues es perdiéndose como uno se encuentra". Cuando el egoísmo se pierde, el sí-mismo no-egoísta se revela. Entonces somos realmente beneficiarios. Nos damos cuenta de la prisión en la que hemos estado prisioneros durante tanto tiempo y qué error, qué ilusión fue haber tratado locamente de encontrar nuestra felicidad con base en este "yo", de salvar ese "yo", de proteger ese "yo", de hacer que ese "yo" sea feliz, de evitar que ese "yo" sufriera, lo cual sólo nos daba satisfacciones muy limitadas, mientras que en el momento en que este "yo" es borrado por completo en la entrega al otro, en el amor al otro, en el momento en que nos perdemos, nos encontramos. Pero ya no se trata del pequeño "yo", el agobiante ego; ¡nos encontramos tan grandes! Es el sentimiento de nuestra propia grandeza que está hecha sólo de amor y gratitud. Ya no hay egoísmo, queda la felicidad, y la gratitud que acompaña a la felicidad.

Es algo difícil de transmitir. Estas verdades tan ordinarias tienen un aspecto tan simple que me resultaron difíciles de comprender. Me hicieron falta años. Cuanto más simple, más difícil es de comprender. Uno busca cosas extraordinarias y deja escapar una enseñanza simple. Cuando Swamiji me daba una enseñanza compleja, elaborada, sorprendente, tenía la impresión de que comprendía; era incluso aún más bello cuando sentía: "Esto me sobrepasa, no comprendo, tendré que comprenderlo mañana, pasado mañana o en mi próxima estancia". Pero lo que no llegaba a escuchar verdaderamente es el tipo de enseñanza que les estoy dando ahora —y dejaba escapar la grandeza que hay en estas verdades.

Descubrimos esta grandeza cuando ponemos en práctica estas verdades. Olviden lo que se oye constantemente en los ashrams a propósito de esta palabra *ahamkar*, olviden los viejos conceptos: si no soy egoísta, tengo que darle la mitad de mis dulces a mi hermano. Este aspecto existe y no pueden seguir siendo francamente egoístas y al mismo tiempo convertirse en sabios. Pero esto va mucho más lejos —mucho más lejos que este no-egoísmo costoso por el cual simplemente debemos renunciar a nuestros caramelos. Es la promesa de todas las maravillas que esperan y de las que no esperan, porque son francamente incapaces de imaginar que existen.

***

Y después existe otra forma de egoísmo o infantilismo, es la necesidad del grupo. Los niños forman una banda: "Tengo a mis amigos y excluyo a los demás; está mi clase, los de sexto, y están los demás, los de quinto". El niño vive también el *egoísmo del nosotros*. Es un poco menos egoísta que el yo, pero aún se trata de un egoísmo. ¿Son ustedes capaces de traspasar también el egoísmo del nosotros? Si es: "Nosotros los discípulos del Bost", ¡qué actitud más infantil! Observen: ahora el domingo somos más numerosos. Están los que estaban en el Bost desde su origen, que conocieron el Bost con cuatro, cinco personas, seis como máximo. A veces, alguno de ustedes venía excepcionalmente un fin de semana. Y resulta que hoy, tenemos algunos invitados en nuestras reuniones de la noche entre semana, y sobre todo, en nuestras reuniones de sábado y domingo. Entonces el niño en ustedes afirma: "Nosotros", es decir algunos habituales del Bost que conocen y con los que han creado un vínculo. "Vaya, ahora vienen también extraños y desconocidos."

Todavía se trata de una manifestación del niño y del egocentrismo. Cuando forman parte de un clan, se trata del niño en ustedes. Si forman parte del clan del gurú Maharaji en contra de Maharishi Mahesh Yogui o del clan de Maharishi Mahesh Yogui en contra del gurú Maharaji, son niños. Si forman parte del "clan del Bost" y critican a los que son discípulos de Sensei Taisen Deshimaru, son niños. El adulto es universal, *all-embracing*, incluyéndolo todo. "Todo este universo es braman", sin excepción alguna, por supuesto. ¿Cómo pueden enfrentarse una frase tan bella como ésta y progresar aún un poco más? Para ustedes, los más antiguos del Bost, ¿qué representan los visitantes que vienen a vernos el domingo? Bien. Pero para los visitantes que vienen a vernos el domingo ¿qué representa el Bost y qué es lo que ustedes representan para ellos? Si no quieren saberlo, son niños. ¿Quieren que el universo sea para ustedes, sea uno con ustedes, o son ustedes los que van al encuentro del universo y son ustedes los que son uno con el universo?

Esto pueden hacerlo. Desarróllense, crezcan. Hoy en lugar de emplear la imagen de un camino, de una distancia que disminuye poco a poco entre ustedes y la meta suprema y que no disminuirá completamente hasta que ustedes y la meta no sean más que uno, empleo mejor la imagen del crecimiento; y este crecimiento tiene una terminación. Un día, ya no es: más vasto, más vasto, más vasto, está más allá, in-finito, no más separación, no más dualidad, no más límite, no más medida. ¿Pero cómo van a vivirlo? No pueden vivirlo en lo general, sólo pueden vivirlo en lo particular, aquí, ahora. Retomemos nuestro ejemplo: están los antiguos del Bost, los asiduos, los socios, si puedo decirlo así, y están los invitados. Y dense cuenta: si son niños —les hablo a los antiguos— no ven más que un aspecto de la relación: "existo yo", pero los desconocidos en cuestión, ellos, tienen una visión del Bost completamente diferente a la de ustedes y la verdad, es el encuentro entre ambos puntos de vista. "¡Nada más que yo!": hay invitados en el Bost y yo no quiero saberlo. "Yo y los otros": "Mira, hay personas que vienen al Bost; son seres humanos como yo, que tienen sufrimientos como yo, que tienen una esperanza como yo, que han leído Los caminos de la sabiduría como yo y que no tienen la satisfacción de poder decir: "estoy inscrito por tres semanas en octubre de 1980"." "Yo y los otros". Y después, si crecen será "los otros y yo". Hoy, domingo, el Bost ya no es para mí, el Bost ya no es para nosotros. Sean muy solidarios, sí, pero para servir juntos a nuestros invitados. Primero los invitados, después yo. Así es como realmente se pone en práctica el camino.

Los otros llegan al Bost con sus miedos, su esperanza, su inconsciente, sus proyecciones, sus transferencias, sus expectativas, la idea –tal vez falsa– que se hicieron del Bost. ¿Cómo quieren que no los miren? ¿Cómo quieren que lo que está en juego y que es tan inmenso, que está presente cada vez que se entra en contacto con la verdad o con un fragmento de la verdad, no pase también por ustedes? "¿Cómo son los discípulos del Bost? ¿Qué les ha aportado eso?" Es tan fácil pensar que los que son discípulos desde hace un tiempo ¡deben ya haber obtenido resultados!

Si aún son niños, sólo cuenta una cosa: "Hoy, domingo, no tuve mi entrevista" o "tuve mi entrevista esta mañana, estuvo terrible y no quiero saber nada más". Si empiezan a crecer, a ser un poco adultos, podrán poner en práctica: "yo y los otros" o "nosotros y los otros", y después "los otros y nosotros". Si se acuerdan, aunque sea un poco, de sus propios sufrimientos, de lo que los trajo aquí, de lo que han encontrado aquí, de lo que aquí han escuchado, pónganlo en práctica. Piensen en los sufrimientos de los que llegan, piensen en su esperanza, piensen en sus miedos, piensen en su inconsciente, piensen en sus emociones. Si no, se demostrarán a sí mismos que han perdido completamente su tiempo desde hace cinco años y que Arnaud y Denise han perdido su tiempo. ¿Dónde y cuándo pondrán la enseñanza en práctica si no empiezan por hacerlo en el Bost? ¿Pueden aceptar permanecer en el infantilismo, pueden rechazar volverse adultos cuando están siendo ayudados a crecer? Esto incumbe a cada uno y no se trata de un deber, se trata de un privilegio. Esto es lo que les permite crecer. Swamiji decía: "Nunca traduzcan dharma por *duty, man has no duty*, el hombre no tiene ningún deber, nunca; *man has only rights and privilege*, el hombre sólo tiene derechos y privilegios". Y ustedes tienen el derecho y el privilegio de acoger a los visitantes que llegan el domingo, del modo que puedan, tanto como puedan. Nadie les pide que hayan llegado ya al estado de "los otros solamente" por supuesto. Pero si tienen verdaderamente amor hacia ustedes mismos y quieren darse una alegría profunda, estable, no-emocional, pasen de "yo y los otros" a "los otros y yo". Verán el milagro, el milagro de volverse poco a poco adultos, el milagro de ver poco a poco borrarse la tragedia de la separación, el milagro de sentir apaciblemente que se acercan a la gran meta con la que sueñan pero que apenas se atreven a esperar; ser verdaderamente libres del ego, ser verdaderamente uno con la totalidad.

En los Evangelios está escrito: "Amarás a tu prójimo como a ti mismo", y nosotros, hombres modernos, tenemos gran tendencia a amar todo salvo a nuestro prójimo. Pasamos la noche hablando de los crímenes o las injusticias que se producen en Vietnam, en Líbano, en Chile o en Zaire, pero no queremos saber que, en el piso de arriba, en el de abajo o en la casa de al lado hay alguien a quien podríamos dar algo. Y les voy a decir más. Un texto hindú afirma de un modo muy simple: "Es un pecado preocuparse de la suerte de aquellos que no nos conciernen". Es aún más claro: cuanto más se preocupen por la suerte de los que no les conciernen en absoluto, más ciegos estarán a las necesidades del prójimo. "Amarás a tu prójimo como a ti mismo". Un día podrán amar a la humanidad entera. Pero "la humanidad" es muy fácil; lo importante es amar y comprender, es decir, incluir en ustedes, a cada hombre en particular. ¿Pueden ustedes, los antiguos del Bost, ser tan vastos como para comprender a sus invitados? ¿Qué quieren? ¿Quieren ser adultos? ¿Quieren ser libres del ego? ¿Quieren ser vastos, inmensos, infinitos? "To know brahman is to be brahman": conocer lo absoluto es ser lo absoluto. Braman, en sánscrito, quiere decir extensión, extensión inmensa, inmensa ¿y ustedes sólo quieren una extensión de cien personas, no más? Si quieren acumular jornadas de estancia en el Bost, se comportan como niños. Si quieren crecer, volverse adultos, pasen al terreno de los adultos. No están aquí solamente para pedir y recibir, están aquí para dar, para escuchar la demanda. Es un privilegio si quieren volverse adultos, y volverse adulto, es el camino para volverse sabio. ¿Por qué tienen miedo? Crezcan.

Si son todavía niños, serán aceptados como niños hasta que crezcan; si un niño tiene más dificultad para crecer que los demás, si está un poco retrasado en sus estudios, un padre, una madre le ayudan aún más. Pero yo los considero a todos como candidatos reales a la libertad, como candidatos reales al estado adulto, como candidatos reales al no-egoísmo y como candidatos reales al amor. Es un privilegio para los que verdaderamente quieren crecer que las puertas del Bost se abran poco a poco. Ninguno de ustedes quedará sin cuidado: cuando se ha comenzado una operación quirúrgica y ésta todavía no ha cicatrizado, no se manda al enfermo a la calle para tomar a otro enfermo en la clínica. No tengan miedo. No se llenen de miedo infantil. Pero comprendan que, si quieren progresar, se les da una oportunidad. Comiencen a ser el hermano mayor o la hermana mayor.

También es su privilegio ya no sentir "es mi gurú" sino "yo soy su discípulo". Están contentos de que afortunadamente Arnaud sienta: "Ellos no están aquí para mí, soy yo quien está aquí para ellos". Ahora denle la vuelta a la situación: "yo soy su discípulo" o si la palabra discípulo les parece pretenciosa, "yo soy su alumno", ya que *discipulus* en latín quiere decir alumno. Es el dharma, el derecho de ser, ser un discípulo. ¿Qué es un dharma de discípulo? El niño es quien reclama tener un gurú. Pero el adulto en ustedes surge. Siente que su nobleza, su dignidad, su realización está en ser, no en tener.

"Arnaud está para mí, es la regla del juego al principio. "Candidato-discípulo" quiere decir niño que viene para recibir, para tomar, únicamente pidiendo. Yo mismo fui tan infantil, pedí, pedí, pedí de tal manera a Swamiji que no puedo olvidarlo, que no puedo dejar de comprenderlos. Pero después de algunos años con Swamiji, poco a poco creció en mí el gusto por ser adulto. Volverse adulto, es dejar únicamente de pedir, es dejar únicamente de recibir, es escuchar la demanda y dar y responder. ¿Van a mantener con el gurú una relación definitivamente infantil? Nadie más que yo. No. Su privilegio es crecer y comenzar a sentir: "yo estoy para el gurú" no para "mi" gurú, "mi" Arnaud, el de mis proyecciones, mi inconsciente, mis conceptos y mis opiniones. Traten de comprender, verdaderamente, lo que es Arnaud, quien es Arnaud. Y si él recibe invitados el domingo, yo soy uno con Arnaud, por lo tanto, soy uno con los invitados.

¿Dónde pueden reunirse con el gurú? En su libertad y en su amor. ¿Creen que pueden ser libres cuando quieren que el gurú sea quien siempre se reúne con ustedes en su egoísmo? El gurú viene a ustedes hasta en su servidumbre e infantilismo, al menos en el camino que Swamiji nos ha mostrado, pero los años pasan y será necesario que eso se transforme. Primero, el gurú se reúne con ustedes de una manera total, inmediata en ese nivel muy profundo de ustedes que no conocen aún y que llamamos el Sí-mismo. Luego el gurú ve los recubrimientos del atman, los samskaras, las limitaciones, los miedos, los deseos, el infantilismo y el gurú se reúne con ustedes en estos recubrimientos del atman con los cuales se identifican. Después les corresponde a ustedes reunirse con el gurú. Él no es otro que ustedes, pero ustedes cuando ya hayan llegado al final de su propio camino. Reunirse con el gurú es encontrarse con ustedes mismos —por fin.

III

LA VIGILANCIA

Las entrevistas que he sostenido últimamente con unos y otros me llevan a volver una vez más sobre el tema fundamental y central de la vigilancia.

Esta palabra vigilancia la utilizo para traducir la palabra inglesa *awareness*, un término con un contenido muy rico: ser perfectamente consciente de lo que pasa fuera y dentro de nosotros. Es necesario que escojamos una palabra cuyo sentido se vuelva cada vez más completo, y la palabra vigilancia es valiosa porque tiene la misma raíz que "vigilia" o "vigilar, velar" que encontramos en todas las enseñanzas religiosas. Con excepción de las horas de sueño propiamente dichas, se puede vivir más o menos despierto, más o menos dormido. La palabra vigilancia apunta hacia la realización misma, que es un verdadero despertar, y al mismo tiempo es una palabra que tiene un sentido inmediato para ustedes porque siempre se puede ser un poco más vigilante de lo que se es.

No olviden la verdad fundamental de todas las enseñanzas espirituales. La meta de la existencia no es solamente una culminación en este mundo, aunque ésta no sea incompatible, sino un estado de ser. La meta son ustedes, cada uno de ustedes. Situado, elevado a un cierto estado de consciencia que ha sido designado con nombres diversos. Todas las enseñanzas han definido esta meta como una realidad interior nuestra. Queda patente en lo que concierne al budismo y al hinduismo, olvidado considerablemente en lo que concierne al cristianismo, pero la frase célebre de Cristo resulta suficientemente clara: "El Reino de los Cielos está dentro de ustedes". "Padre Nuestro que estás en los Cielos" quiere decir, pues, el Padre Nuestro que está dentro de nosotros.

Esta vigilancia, cuando está presente, les hace tomar consciencia de que ustedes *son*. Recuerden estas contundentes palabras de Swamiji que tantas veces he citado: "Usted no está en ningún lado, no hay un *yo*, no hay nadie". La pureza extrema de la vigilancia es el *aham* sánscrito, el *yo soy* puro. Normalmente, no hay vigilancia, solamente existen funcionamientos a nivel de los diferentes *koshas*, pensamientos que se suceden a partir de cadenas de acciones y reacciones, sensaciones, emociones, pero no la consciencia de ser que, cuando llega a purificarse de su última limitación, su última definición, se revela como la consciencia del atman.

El vocabulario hindú es explícito ya que *atman* en sánscrito es un pronombre personal traducido al inglés por *the self* y en [español] por el Sí-mismo. La realización es pues la plenitud de la consciencia del Sí-mismo.

El Sí-mismo es impersonal. No es ni masculino, ni femenino, ni viejo, ni joven, ni feliz, ni triste, ni verdugo, ni víctima. Desde este punto de vista, vamos a insistir en que la consciencia del Sí-mismo es diferente de la consciencia de sí. Si alguien se esfuerza a la consciencia de sí, en primer lugar tomará consciencia de sí como hombre o mujer, sano o enfermo, viejo o joven, mientras que el Sí-mismo, la realidad esencial de todo ser, no es "ni esto ni aquello". Es la consciencia a la que no se puede añadir ninguna calificación o atributo, lo cual sería forzosamente una exclusión o una limitación. Si yo soy un hombre, es evidente que no soy una mujer; si soy un adulto, es evidente que no soy un niño; si soy un francés, es evidente que no soy ni inglés ni japonés. Cada vez que yo soy algo, ya no soy "todo lo demás". Pero el Sí-mismo no es nada, por consiguiente es compatible con todo.

El Sí-mismo no tiene forma y lo que llamaremos la consciencia de sí es una forma. Se toma consciencia de sí a partir de una forma. Pero lo que deben entender también, desde otro punto de vista, es que la consciencia de sí es el camino a la consciencia del Sí-mismo. ¿Cómo podría revelarse de repente esta transcendencia metafísica, la consciencia del Sí-mismo? ¿Y por qué se revela a ciertas personas que en la India se llaman liberados, despiertos o realizados, pero no a todo el mundo, ni mucho menos? La consciencia de sí cada vez más afinada es el camino a la consciencia del Sí-mismo. Pero pensar que un día la consciencia del Sí-mismo, de la vida eterna, de la naturaleza-de-Buda, se va a revelar en ustedes sin que hayan tenido la más mínima consciencia de sí mismos, es imposible. Eso nunca se producirá, o tal vez una vez por siglo si se trata de un genio de la espiritualidad. Es la excepción que confirma la regla y no pueden tomarla en cuenta en lo que les concierne.

Esta consciencia de sí casi nunca está presente, y por eso la consciencia del Sí-mismo no tiene ninguna posibilidad de revelarse.

El trabajo de toma de consciencia, ésta es la palabra justa, dirigida hacia el interior para alcanzar este Sí-mismo último o este Reino de los Cielos, es todo el camino. Pero no todo el mundo está capacitado para pasar la mayor parte de su tiempo inmóvil en meditación, tratando de descender cada vez más profundamente dentro de sí mismo. No todo el mundo tiene los recursos materiales y no todo el mundo tiene las aptitudes requeridas para una vida esencialmente contemplativa. Es posible llevar una vida activa al mismo tiempo que se tiene muy en cuenta la consciencia de sí, y esta consciencia de sí pueden tomarla como sinónimo de vigilancia. No hay vigilancia si no hay una consciencia de sí. Dado que están ocupados la mayor parte del tiempo, no pueden aceptar dedicar a la búsqueda del reino interior sólo media hora al día que reservarían para la meditación. Y además, tal vez esta media hora resulta estéril porque están muy alterados, porque tienen distracciones, asociaciones de ideas y no llegan a descender profundamente en ustedes mismos al encuentro de este reino que está dentro de ustedes, pero que no es tan fácilmente accesible. Es indispensable encontrar la posibilidad de conservar la consciencia de sí estando al mismo tiempo activo y consciente de lo que sucede en su exterior.

Si no están lo suficientemente convencidos de lo que digo, si no sienten que esto sea una necesidad inevitable, entonces no harán ningún esfuerzo en dicho sentido. Les parecerán como tentativas laboriosas que harán de vez en cuando, pero que abandonarán, y no se puede esperar ningún resultado de esfuerzos esporádicos que se abandonan casi de inmediato. Todos ustedes conocen a personas que tuvieron durante un tiempo la vocación del judo, llegaron al cinturón amarillo y lo dejaron; luego sintieron la vocación del aikido, y también lo dejaron; a continuación quisieron hacer karate, y lo dejaron... Si nos ejercitamos un poquito y luego lo abandonamos, no llegaremos a ninguna parte. Los resultados, ya sea para convertirse en un pianista virtuoso o en un cinturón negro cuarto dan de judo, se obtienen por medio de la perseverancia.

Todos los maestros han insistido en esta vigilancia. Es incluso la gran diferencia que he descubierto poco a poco entre las enseñanzas reales y las enseñanzas que perdieron su valor, como baterías sin carga. Aunque recibí una educación cristiana, nunca comprendí la importancia de esta consciencia de sí. Conocía bien los Evangelios y lo que se dice en los Evangelios, que las vírgenes locas dormían, que las vírgenes sabias velaban. Conocía la frase "velen y recen". Creía que "velar" quería decir quedarse una parte de la noche sin dormir –lo cual también puede significar – y descubrí las obras del yoga, el hinduismo, el budismo. A este respecto, le debo mucho a la primera enseñanza que conocí, la enseñanza de Gurdjieff. Comprendí que esta presencia a sí mismo, este "recordarse a sí mismo" era esencial. Me preguntaba por qué nunca me hablaron de ello en el protestantismo. Me hablaron de Dios, me hablaron de Cristo, me hablaron de amor al prójimo, me hablaron del bien y del mal, del pecado, me dieron nociones de teología, me dijeron lo que había que hacer, lo que no había que hacer. Me veía a mí mismo como una ilustración magnífica de la frase de San Pablo: "Yo no hago el bien que quiero y hago el mal que no quiero", pero Dios siempre era buscado como algo externo. Existía yo y, en lo más alto de los cielos, Dios. Dios estaba tal vez también dentro de mí, pero yo no comprendía cómo debía situarme. Más tarde me di cuenta de que, para una parte del cristianismo, la rama propiamente ascética y mística, esta vigilancia o esta consciencia de sí era fundamental.

***

Voy a leerles un corto texto de hace 1400 años ya que data del siglo VI, está dedicado a San Benito, padre de la célebre regla de San Benito y fundador de toda la tradición no solamente de los benedictinos sino también de los trapenses, pues la orden de

Cîteaux, o cisterciense, es simplemente una reforma de la orden benedictina. Se trata de un libro traducido del latín de Gregorio Magno, que fue Papa y canonizado: *"Vida y milagros del venerable San Benito —segundo libro de los diálogos de San Gregorio Magno"*. Son pequeñas historias acerca de San Benito, presentadas bajo la forma de diálogos. San Benito vivió en una época en que la vida de los monasterios era muy intensa en Europa. Esta vida comenzó en Oriente, se extendió por toda Europa y San Benito era heredero de una tradición monástica que se remonta a los que se conocen como los padres del desierto.

Gregorio dice: "Y solo, bajo la mirada del juez soberano, él (Benito) habitaba consigo mismo".

Pedro: "No entiendo bien lo que quiere decir 'él habitaba consigo mismo'".

—"Si no hubiera habitado consigo mismo, se hubiera abandonado él mismo (...) pues cada vez que una preocupación demasiado fuerte nos saca de nosotros mismos, seguimos siendo nosotros mismos y, sin embargo, no estamos ya con nosotros mismos. Nos perdemos de vista y nos diseminamos en cosas externas". Con estas cinco líneas está casi todo expresado. "Así se puede decir que estaba consigo mismo aquél que se fue a un país lejano (esta es la parábola del hijo pródigo), dilapidó la parte de la herencia que había recibido y se vio obligado a ponerse al servicio de un habitante del país, siendo empleado para cuidar de los cerdos. Los veía comer legumbres mientras él pasaba hambre. Sin embargo, como más tarde se puso a pensar en los bienes que había perdido, está escrito a propósito de él: "De vuelta a sí mismo, dijo: "cualquier peón en la casa de mi padre tiene pan en abundancia". Si hubiera estado consigo mismo, ¿cómo hubiera podido volver a sí mismo? Por el contrario, pude decir que este hombre venerable (San Benito) habitaba consigo mismo ya que, *siempre* atento de velar sobre sí, al mantenerse *constantemente* en presencia de su Creador, examinándose *sin cesar*, no dejaba distraer fuera la mirada de su alma".

¿Quién de ustedes puede decir que habita en sí mismo, que no deja que la mirada de su alma se distraiga, que no está fascinado por las cosas exteriores, disperso en las cosas exteriores? Las traducciones varían. Encontré también: "la mirada de su consciencia" en lugar de "la mirada de su alma" y al comparar las diferentes traducciones, el texto se vuelve cada vez más explícito. Esto es lo que en la tradición cristiana se ha llamado "presencia a sí mismo y a Dios". Si admiten la metafísica hindú, el Sí-mismo supremo, absolutamente impersonal, es Dios mismo, más allá del ego, en el corazón del hombre. Por consiguiente, la presencia a sí mismo va a la par con la presencia a Dios. Al máximo nivel, el Sí-mismo y Dios se muestran como siendo la misma realidad, la deidad del Maestro Eckhart, que escapa al tiempo, a la multiplicidad, eterna, infinita. Ya sea que utilicen la expresión "presencia a sí mismo y a Dios" o "consciencia de sí» o "vigilancia", es la misma verdad que se expresa.

Si están atentos, verán que de la mañana a la noche, se dejan atrapar por las cosas externas o atrapar por sus ensoñaciones interiores, y que la consciencia de sí, la vigilancia, desapareció por completo. La gran tragedia de todos aquellos que se han realmente comprometido con el camino, aunque sean monjes, es el hecho de que nuestra atención se deja atrapar y se deja distraer. He encontrado en todas las enseñanzas los términos que significan recordar, no olvidarse. La palabra *dhikr* en árabe o *zikr* en persa significa recordar. Hay en el Corán una frase que es el pilar del sufismo, y que puede ser comprendida a un nivel externo o a un nivel esotérico, en la que Dios dice: "Si te acuerdas de Mí, yo me acordaré de ti". Por el hecho mismo de que yo me acuerde de Dios, Dios se acuerda de mí. Si no me acuerdo de Dios, Dios no se acuerda de mí, si yo me acuerdo de Dios, Dios se acuerda de mí. Tanto si se expresa en términos dualistas, religiosos: "hay que recordar a Dios sin cesar", como si se expresa en términos no-dualistas: "hay que acordarse del Sí-mismo sin cesar", es la misma enseñanza. ¿Cómo quieren acordarse de Dios sin acordarse de ustedes al mismo tiempo? Y si están comprometidos con la vía del Advaita Vedanta, no pueden acordarse de ustedes sin acordarse al mismo tiempo de que es esta presencia a sí mismo o esta consciencia de sí la que les pone en contacto con la realidad divina en el corazón de ustedes mismos, con el atman que está en ustedes.

No pueden estar en contacto con el Reino de los Cielos si toda su atención está dirigida hacia el exterior. Y si su existencia se desenvuelve día tras día con una atención dirigida hacia el exterior, salvo diez minutos por año durante la ceremonia de la Corona Negra de Karmapa y veinte minutos de vez en cuando durante un intento de silencio o de meditación, los días, los meses, los años pasarán y no progresarán en el camino interior. Esto es lo que les pido que entiendan en primer lugar. Consciencia de sí mismo, vigilancia, presencia a sí mismo, recordar, ya sea en términos religiosos o en términos metafísicos, expresan la misma verdad esencial.

Les voy a contar una historia expresada en términos religiosos, lo cual no era el lenguaje de Swamiji; una historia que escuché cuando descubrí la vida cisterciense en 1958. Educado en el protestantismo, no conocía este aspecto del cristianismo e hice un retiro bastante largo en un monasterio trapense. Conocí a viejos monjes formados en el método antiguo. Algunos irradiaban de tal modo que uno podía envidiarles. Los monjes llevan por otra parte una vida equilibrada ya que son agricultores que trabajan el campo fuera de las horas de los salmos y del silencio en la iglesia.

Se trataba de los votos de un joven monje y era uno de los de más ancianos –debe de tener más de noventa años ahora– era el que pronunciaba el sermón. Decía: "Ustedes los jóvenes, no tienen ni idea de lo que fue la guerra 1914-1918 en la que estábamos verdaderamente convencidos de que defendíamos la civilización contra la barbarie alemana, convencidos de que era, como se decía entonces, la *"der des der"*,[2] la última de las últimas, la última guerra. Fue tan cruel, tan larga, que la Francia entera vivía para la guerra, por la guerra, en el pensamiento de la guerra. Y los que bailaban, se divertían y se reían estaban al margen de la sociedad. Había el frente, las trincheras, los soldados que vivían noche y día en el barro, y lo que se llamaba la retaguardia. Casi cada familia tenía uno, dos, tres o cuatro muertos y muy pocas mujeres podían esperar llegar al final de la guerra sin haber perdido a un hijo, a un padre o a un esposo. Y se pensaba que la moral de la retaguardia, que apoyaba a los que vivían en las trincheras, en primera línea, era muy importante". Yo escuchaba esto, algo sorprendido de ver a este monje anciano hablar de la guerra del 14-18 en la Trapa, en un lugar de silencio y de paz, y para monjes que no tenían la menor

---

2. "der des der": der siendo la abreviación en francés de dernière o sea última (N. del T.).

intención de interesarse en nada de la historia militar de Francia. En fin, este padre recreó muy bien el clima de la guerra del 14-18 que yo mismo conocí un poco en mi infancia por las narraciones que escuchaba de los que la vivieron. "Se consideraba realmente muy culpable a la mujer que no fuera fiel a su marido mientras él estaba en las trincheras o era prisionero. Y las mujeres trabajaban como enfermeras, o bien fabricaban hilas de tela para los vendajes.". Y el monje continuó: "Un día le dijeron a una mujer: "Usted es realmente la esposa de soldado perfecta, porque piensa en su marido de la mañana a la noche." – "Oh no, no diga eso, a veces me pasa que no pienso en él".

Yo me quedé sin aliento por esta frase. Entendí dónde quería llegar aquel viejo monje. "Dígame, usted es el modelo de la mujer del combatiente, piensa en su marido de la mañana a la noche –¡ Oh no, no diga eso, a veces me pasa que no pienso en él!". Como ya estaba yo bastante experimentado en la presencia a sí mismo por la enseñanza de Gurdjieff, me conmovió ver qué era para ese padre lo más importante que podía decir al final de una vida de monje y dirigido a un joven que se comprometía con ese camino. Y continuó: "Qué monje podría responder: Oh no diga eso, Dios, a veces me pasa que no pienso en él". El comentó: "¿Qué es un monje? Es un hombre que piensa en Dios sin interrupción, que siempre está habitado por el pensamiento de Dios, el recuerdo de Dios, el sentimiento del amor de Dios de la mañana a la noche. No solamente al cantar los salmos, no solamente al permanecer inmóvil, sino todo el tiempo".

No existe un sentimiento de Dios que sea justo, no-emocional, y que no sea idéntico a esta consciencia del Sí-mismo que buscan los hindúes, la consciencia más pura en el corazón de nosotros mismos. Si pudieran hablar largo y tendido con discípulos de vías dualistas como la Trapa y vías no-dualistas como el budismo, verían que la experiencia es la misma. Y si intentaran la experiencia en los dos caminos, ayudados por guías de los dos caminos, verían que finalmente la realización es la misma. Esta atención, esta vigilancia es el camino mismo y todo lo demás gira y gravita alrededor de esta consciencia: eliminar los obstáculos de esta consciencia, eliminar las fuerzas de distracción y de dispersión en las cosas exteriores.

Es la verdadera oración, es la verdadera meditación. Se le preguntó a Swamiji: "¿Cuál es la importancia de la vigilancia en el camino?" Swamiji respondió: "La vigilancia es el camino mismo. Eso es todo".

***

La vigilancia permite ver lo que es, en lugar de vivir a ciegas. La vigilancia me permite ver lo que está fuera de mí, la circunstancia con la que me enfrento, las condiciones en las que me encuentro y ver la manera en que reacciono. Veo una emoción que se levanta en mí, veo un temor, veo un rechazo, lo veo... Y este Yo que ve ya no es el ego. Es una visión tan honesta y desinteresada que ya no puede ser una función del ego. Si somos vigilantes ya no podemos "pensar", en el sentido peyorativo de la palabra pensar. Eliminamos todas las funciones del ego que nos separan de la realidad. Esta realidad viene a nosotros y tomamos conocimiento de ella, a través de una comunión, utilizando todas nuestras facultades de percepción, nuestra sensación, nuestro sentimiento y nuestro intelecto, de manera objetiva, impersonal, silenciosa. Si la vigilancia es activa, el mental da lugar a la *buddhi*, es decir a la verdadera inteligencia que ve qué acto debe ser llevado a cabo, qué decisión debe ser tomada. Es la necesidad de las circunstancias la que dicta la respuesta, la que decide por ustedes. Sin vigilancia las pretendidas acciones no son más que reacciones y, como decía Gurdjieff, el hombre no es más que una máquina.

Si nunca se ponen en camino y esperan alcanzar la consciencia del Sí-mismo serena, inmutable y permanente de Ramana Maharshi o de Ma Anandamayi, son como el que dice: "Yo me meteré al agua cuando sepa nadar". Nunca sabrán nadar. Solo tocaré el piano cuando sepa tocar las obras más difíciles". Nunca tocarán nada, ni siquiera "Claro de luna" con un solo dedo. La consciencia del Sí-mismo no va a caerles del cielo si toda su vida han estado dispersos en las cosas exteriores, dispersos en la corriente de la existencia y en los pensamientos descabellados que se suceden, que surgen del inconsciente y los llevan a un temor, una esperanza, las películas internas, a lo que haré mañana o qué es lo que no debí haber hecho ayer. Todo esto se produce sin consciencia. Es perfectamente posible pensar sin consciencia, sin consciencia en el sentido real del término. Los pensamientos son formas pero la consciencia, ella, es permanente, no cambia. Los pensamientos son formas que no existirían si estuviéramos completamente inconscientes, desmayados, pero que pueden llevarnos, absorbernos. Un filósofo o un escritor puede morir sin haber tenido la más mínima experiencia de presencia a sí mismo, de consciencia de sí y de todo lo que se descubre en esta consciencia. Digo bien: y de todo lo que se descubre en esta consciencia, que se descubre forzosamente en esta consciencia y que no se descubrirá nunca fuera de esta consciencia. Y ahí reside el corazón de todas las disciplinas, se trate de un monasterio trapense o de un monasterio zen: ¿Cómo hacer para no olvidar, para no ser arrastrado, para no estar disperso en las cosas exteriores? *Carried away* decía Swamiji. Llevado. "La vigilancia es la vía de la inmortalidad, la falta de atención es la vía de la muerte", Buda dijo: "Permanezcan despiertos entre los dormidos".

La consciencia de sí es el camino hacia la consciencia del Sí-mismo. Esta vigilancia no es concretamente realizable si no pueden ser a la vez conscientes del exterior, de las personas que les hablan, de las situaciones existenciales en las que están metidos y conscientes de sí mismos viviendo estas situaciones, conscientes de lo que sucede en ustedes. Deben tener una mirada a la vez dirigida hacia el exterior y sobre ustedes mismos de forma que ninguna de sus reacciones se les escape. Este es el corazón del camino, créanme, y todo lo demás no son más que pormenores destinados a intensificar esta consciencia de sí y disminuir el poder del sueño y de la identificación con las formas.

Los monjes y los discípulos se entrenan a esta verdadera presencia a sí mismo de dos formas: ya sea en la vida, ya sea en momentos particulares de recogimiento. Si pasamos doce horas de corrido en meditación y al salir de la meditación, nos encontramos de nuevo completamente llevados, no habremos ganado nada. Quiere decir que esta meditación era falsa, no era más que una reacción.

***

Existen varios grados. Existe la verdadera consciencia de sí que pueden sentir en un momento dado cuando experimentan con todo su ser "estoy aquí, me siento ser, soy muy consciente de lo que sucede, soy muy consciente de lo que hago". Puede haber una plenitud de consciencia de sí y puede incluso haber una trascendencia de la consciencia de sí, la consciencia del Sí-mismo, llamada supra-consciencia o consciencia supra-mental, la consciencia donde toda traza de ego, toda traza de limitación ha desaparecido. Están los momentos en los que están más despiertos que de costumbre. Y en el otro extremo, está el hecho de ser completamente llevado, sin la menor atención, sin la menor vigilancia.

De hecho, tienen dos puntos de apoyo: el punto de apoyo que pueden encontrar en ustedes mismos y el que encuentran fuera de sí mismos. Estos dos puntos de apoyo son utilizables y ambos se refuerzan. Algunos alcanzarán la vigilancia tomando sobre todo apoyo sobre lo que sucede fuera de ellos y viviéndolo de manera muy consciente. Otros tomarán más bien apoyo sobre la consciencia de sí propiamente dicha la cual se afina y profundiza en los momentos de meditación.

En lo que concierne a la vigilancia tomando apoyo sobre uno mismo, esta vigilancia está activa cuando están conscientes de lo que sucede en sus pensamientos. Y no son llevados por los pensamientos. Son los testigos de ellos. Cuando son conscientes de lo que sucede en su corazón (mira, una tristeza, ahora un miedo, ahora una impaciencia), y no son arrastrados por ello. Y conscientes de su cuerpo: tengo un poco de dolor de espalda, tengo cierto cansancio, tengo ganas de vomitar, tengo los músculos de los hombros contraídos. Pero no están identificados. Son conscientes a la vez de su presencia física, de su presencia emocional y de su presencia intelectual. Las tres funciones son puestas juntas bajo el mismo yugo, lo cual es el sentido etimológico de la palabra yoga.

Releyendo los Evangelios, me pareció que la frase: "Si dos o tres se reúnen en mi nombre, allí estoy Yo en medio de ellos" no sólo significaba si dos o tres personas se reúnen para rezar, sino que esos "dos o tres" eran el pensamiento, la emoción y el cuerpo. Si el pensamiento se reúne con el cuerpo o si la emoción se reúne con el pensamiento "en mi nombre" —es decir en el nombre de Cristo, en el nombre de la verdad, en el nombre del atman–, Cristo, luz que ilumina a todo hombre que viene a este mundo, está presente en nosotros. Una consciencia nueva se revela en nosotros cuando el pensamiento, el cuerpo y la emoción están reunidos. Muchas técnicas, utilizadas durante años, tienen como meta establecer y afinar esta presencia a sí mismo.

La vigilancia puede también tomar como punto de apoyo las situaciones concretas en las que se encuentran. Y esto es un punto de apoyo muy eficaz. Durante mucho tiempo creí que el único punto de apoyo real era la consciencia del cuerpo a través del relajamiento muscular y la sensación, la consciencia de la energía, la consciencia del pensamiento, la consciencia del corazón. Pero mientras las vasanas y los samskaras sigan activos en el inconsciente, uno está constantemente distraído, absorto, llevado. Se mantiene esta presencia a sí mismo durante unos minutos, se pierde durante horas, se vuelve a retomar.

Desde este punto de vista es o una cosa o la otra, del mismo modo que una lámpara está encendida o apagada, pero no medio encendida o medio apagada. La consciencia de sí está presente o no lo está. Yo no digo que este enfoque no sea válido, lo es, y todo lo que ayude a progresar puede ser utilizado. Pero en la época en la que yo me entrenaba únicamente a través de esa forma de "recuerdo de sí mismo" estaba intensamente consciente por algunos minutos. Entonces seguramente no hubiera podido levantar el dedo meñique o fruncir el ceño sin darme cuenta de que lo hacía y hubiera podido impedir esos gestos si lo hubiera querido. Pero esto exige una tal concentración de la atención que al cabo de unos pocos minutos uno vuelve a estar completamente llevado. Me acuerdo, por ejemplo, que en aquella época tenía que hacer cada mañana un largo trayecto en autobús y después me bajaba y compraba dos *croissants* en una panadería. Había decidido: a partir del momento en que baje del autobús, voy a caminar hacia la panadería, entrar, pedir los croissants, pagarlos, salir de la panadería, en estado de "recuerdo de sí mismo". Me preparaba en el autobús, pero de repente, un pensamiento llegaba bruscamente a mi cerebro: "Oh, olvidé escribir a..." y toda la consciencia de sí había desaparecido. Diez minutos después me volvía a encontrar a mí mismo: "Es verdad que he decidido estar consciente. ¿Dónde estamos? ¿En qué parada?". No había visto la parada. De nuevo la consciencia había desaparecido. Regresaba una vez más. Me bajaba del autobús –sensación del cuerpo, control de todas las energías, entraba en la panadería. ¡Les puedo decir que no me veía nada natural haciendo eso! "¿Qué desea?" preguntaba la panadera. Estaba bien situado en mí mismo: "Señora, por favor, quisiera dos croissants". Pero bastaba con que no encontrara la moneda que creía tener en mi bolsillo para que todo el "recuerdo de sí mismo" desapareciera bruscamente, como una lámpara que se apaga. Un cuarto de hora más tarde, me encontraba arreglando mis asuntos en la sala de montaje de la empresa Pathé en Joinville, donde trabajaba y me acordaba... que había olvidado estar presente en mí mismo en la panadería. Me había dejado llevar por la identificación.

***

Me entrené mucho al "recuerdo de sí mismo". Me entrenaba en ello tanto más que todos los libros que leía, en inglés o en francés, sobre el hinduismo o sobre el budismo no hablaban sino de vigilancia y que en 1958 descubrí a los trapenses y al texto sobre San Benito y comprendí que también era la esencia de la vida mística cristiana. Pero no hacía grandes progresos, y esto constituía para mí un verdadero sufrimiento. Para muchos de ustedes el estar todo el tiempo presentes a sí mismos, todo el tiempo conscientes aún no es la meta de su vida. Pero llegó un día en que esta meta se convirtió verdaderamente en la gran meta de mi vida. Veía pasar los años y, les aseguro, los veía pasar con una emoción cada vez más dolorosa. Yo no progreso y me voy a morir y no habré conseguido nada. Esto se había vuelto realmente esencial para mí, paralelamente a otras ambiciones humanas que no desaparecen hasta que las últimas vasanas se extinguen, los últimos deseos, los últimos temores del ego.

Hay una pequeña minoría de hombres para quienes el hecho de ser llevados todo el tiempo, de nunca estar presentes a sí mismos, constituye una tragedia. Para los demás eso no tiene ninguna importancia. No piensan en ello o incluso declaran que es neurosis, que es como mirarse el ombligo, que es algo artificial, que, al contrario, es preciso "olvidarse de sí mismo", para no pensar más que en el prójimo, argumentos que el mental enarbola frecuentemente, pero a los cuales es fácil responder. ¿Cómo quieren hacer algo verdadero para los demás si ustedes mismos no son conscientes y vigilantes?

Con Swamiji descubrí verdaderamente el valor del punto de apoyo externo y también que podía encontrar grados de vigilancia, que ya no se trataba de: o estoy consciente o no lo estoy, o la luz está encendida o está apagada.

Los años pasaban. Yo sabía que la palabra vigilancia o la palabra presencia a sí mismo resumía todas las enseñanzas y estaba casi todo el tiempo llevado, identificado, disperso, distraído. Y después comprendí que una lámpara puede estar más o menos encendida. Hasta entonces me repetía a mí mismo: "El ojo es la lámpara del cuerpo —es la palabra de Cristo— y si todo tu cuerpo está en tinieblas…" Si esta visión está presente, todos los cuerpos, el cuerpo físico, el cuerpo sutil, emoción, pensamiento, están en la luz. Si el ojo de la visión ya no está ahí todo vuelve a las tinieblas. Y, o la luz estaba prendida y yo estaba verdaderamente presente en mí mismo, verdaderamente instalado en la consciencia de sí, o la lámpara estaba apagada. Y esta comparación resultaba para mí muy elocuente. Yo paso diez minutos tres veces al día con la lámpara prendida y el resto del día con la lámpara de la consciencia apagada. Y después, un día observé un reóstato utilizado en los estudios de cine. Se mueve una palanca y el decorado, que está en la oscuridad, se vuelve un poco iluminado, cada vez más iluminado, plenamente iluminado. Y comprendí: debe haber una gradación en la vigilancia. Esta lámpara no está o plenamente iluminada o apagada como yo lo creía hasta entonces. Existe una posibilidad de ser más o menos vigilante. Hay niveles, desde la ausencia total de vigilancia, o el sueño absoluto, hasta la plenitud del despertar.

Todo reside ahí. Comprendan que existen grados, como un reóstato: una luminosidad, una luminosidad más brillante, hasta la plena luz de un equipo de proyectores todos prendidos a la vez. Aquí hay algo que puede constituir un punto de apoyo para ustedes, mucho más ligero, más flexible. Si deciden que van a estar completamente vigilantes por un lado, serán completamente arrastrados por el otro. Siempre se trata del todo o nada del ego, del todo o nada del mental. O bien siento que soy igual a San Juan de la Cruz, o bien ya no creo en nada y no soy bueno más que para ligar con las muchachas del *Boulevard St-Michel*. Y esto es algo absolutamente falso, emocional. Si son más flexibles verán toda la gama que existe entre el negro extremo y el blanco extremo y gracias a esta gama podrán llegar a caminar. Un proverbio musulmán dice: "Aunque no seas el sol, no es razón para ser una nube". Aunque no sean el sol, no hay motivo para ser el contrario del sol, la nube que cubre al sol.

Aunque no sean Buda o Ramana Maharshi no hay motivo para vivir como un animal de la mañana a la noche. Digo bien, "como un animal", porque es esta vigilancia o consciencia de sí la que hace al hombre. Los objetos *existen* y, como cuerpo físico, el hombre existe como cualquier otro objeto que se pueda medir o pesar. Las plantas *sienten* y, en cuanto *pranamaya kosha*, revestimiento hecho de vitalidad, los hombres sienten. Se han hecho experimentos cada vez más avanzados sobre el hecho de que las plantas sienten y el primer investigador que inició este estudio por métodos científicos modernos fue un hindú. Los animales que tienen un cerebro *piensan*. Son capaces de una cierta memoria, de reconocer a las personas, de escoger, incluso de pedir. El hombre tiene un pensamiento más evolucionado que el de los animales porque tiene un cerebro más complejo. Es el hombre como animal superior. Pero solamente el hombre es capaz de sentir que existe, sentir que siente y sentir que conoce. Swamiji decía: *"Only man knows that he knows",* solamente el hombre sabe que sabe. Esta consciencia de sí es la característica del hombre.

Pero si se encierran en esta tragedia que yo viví tan dolorosamente —o estoy plenamente consciente de mí mismo, o soy completamente llevado— es demasiado cruel, a menos que vivieran de la mañana a la noche en un monasterio zen donde todo está previsto para hacerlos recordar: "no olviden, estén presentes, estén presentes a sí mismos". Ahí la vida entera está organizada para eso. Pero cuando están trabajando en Rhône-Poulenc o en Saint-Gobain,[3] la vida no está organizada para hacerlos recordar, la vida está organizada para que se identifiquen, sean llevados, dispersos.

---

3. Rhône-Poulenc y Saint-Gobain son importantes empresas francesas (N. del T.)

Entonces comprendan que pueden ser más o menos vigilantes, y que la vigilancia es a la vez una presencia a sí mismo y una presencia a la situación, una toma de consciencia de sí y una toma de consciencia de la situación. La una no va sin la otra. Si tratan de ser demasiado conscientes, perderán el hilo, no serán naturales y se verán atrapados. Y si están únicamente atentos a la situación, se olvidarán completamente de sí mismos. Pueden estar leyendo con mucha atención un libro de Krishnamurti sobre la vigilancia y rascarse mecánicamente la oreja sin realmente necesitarlo o desabrocharse los botones de las mangas y volverlos a abrochar sin siquiera darse cuenta de haberlo hecho.

Si luchan directamente para mantener esta consciencia de sí que no les resulta habitual, nunca les será fácil. La atención vuelve hacia sí misma y hacia un punto de apoyo físico, ya sea la sensación del cuerpo o el *hara*, el centro de gravedad en el bajo vientre. Pero el sentimiento de sí mismo no aparece enseguida. Durante mucho tiempo no tendrán la posibilidad de situarse en *anandamaya kosha* y corren el peligro de perseguir una tentativa artificial. Regresan a sí mismos, con una percepción real de sí mismos y después son llevados de nuevo por las situaciones. Pero si se apoyan en la corriente de la existencia y quisieran simplemente vivir esta existencia tal como es, *conscientemente*, entonces lo conseguirán. No digo que sea fácil, pero es posible y los resultados llegarán. Llegarán a ver cómo reaccionan a los acontecimientos y es la visión de sus reacciones la que hará crecer en ustedes la consciencia de sí. A cada instante pueden ver que reaccionan a los acontecimientos exteriores, que no son neutrales, que no son uno con la realidad, que no están de acuerdo en que lo que es, sea —esto pueden verlo y podrán verlo de manera casi continua.

La reacción está ahí y la sienten bien; basta con no dejarse llevar completamente. Viendo sus reacciones, tratando de regresar a la realidad, de adherirse a lo que es, verán que el mismo desarrollo del día les va a devolver a la consciencia de sí. Llego para tomar el ascensor, el ascensor no está en la planta baja sino en otra planta. Observo muy bien que se produce en mí un movimiento de desacuerdo. Regreso a la verdad. Sí, el ascensor está en otra planta. Presiono el botón para que baje el ascensor y veo que el ascensor no baja. Observo como surge en mí el desacuerdo –tengo que subir la escalera y no tengo ganas de subir la escalera. Puedo ver cómo reacciono a estas circunstancias externas. Y si cada vez trato simplemente de ser verdadero con la situación, la situación misma –el ascensor está en otra planta, el botón de llamada no hace que baje al ascensor– estos incidentes tan simples me llevan de momento en momento a la consciencia de mí mismo. Simplemente porque veo que fallo en vivirlos de manera justa y que vuelvo a vivirlos de manera justa.

***

Traten de ser más conscientes, lo más posible, lo más a menudo posible. Y harán grandes progresos. Poco a poco una cierta vigilancia impregnará sus días. Será todavía una luz débil, el reóstato no ha subido muy alto, la iluminación no es intensa pero aparecerá en ustedes algo como una "veladora" –bella palabra para designar una pequeña lámpara. Ya no hay oscuridad, no resbalamos en el peldaño de la escalera, no nos tropezamos, y si alguien pasa por el pasillo, no le chocamos. La veladora permite ver un poco. Poco a poco esta veladora se volverá más poderosa. Tendrá veinte watts, cuarenta watts, setenta y cinco watts, quinientos watts, hasta que se convierta en luz pura dentro de ustedes. Les ruego que comiencen a entrenarse a esta vigilancia. Sorpréndanse a ustedes mismos siendo llevados. Todo comienza con eso. Sorpréndanse lo más a menudo posible cuando son llevados y, en lugar de molestarse, decepcionarse, humillarse, traten de estar un poco más atentos.

Esta mañana tuve una "gratificación" como dicen los psicólogos. La única gratificación que pueda tener es ver progresar a unos y otros, ya que ésta es la razón de ser del Bost y es lo que les deseo de todo corazón. Paulette está de acuerdo en que yo cite este hecho, no la tomo desprevenida, – ella me dijo: "Una vez más me dejé llevar completamente ayer durante el té". ¡Ah! Cuando uno de ustedes habla así lo encuentro mucho más interesante que cuando me explica: "Hace ocho días tuve una calma admirable durante todo el día". "Durante el té usted me pidió noticias de Jacques Bonneau. Desde que vengo al Bost, ya es la tercera vez que usted me habla de

Jacques Bonneau en público y es la tercera vez que '¡Ya está! ¡Otra vez! Sí, Paulette'." Y Paulette continúa: "Además estaba Ghislaine a la que no conocía, yo no sabía en absoluto quien era ella y hablé así, únicamente para mí, todo lo que tengo que decir, mis rechazos, mis rebeldías, mis ideas acerca de la burguesía católica y las personas bien educadas. En fin, me perdí totalmente, me dejé llevar, no tuve en cuenta a nadie y sobre todo, no tuve en cuenta a Ghislaine que se compromete en este mismo camino que nosotros y a la que pude haber afectado y desorientado".

¡Ah Paulette! Véalo, véalo de verdad, vea que se deja llevar y que, cuando se deja llevar, no solamente se olvida de sí misma, sino que además, se olvida de todo lo que le rodea y que puede inducir a alguien en error, herir a alguien, lastimar a alguien. La ausencia de vigilancia es —retomo las palabras de Swamiji– atman athya, el crimen contra el Sí-mismo, contra sí y contra los demás. Swamiji decía: "Cuando no están vigilantes, siembran la tentación en el camino de los demás". Uno de ustedes quiere permanecer silencioso cuando yo pido silencio. Otro, por falta de vigilancia, empieza a hablarle y, por supuesto, el primero responde y se deja llevar. Pues sí Paulette, lo que acaba de decir es doblemente cierto. Usted se ha dejado llevar una vez más por su emoción. Los samskaras y los vasanas de su inconsciente, de su juventud, de su infancia, de todo lo que yo sé de usted, se removieron. Pero lo vio. Y vio que, cuando se es llevado, ya no se ve nada de lo que nos rodea, ya no se tiene en cuenta a los demás. Descendemos por debajo del nivel humano. Usted lo vio y fue usted misma quien me lo dijo. Hace un año o dos no se habría percatado de nada, no habría comprendido, y hubiera pensado: "Para nada, tenemos el derecho a hablar de lo que pensamos, hay que ser sincero". Conozco este argumento. La sinceridad no tiene nada que ver con la emoción y la identificación.

El hecho de haberlo visto demuestra que hay una pequeña luz. Cuando no hay ningún resplandor de vigilancia, ni siquiera nos acordamos. Estamos seguros de no haber hecho el gesto o de no haber dicho las palabras, no estamos de acuerdo con los que afirman que nos comportamos de determinada manera. Cuanto más vigilantes sean, más se acordarán. Menos vigilantes, menos se acordarán. La verdadera memoria, el recuerdo preciso, es una cuestión de vigilancia. De lo que más nos acordamos, es de lo que sucede de modo extraordinario, que rompe con la rutina de la vida, y que nos lleva a estar atentos. Entonces vea, Paulette, que el hecho de que se haya acordado, de que me lo haya dicho, es prueba de que se ha dado cuenta y que al menos un 1% de usted estaba vigilante. La pequeña veladora estaba prendida y es una promesa de que esa pequeña veladora va a crecer. Si se contentara con hacer sus ejercicios de yoga y sus intentos de meditación, y en ciertos momentos experimentar: "siento mi respiración, siento latir mi corazón, siento concentrarse la energía en el bajo vientre, siento..." usted ni siquiera se habría dado cuenta de que una vez más, ayer se dejó llevar cuando le hablé de Jacques Bonneau. Lo que es realmente importante, es que se produjo ese pequeño resplandor, porque ese pequeño resplandor es su esperanza –su única esperanza. Es la visión la que lleva la luz a las tinieblas y tuvo un poco de visión. Eso lo cambia todo. Recuerde la frase de Swamiji: "¿Es importante la vigilancia en el camino? La vigilancia es el camino", *It is the very sadhana which will lead you to the goal*, es la sadhana misma que los llevará a la meta", entendiendo por la meta la consciencia del Sí-mismo, dentro y fuera de ustedes. El Evangelio de Tomás dice: "El Reino de los Cielos está dentro de ustedes y está también afuera". Si son conscientes de lo que está dentro de ustedes, encontrarán el Reino de los Cielos, y si son verdaderamente conscientes de lo que hay afuera, encontrarán el Reino de los Cielos. En él tienen el ser, el movimiento y la vida. Pero hay que tener ojos para ver. Si se dejan llevar, ya no ven nada, si son llevados un poco menos, ven un poco más.

Alégrense, como hermanos y hermanas, por Paulette, a la que conocen bien. Es importante que ella haya visto al otro –no al otro en función de ella– que haya visto que estaba Ghislaine de la que nada sabía, lo cual le pedía un poco de vigilancia antes de montar en cólera y lanzar diatribas. Antes Paulette no se daba cuenta de nada. Ella tenía sus ideas, ella las aireaba por todos lados y las imponía a todo el mundo. Es bueno para todos ustedes que Paulette se haya visto a sí misma reaccionar y no actuar. El progreso de cada uno es el progreso de todos.

***

Una cierta vigilancia no surge bajo condiciones ordinarias fuera de un camino consciente de progreso y de despertar, a menos que las circunstancias sean un poco excepcionales . Si las circunstancias son nuevas, inhabituales, no podemos hacerles frente solamente con mecanismos ya instituidos desde hace tiempo y aparece una "presencia". ¿Pero qué vigilancia necesitamos para abrir o cerrar la puerta, subir o bajar la escalera, pulsar el botón del ascensor, sacar la vajilla del mueble y ponerla sobre la mesa, cortar nuestra carne o llenar un vaso de agua? Ninguna. Están entrenados para realizar este tipo de acciones. ¿Qué vigilancia necesitan para entrar en una discusión política habitual? Utilizan emociones que tienen dentro de sí desde siempre, un vocabulario al que están habituados y regurgitan opiniones que están dando vueltas en su cabeza desde hace años. ¿De qué vigilancia tienen necesidad? De ninguna. Pueden actuar como una máquina, como un robot, simplemente movido por cadenas de causas y efectos con las que entran en contacto. Pero si se encuentran en una situación nueva para ustedes, cualquiera que sea, en un medio social, contexto, y decorado que no han conocido antes, cierta vigilancia nace en ustedes.

Por otra parte a menudo sucede que estas circunstancias inhabituales los vuelvan conscientes, en efecto, pero con una emoción de timidez, molestia, de la que quisieran deshacerse, porque les resta soltura y espontaneidad. Se sienten ser porque se sienten estar incómodos, estar mal consigo mismos. Pero hay otras circunstancias que hemos realmente querido, escogido, con las que estamos de acuerdo, plenamente de acuerdo y que también resultan inhabituales: hacer una escalada difícil en la montaña o llevar a cabo una acción peligrosa. Si esta consciencia de sí aparece, verán que es a la vez una consciencia de lo que pasa fuera y de lo que pasa dentro de nosotros. Nos sentimos incluso respirar, que nos late el corazón, aunque no lata muy fuerte. Nos sentimos ser. Si un temor surge, se percibe enseguida y se mantiene el control porque no podemos permitirnos hacer cualquier cosa. O, por el contrario, caemos en la locura y el pánico, pero ésta es otra situación por la que ustedes son llevados.

Me imagino a dos miembros de la resistencia durante la Ocupación aventurándose para colocar cargas de explosivos bajo una locomotora en una estación de trenes con los alemanes haciendo guardia en los andenes. Escuchan el más mínimo ruido de sus pasos. El más mínimo crujido lo escuchan. Durante unos instantes les nace una tal vigilancia que nada se les escapa. Si el corazón les late, escuchan el latido del corazón, si un músculo se contrae lo sienten contraer, si una voz, por azar, suena un poco a lo lejos, la escuchan. Estar en estado de alerta, eso es la vigilancia. En mi primera estancia con Swamiji, él insistía mucho en esta consciencia del "aquí y ahora", y yo dije esta frase en inglés: *"Of course, when I was driving on the hopeless Afghan roads, I could not afford to think"*. Por supuesto, cuando conducía en las carreteras inverosímiles de Afganistán, yo no podía permitirme el lujo de pensar". En la época de mis primeros viajes por Asia, 1959, 1962-63, 1964 las carreteras modernas no existían aún en Afganistán. Las que había estaban llenas de hoyos y topes y, lo peor de todo, la mayoría de las curvas estaban inclinadas hacia el exterior. Por tanto debía estar tan atento que no podía permitirme conducir soñando. Hubiera acabado en breve con un eje roto y el viaje detenido. Swamiji me dijo: "¿Cómo hacer para que la vida entera se vuelva tan interesante como conducir por las carreteras afganas?". Yo lo entendí mal. Francamente, cuando está uno parado en el metro esperando que llegue a la estación, no es tan interesante como conducir sobre una carretera llena de aventuras.

Durante mi último viaje a Afganistán, en 1973, mi compañero afgano y yo tuvimos que conducir sobre un caminito muy estrecho para reunirnos con un sufí que vivía en un lugar perdido en las montañas. Debido a unas obras, habían escarbado en el camino un hoyo profundo de un metro y medio y casi un metro de ancho. Fuimos a buscar dos postes de madera como los que se usan para la electricidad o los cables del teléfono, los colocamos paralelamente por encima del hoyo y avancé el coche sobre estos dos postes. Si las ruedas se hubiesen caído no hubiera pasado nada, pero no teníamos grúa y hubiéramos tardado todo un día para salir de ahí. Teníamos que conseguir pasar. Pasé, pero más quiero decirles que estaba consciente, estaba presente a mí mismo. Completamente. Pero sin tensión.

***

Se darán cuenta que es a partir de estos momentos de despertar que aparece una memoria auténtica. Diez o doce años más tarde pueden acordarse de tal o cual acontecimiento de su vida en el que tuvieron esta vigilancia. Yo que tanto había soñado con los ashrams hindúes, la primera vez que estuve en el interior de un ashram en 1959, durante al menos dos horas, entré espontáneamente en este estado de consciencia y de vigilancia. Todavía hoy puedo acordarme, rencontrar aquel sentimiento y recordar la mayoría de los detalles, por tan implicado y concernido que me sentía. En efecto lo estaba y aquel día no sospechaba que iba a tener la oportunidad de volver muy seguido a esa India con la que había soñado durante años y que pensaba que no visitaría nunca.

Pero ustedes sienten que la vida no es interesante, a excepción de una cita romántica o de cuando hay que ir a colocar explosivos bajo las locomotoras en una estación de tren patrullada por soldados alemanes. Por lo tanto, no son vigilantes y su vida se desarrolla en el sueño. Y, por falta de consciencia de sí, nunca alcanzarán la Consciencia del Sí-mismo. No sentirán la verdadera necesidad de los demás aspectos de la sadhana que giran todos alrededor de esta vigilancia. Yo voy a erosionar poco a poco los obstáculos a la vigilancia, las emociones que surgen y que me llevan, la necesidad de expresar que se desata a mis expensas, las distracciones y los pensamientos incongruentes que invaden mi cerebro sin parar. Pero no sentirán la necesidad de eliminar los obstáculos a la vigilancia si no sienten antes la necesidad de ser vigilantes.

Tienen que llegar a esta conclusión: "La vida es siempre extraordinariamente interesante". El aquí-y-ahora siempre está ahí, el Reino de los Cielos siempre está ahí, Braman siempre está ahí, en el metro, en el autobús, por todas partes, no sólo cuando Su Santidad Karmapa lleva la Corona Negra sobre la cabeza, o frente a Ma Anandamayi. Todo se basa sobre el sentimiento de la necesidad de ser vigilantes. Ustedes, cada uno personalmente, ¿han sentido profundamente esta necesidad imperiosa? La cabeza no puede responder por ustedes, y es vano decir sí porque adhieran a ciertas doctrinas. Si sienten la necesidad de la vigilancia, si sienten el horror de la no-vigilancia, entonces, les podrá resultar relativamente fácil. Del mismo modo en que son vigilantes en condiciones excepcionales, serán vigilantes todo el tiempo, cuando comprendan que están constantemente bajo condiciones excepcionales. Porque finalmente, están todo el tiempo comprometidos con la aventura más extraordinaria que se puedan imaginar, la del despertar o de la realización del Sí-mismo. ¿Qué aventura más grande podrían concebir? ¿Y cómo, si lo sienten profundamente, no serían vigilantes? Pero hay que reconocer que las fuerzas del sueño son muy poderosas y entonces tendrán que buscar algo que les ayude a ser más conscientes, que haga crecer en ustedes el gusto por la vigilancia.

Muchas veces he encontrado la palabra en inglés *alert, to be alert*. Es interesante porque esto nos sugiere inmediatamente "estar en estado de alerta". Duermen porque no sienten realmente la necesidad de estar en estado de alerta. Si leyeron que es necesario ser vigilantes, si leyeron obras de la escuela Gurdjieff sobre "la identificación y el recuerdo de sí", si leyeron textos de Krishnamurti sobre la "vigilancia sin elección y sin esfuerzo", si leyeron textos cristianos sobre la presencia a sí mismo y a Dios, si leyeron textos budistas sobre la atención (en inglés *mindfulness* y *collectedness*) pensarán: "Yo quiero ser vigilante". Pero en verdad, no están convencidos de que hay que serlo, a no ser que vayan a colocar una bomba bajo una locomotora durante la Resistencia. El día que tengan la convicción "debo ser vigilante" como buscadores espirituales, lo serán. Lo que hasta entonces era casi imposible se les volverá fácil. Si sienten la importancia de una existencia humana, y la gravedad de malgastar la propia existencia, si sienten que la no-vigilancia es realmente la muerte, y que la vigilancia es el camino que les conducirá a la realización del Sí-mismo y al sentido de su vida, si la cuestión vigilancia no-vigilancia se vuelve vital para ustedes, entonces se volverán vigilantes, eso es cierto. Tendrán su mirada puesta sobre el interior y el exterior, lo cual es, de hecho, la verdadera meditación. La verdadera meditación es la vigilancia. Pueden meditar caminando, pueden meditar comiendo.

No vivan más siendo llevados, identificados, estando dormidos. Sientan que eso es grave. Las promesas de Cristo, de Buda o de los Upanishads no se realizarán jamás si olvidan la presencia a sí mismo y a Dios, la consciencia de sí. Pero si son vigilantes, aunque sea sólo un poco, entonces la vida se vuelve mucho más interesante. Recuerdo una expresión que me viene con frecuencia a la memoria. En mi juventud no paraba. Pude viajar mucho, pero nunca estaba satisfecho, nunca. Nada me bastaba y, en una época, yo quería conocer "personas interesantes". Se entiende que conocer personas interesantes quiere decir conocer a Maurice Bejart, conocer a Monod el premio Nobel, conocer a Picasso. Pero el Sr. Fulano de tal no es nada interesante. Cuando tuve cierto éxito debido a mi trabajo en la televisión fui requerido, invitado, conocí a sabios, embajadores, estrellas, políticos. Conocí a "personas interesantes". Pero realmente cada hombre, cada mujer es admirable. Si miran con una mirada verdadera, sólo hay personas interesantes en el mundo, personas inmensamente interesantes. Esto se los puedo prometer y hablo con conocimiento de causa. Depende con que mirada se vea.

¿Cómo hacer para que la vida entera se vuelva tan interesante como ir a colocar un explosivo en una estación llena de soldados alemanes, o simplemente conducir en las carreteras espantosas de hace veinte años en Afganistán? Toda la existencia es tan rica, plena, perfecta. El Reino de los Cielos está dentro y fuera de ustedes y ¿no le prestan atención? "Todo este universo es Braman" ¿y ustedes no prestan atención? Hay que crecer en esta atención. Presten verdaderamente atención, una atención abierta. Be aware, estén bien al corriente, bien al tanto de lo que sucede. ¿Qué se produce afuera? ¿Qué se produce en mí? No busquen lo imposible, pues fracasarían y lo dejarían todo. Muchas veces el domingo en la tarde doy con toda la fuerza de mi convicción una charla sobre la vigilancia, y cada vez pude observar que a la hora del té nadie tenía el más mínimo rastro de vigilancia. Todo el mundo comía o bebía, agitado, llevado, hablando, riendo, diciendo tonterías, sin que ni siquiera una pequeña veladora se iluminara en nadie. Tienen incluso una especie de pudor que les hace rechazar el ser vigilantes. ¿Qué voy a parecer si llego al té y yo estoy ahí inmóvil, hierático, centrado en mí mismo, mientras los demás están bulliciosos, gesticulando, discutiendo, contando, chachareando? Se sentirán extraños, como si quisieran dar una lección a los demás. Esperan siempre que sean los demás los que comiencen. "Quiero ser vigilante... pero si estoy en un monasterio zen". Es fantástico ver lo que se produce como intensidad de presencia y de consciencia si se toma el té con monjes zen. Si estuvieran en un monasterio zen, encontrarían una alegría nueva en beber el té conscientemente. Pero en un mundo en el que nadie es vigilante, cada uno espera que el otro comience. Pueden tener una pequeña vigilancia. No digo que se tomen dos minutos para tomar la taza de té y la contemplen antes de beber, pero pueden estar un poco atentos: no perder completamente el contacto consigo mismos y tener un destello de consciencia de sí. Verán crecer la vigilancia con el tiempo. Y esto no es algo privativo del hinduismo o del budismo, también lo es del cristianismo, y es el verdadero cristianismo.

**

Hasta ahora, he definido la vigilancia como una manifestación de la atención, pero ahora quiero distinguir bien ambos términos. Debemos utilizar un vocabulario que sea común a todos y escoger palabras cuyo sentido se profundice cada vez más con la experiencia.

Podemos llamar atención o concentración al hecho de interesarse sin distracción en un objeto. Encontrarán en la literatura hinduista en inglés la expresión *to focus the mind* que significa en efecto concentrar la atención en un punto. Y encontrarán también el ejemplo empleado con frecuencia de los rayos del sol que son paralelos pero que, pasando a través de una lupa, se concentran en un punto y pueden en pocos instantes quemar una hoja de papel

Es cierto que esta concentración de todas nuestras facultades mentales nos permite alcanzar buenos resultados en materia de estudios o de investigación. Es una atención que da sus frutos en la vida ordinaria, pero no es esta atención que se requiere del buscador espiritual.

En esta concentración, por muy sorprendente que esto pueda parecernos, la dualidad se mantiene. Por un lado hay un objeto que sienten como algo distinto a ustedes, y, por otra parte, están ustedes que se interesan particularmente en este objeto. Permanecen ahí, en cuanto ego, para concentrar su atención. Y esta concentración es limitativa ya que sólo se interesa en un objeto, como un fotógrafo que utiliza un objetivo de larga distancia focal que aísla un detalle. Si al contrario, utilizan un objetivo con distancia focal corta, lo que se llama también un gran angular, abarcan un campo mucho más amplio, mucho más vasto. La vigilancia es una toma de consciencia abierta, totalmente abierta, y ustedes no se proyectan sobre el objeto con un interés concentrado, sino que se abren simplemente a los objetos. La actitud no es la misma. En la concentración subyace un deseo de poseer, una codicia, cualquiera que sea el objeto sobre el que concentren su atención. Mientras que la vigilancia es una actitud no posesiva; no una actitud de codicia sino una actitud de amor y de apertura.

Si son vigilantes, es decir lo contrario de distraídos —del mismo modo que atento es también lo contrario de distraído— se situarán cada vez más en sí mismos, en lo que se llama la posición del testigo. Y eso de lo que se vuelven conscientes, incluso tal vez muy intensamente conscientes, no deja huella en ustedes, no crea samskaras nuevos, no crea una impronta que hace más pesada su carga interior. Mientras que en la concentración, una impresión se marca en ustedes. Como tienen la actitud de un ego que busca interesarse intensamente en otra cosa, se crea un *samskara*. No hay esa libertad, ese soltar presa, esa apertura propia de la vigilancia. La vigilancia nos hace parecidos a un espejo que ve todo pero sobre el que nada se graba, y la atención o la concentración nos hace parecidos a una película fotográfica sobre la que todo lo que pasa a través del objetivo se graba para siempre.

La vigilancia justa es una toma de consciencia de todo lo que puede ser percibido en un momento dado. Ahora bien, todo lo que puede ser percibido en cada instante, es todo lo que sucede fuera de nosotros y todo lo que sucede en nosotros, es decir la manera en la que reaccionamos con lo que estamos en contacto. ¿Nos contraemos muscular, emocional y mentalmente, o no? *La vigilancia es la función que permite evitar que las tensiones se acumulen.* Si hay vigilancia hay relajación. Si hay sueño y no vigilancia, hay tensión. La existencia humana se desenvuelve en las tensiones, ya sea tensión hacia —si hay atracción o deseo— ya sea tensión contra —si hay miedo o rechazo. Estas tensiones son físicas, emocionales y mentales. Si no son relajadas, se acumulan. A veces la existencia les permite relajar las tensiones dando un buen grito, dando una patada a la puerta, o rompiendo la vajilla, a veces haciendo deporte, un ejercicio violento, o a veces haciendo el amor, pero así sólo se relaja una parte de las tensiones. Ustedes acumulan tensiones escondidas en la profundidad y esto hace que, en realidad, sea imposible vivir relajado. ¿Cómo se podría alcanzar el estado-sin-esfuerzo si uno vive tenso? Si hay vigilancia, ya no puede haber tensión. La vigilancia está asociada a la relajación. Si hay vigilancia, ya no me proyecto sobre los objetos, no me contraigo inútilmente, ni física ni emocional ni mentalmente. Pero ésta no es la actitud habitual. La actitud habitual es un mecanismo de absorción por parte del objeto en la que desaparecen completamente y sólo quedan fenómenos de atracción o repulsión, es decir tensiones.

Ciertamente este es un tema nuevo para ustedes y deben tratar de descubrir lo que les describo a través de su propia experiencia. Hasta el momento han tenido innumerables posibilidades para constatar la distracción, la dispersión, la falta de atención, innumerables posibilidades también de dirigir su atención en cierta dirección. Tenemos una pequeña posibilidad de atención y esta pequeña posibilidad puede crecer con entrenamiento. Pero pronto llega un momento en el camino en el que les debe quedar clara esta distinción entre la atención y la vigilancia. De otra forma, seguirán estando en el camino con la actitud ordinaria y esto no les conducirá a la meta. Pueden llevar a cabo una investigación científica con la atención concentrada, ciertamente, pero no la búsqueda del atman, la búsqueda del Sí-mismo. Comprendan bien que esta atención, que tiene su valor, es una función del ego. Si hay atención y concentración, inevitablemente es el ego el que hace el esfuerzo, es el ego el que se concentra. Mientras que la vigilancia, aunque la iniciativa venga de alguien cuyo ego aún no ha desaparecido, les conduce directamente hacia el no-ego o más allá del ego.

Es preciso que encuentren casos concretos, por ejemplo, las flores que están ahí. Pueden tomar las flores como tema de concentración o tema de meditación, pero si su actitud interior no es justa, no traspasarán nunca la dualidad: la flor —y yo que trato de concentrar toda mi atención en la flor. Mientras que si son simplemente vigilantes frente a la flor serán inmensamente conscientes de la flor pero en una relación de no-dualidad. Frente a la flor desaparecen como "otro" y sólo están presentes como consciencia pura para percibir esta flor. Ya no es un acto de codicia, es un acto de amor. Pero, debido a que existe sólo una palabra "amor", muy fácilmente confunden la codicia y el amor. El vocabulario es muy pobre a este respecto, lo he dicho muchas veces.

Por otra parte la atención, en el sentido de la concentración, no les da la consciencia real de ustedes mismos, mientras que la vigilancia es una actitud que les hace testigos a la vez de lo que ocurre fuera de ustedes y de lo que sucede en su interior. Les permite ver hasta qué punto ese interior y ese exterior están de hecho más ligados de lo que se podría esperar en principio, cómo el exterior sólo existe debido a que se manifiesta en nosotros en forma de sensaciones, emociones y pensamientos y cómo, inversamente, nuestros pensamientos son proyectados hacia el exterior. La vigilancia debe ser tan vasta como posible. En inglés se dice *all embracing*: abarcándolo todo, incluyéndolo todo. Imagínense que tienen la visión de conjunto de una situación, la vista de conjunto de una ciudad que están sobrevolando. La visión que tienen de ello corresponde a la de la vigilancia mientras que la concentración elimina, aleja. Es preciso que sean un "vigilante". Pero no den a esta palabra el sentido desagradable de alguien a quien tenían miedo cuando eran alumnos en la escuela. Vean, por el contrario, qué bella es esta palabra: "aquel que vela sobre". Controlen todo lo que caiga o pueda caer en el campo de su consciencia. Velen sobre lo que está alrededor de ustedes, y velen sobre lo que está dentro de ustedes.

***

Observen que *ahamkar*, el ego, que representa el sentido de la individualidad, de la separación con referencia al infinito o a lo ilimitado, debe borrarse lo más rápidamente posible, al menos en las actitudes que son eminentemente del discípulo. El punto de partida del camino está en el ego, pero es preciso que sea de un orden particular. Por eso se emplean expresiones como "vida espiritual" en oposición a vida profana. En la distinción entre la atención y la vigilancia interviene directamente el tema tan delicado del esfuerzo y del no-esfuerzo. Existe toda una vasta literatura alrededor de esta cuestión a la que se enfrenta todo buscador espiritual. Todo esfuerzo se sitúa en la dualidad, todo esfuerzo se sitúa en la causa y el efecto, todo esfuerzo se sitúa en el devenir. ¿Cómo se podría descubrir a través del esfuerzo lo que está más allá del devenir, más allá de la causa y el efecto, más allá de la dualidad, lo que ya está ahí? Éste es un punto delicado y con el que resulta fácil equivocarse.

En la atención concentrada hay inevitablemente esfuerzo, mientras que la vigilancia puede convertirse bastante rápidamente en un estado de no-esfuerzo. Al comienzo, seguro que habrá un cierto esfuerzo para no olvidarnos de ser vigilantes, para no dejarnos atrapar de nuevo. Pero la vigilancia, por tratarse de un silencio interior, una apertura, un no-deseo, procede del no-esfuerzo. Se produce simplemente el regreso a una condición natural que es la del testigo o la de la visión. ¿Por qué estaríamos obligados a vivir con los ojos cerrados cuando los podemos abrir y ver? Vigilancia viene de la raíz "velar". Si estamos terriblemente somnolientos es necesario un cierto esfuerzo para despertarnos, pero ya no se trata de un esfuerzo en la dualidad. Es un esfuerzo que conduce directamente hacia la no-dualidad. No quiero dormir, quiero ver. Es una actitud absolutamente natural, y debido a eso, la meta final es llamada en India *sahaja samadhi*, el estado natural, el más simple de todos; estar situado en sí mismo, despierto, abierto, y ver lo que es, sin eliminar, sin rechazar, sin deformar, sin escoger un elemento u otro.

La atención es un movimiento hacia la periferia, un movimiento centrífugo, mientras que la vigilancia nos permite ser conscientes pero, al mismo tiempo, nos lleva de la superficie hacia el centro de nosotros mismos. En la atención, tomamos posesión de aquello en lo que concentramos nuestra atención, mientras que en la vigilancia estamos en comunión, lo cual es totalmente diferente. En lugar de buscar el encuentro en la superficie, buscamos el encuentro en la profundidad. Dejamos que cada elemento de la realidad esté ahí, en su lugar. Lo dejamos libre, le damos el derecho de ser, ni lo queremos ni lo rechazamos. Nos volvemos profunda, verdaderamente conscientes y esta consciencia, en lugar de llevarnos hacia la superficie de nuestro ser, nos lleva al centro más silencioso de nosotros mismos. Les pido que se basen en este vocabulario, que utilicen la palabra atención cuando se trata de la función de concentración para llevar a cabo una suma sin pensar en otra cosa o para tratar de resolver un problema algo difícil, y que utilicen la palabra vigilancia para lo que ordinariamente se llama atención, refiriéndose a las prácticas del camino o del yoga. La confusión con las palabras les puede inducir a un error durante largo tiempo y mantenerles en esta atención dualista.

La identificación es el hecho de estar completamente tomado sin ninguna consciencia de sí, completamente arrastrado por la experiencia que se está viviendo. Para escapar de la identificación, al principio se requiere de un esfuerzo –es inevitable. Pero, o bien este esfuerzo está basado en una comprensión errónea, llevándoles a un callejón sin salida; o bien este esfuerzo tiene su origen en una comprensión justa, transformándose de forma natural en no-esfuerzo. Todas las enseñanzas coinciden en este punto. Este esfuerzo es sutil y debe ser bien comprendido, y me he dado cuenta, por mi propia experiencia y por la experiencia de otros buscadores que conocí en Francia o en Asia, que uno puede equivocarse y seguir su búsqueda espiritual teniendo, tal vez, mucha perseverancia, pero partiendo de una demanda del ego. Entonces ¿cómo podría el ego ser superado? Es un ego de buscador espiritual, es una ambición de buscador espiritual que se nutre de los libros sobre el yoga, sobre el Vedanta, que se nutre de obras de Krishnamurti o de Ramana Maharshi. Es el ego.

El ego sólo conoce el esfuerzo. O es perezoso, o hace esfuerzos. Pero este esfuerzo especial de no-esfuerzo es totalmente extraño para el ego. No puede venir más que de una comprensión realmente justa que nos toca en el corazón y en el sentimiento. Entonces pueden ver claramente que el deseo está en ustedes, que el miedo está en ustedes, de allí la percepción manifiesta de la dualidad y la necesidad de hacer esfuerzos para evitar o para obtener. Y pueden tener la aspiración a ser libres, libres de la necesidad del esfuerzo, libres de la necesidad de obtener, libres del temor a no obtener. Ustedes aspiran a pasar a otro plano donde la acción ya no es llevada a cabo sobre la base del esfuerzo sino que simplemente como una respuesta, instante tras instante, a las situaciones, con una paz muy grande e incluso una impresión de no-actividad en el interior de nosotros mismos. Está dicho: "Ustedes tienen derecho a la acción pero no a los frutos de la acción". La acción pura que no está tendida hacia un resultado. Es cierto que si actuamos y nuestros actos no son totalmente incoherentes, nuestros actos son llevados a cabo teniendo en cuenta una meta o un fin. Pero el sabio ya no está, como ego, implicado emocionalmente en el deseo del resultado o en el temor al fracaso. Actúa tan eficaz y hábilmente como le sea posible pero sin estar individualmente concernido.

Ramana Maharshi decía: "No pongan las maletas sobre sus piernas cuando estén en el tren. Pónganlas en el portaequipajes. Viajarán igual de bien". Les deseo a todos que un día se den cuenta de que se ha operado un cambio radical en ustedes, que han puesto las maletas en el portaequipajes y que ya no las cargan sobre sus rodillas, es decir que ya no cargan el peso de su propia existencia. Los médicos emplean a veces la expresión de "síndrome de Atlas" para designar una cierta postura curvada de la cabeza acompañada de una contracción de la nuca y de los hombros, que es la imagen de Atlas llevando el peso del mundo sobre sus hombros. Y algunos tienen la impresión de llevar tal carga sobre la espalda que llegan a expresarlo físicamente. Pero realmente, con referencia a la realización de su libertad interior, todo ser humano aún prisionero de la mistificación del ego, padece de dicho síndrome de Atlas. El síndrome de Atlas es no haber puesto las maletas en el portaequipajes. Es sentir que cargamos el peso de nuestra existencia, de nuestros problemas, de nuestras decisiones, de nuestras acciones. Es pesado. Y ese peso podría desaparecer completamente. El sabio no lleva ningún peso de ningún tipo. Es libre frente al papel que juega, a la acción que lleva a cabo, a las respuestas que da. Su ego se ha disuelto. Es consciente de que juega un papel, pero no se identifica con él. No solamente el sabio no lleva el peso del rol, sino que se siente llevado por el rol, llevado por el personaje, llevado por las situaciones. Es el famoso "no-actuar" de la tradición taoísta. Y la vigilancia procede directamente de este no-actuar, de esta libertad por la que son llevados, en lugar de llevar la carga.

Hay que ver con cuidado su manera ordinaria de percibir y de sentir, en la demanda, en el temor, en la posesividad, en la codicia. Están implicados personalmente y todo objeto con el que entran en relación, lo sienten en función de ustedes. En esa dirección se ubica el esfuerzo de la atención, mientras que la vigilancia es exactamente lo contrario. Se trata de una receptividad, una apertura, es un silencio interior, es el único amor verdadero. En esta vigilancia el "Yo soy" puede tomar un sentido y, en esta vigilancia, le damos vida a todo lo que nos rodea. Lo dejamos ser, ya no lo tenemos prisionero al interior de nuestro ego. Entonces nos maravillamos realmente viendo que todo se vuelve importante, todo toma un valor y, sobre todo, reconocemos cada elemento de la manifestación, o si lo prefieren, cada objeto en su unicidad. Cuantas veces he repetido que si hay dos, son diferentes. Cada objeto, cada detalle es único, cada instante es único. Pero ya no ven esta unicidad, sobre todo en un mundo el que la producción, que ya no es artesanal sino en serie, hace que todas las manijas de las puertas parezcan iguales. Realmente, si son vigilantes, verán de golpe al mundo entero "ser". Cada manija de puerta se vuelve una manija de puerta particular, diferente a otras. Todo se vuelve vivo, al igual que después de un día brumoso, las nubes se disipan y el sol aparece. Todo se vuelve luminoso. En la vigilancia, el mundo entero se ilumina y mucho más aún. Cada instante insignificante se vuelve grande, cada objeto insignificante se vuelve grande. Pero la atención no les permite descubrir esta grandeza. Por más que miren atentamente a un objeto, mantienen una actitud posesiva al respecto y mantienen, a pesar de ustedes, la dualidad.

En la vigilancia ya no existe la apreciación de valor que distingue los momentos intensos de los momentos aburridos, los momentos importantes de los momentos insignificantes. Cada instante es perfecto, cada instante es pleno. Esto es una gran diferencia comparado a nuestra existencia de antes, donde había momentos fastidiosos durante los cuales esperábamos que los momentos felices regresaran. Si están situados aquí y ahora, ya no hay comparación entre el después o el antes. Todo lo que se pueda esperar está contenido en cada instante, porque la no-dualidad está presente y la consciencia perfecta en sí misma está presente. Para el testigo ya no hay ni mediocre ni admirable, no hay más que la perfección o la plenitud del ES.

Desde el principio comprométanse con el camino justo. Que no tengan que comprometerse con el camino justo a raíz de una conversión surgida tras años de fracasos.

***

Si hay peligro, puede que el miedo se apodere de ustedes. Entonces estarán metidos hasta el cuello en el esfuerzo, tratarán de vencer su miedo y harán un inmenso esfuerzo de atención para tratar de actuar correctamente a pesar de su miedo. Pero la experiencia demuestra que frecuentemente durante el peligro, surge una gran calma. Muchos pilotos de la última guerra declararon que, con su avión acribillado por las balas enemigas, con un motor en llamas, heridos en el hombro, consiguieron pilotar en un estado de calma, de libertad, de consciencia del que por mucho tiempo guardaron un recuerdo extraordinario y nostálgico. Las propias circunstancias permiten una superación momentánea de la consciencia del ego. Muchos dijeron: "Tenía la impresión de que ya no era yo el que pilotaba el avión, que estaba en un estado de gracia, estaba como inspirado, que todo se hacía a través de mí con una gran perfección". Y después volvían a recaer a su nivel ordinario. He leído muchas veces este tipo de testimonio. Pero son circunstancias excepcionales y las pongo como un ejemplo que apunta en la dirección de lo que podemos llamar vigilancia por oposición al sueño. ¿Cómo hacer para qué, en sus existencias tal como son ahora, puedan alcanzar ese estado de vigilia sin tensión, sin esfuerzo? No olviden que en la palabra atención se encuentra la raíz "tender o tensar" que ha dado tensión. Atención significa tender hacia. La atención no puede ser una función totalmente distendida; la vigilancia sí.

Puede haber tres visiones: la visión distraída, la visión con atención y la visión libre en la vigilancia. De la misma manera hay tres escuchas: la escucha distraída, la escucha atenta y la escucha vigilante. Es importante que perciban la diferencia. Todo lo que dije hace un momento acerca de la visión de una flor, por ejemplo, también es verdad con relación a una escucha, ya sea escuchar una grabación de música o escuchar al otro, a alguien que viene a nosotros y nos habla. O le escuchamos distraídamente o bien muy atentamente, pero se mantiene la dualidad. O bien le escuchamos silenciosamente con una gran vigilancia, permaneciendo centrados en nosotros mismos, no siendo susceptibles de ser llevados por lo que dice, lo recibimos dejándolo libre, y ningún samskara se graba en nosotros.

Vean otro punto adicional: en la atención pueden ser sorprendidos; en la vigilancia, que es un estado de consciencia de sí silencioso y abierto, no pueden ser sorprendidos, porque están abiertos a todo, todo lo real y todo lo posible, lo cual no ocurre durante la concentración. Si permanecen vigilantes frente a un ramo de flores y lanzo un grito detrás de ustedes, no se sobresaltan, mientras que si concentran su atención sobre un ramo de flores y lanzo un gran grito detrás de ustedes, se sobresaltarán. En la atención concentrada, ya no están disponibles. En la vigilancia están realmente disponibles, no pueden ser tomados por sorpresa.

Decía hace un momento que los hindúes denominan a la realización "el estado natural". Realmente la vigilancia es el retorno a nuestro estado natural. Por eso se trata de un esfuerzo muy particular o, si lo prefieren, de un no-esfuerzo. Porque no es un esfuerzo para buscar algo extraordinario, sino solamente para eliminar lo que es patológico, viciado, anormal y para regresar a nuestro derecho natural más estricto, ya que existimos: la consciencia de sí. Es necesario que consideren la vigilancia como un estado natural del que los mecanismos los alejan o los exilian. Volteen la situación. Todo el tiempo están arrancados de la vigilancia, todo el tiempo pueden regresar a la vigilancia y regresar a la vigilancia es volver a encontrarse a sí mismo. ¿Qué hace el hijo pródigo de la parábola? Regresa a casa. Es la historia de todo buscador espiritual que la no-vigilancia exilió de sí mismo y que se perdió en los objetos exteriores, como dice el texto de Gregorio Magno acerca de San Benito. La vigilancia les permite volver a encontrarse a sí mismos, encontrarse de nuevo en casa, encontrarse de nuevo consigo mismos, lo cual es en efecto nuestro estado natural y nuestro privilegio como seres humanos. Y la atención no los regresa a ustedes mismos de la misma manera.

Ser vigilante o estar aquí y ahora, es la misma actitud. Si hay expresiones diferentes es porque se insiste en uno u otro aspecto de la misma actitud. No pueden estar plenamente aquí y ahora sin ser vigilantes. No pueden ser vigilantes sin estar aquí y ahora.

Vigilancia significa estar en estado de vigilia. Si duermen no pueden ver nada. Si están despiertos, si velan, pueden ver. La palabra ver en oposición a pensar es tan importante en el camino como la palabra vigilancia. Si no son vigilantes el camino se detiene. La vigilancia les da la posibilidad de ver y para empezar verán todos los obstáculos que los separan de dicha vigilancia. Pero, en lugar de estar todo el tiempo llevados, identificados, podrán ver lo que los mantiene en la percepción de la limitación, en la percepción del tiempo, en el sentido del ego, en la sumisión al pasado, en la proyección al futuro. La vigilancia es previa al aquí y el ahora. Solamente ella les permitirá ver cómo les resulta difícil el aquí y ahora, y ver: "sigo aún en el pasado, estoy en el futuro, esta esperanza me arrastra, este temor me priva del instante". Sólo ella les permitirá regresar a la verdad.

IV

EL YOGA DEL CONOCIMIENTO

Hablábamos anoche de la vigilancia, que está o no está – y añado que está más o menos presente, y esta vigilancia es el instrumento indispensable del "conocimiento", en el sentido que el Vedanta da a esta palabra. Sin vigilancia vivimos, pensamos, sentimos, actuamos (o mejor dicho, reaccionamos); pero una vida puede desarrollarse con sus vicisitudes, sus alegrías y sus sufrimientos sin habernos aportado ningún conocimiento real. La palabra sánscrita que se traduce por "conocimiento" se encuentra por doquier; se trata de la palabra *jñana* (o *gñana*). Es una más de las nociones que circulan a través de los libros o las conversaciones en los ashrams, y con la que podemos confundirnos y con la que yo mismo me confundí hasta que comencé a conocer mejor la enseñanza de Swami Prajñanpad.

Existe un camino llamado *"jñana yoga"*, "liberación por el conocimiento". Yo creía, como muchos más, que eso significaba liberación por medio del conocimiento del atman –"conocer ESO cuyo conocimiento hace que conozcamos todo lo demás"– que había que tratar de conocer al atman pues si uno conocía dicho atman, todo quedaría resuelto. Se dice –es una frase de Swamiji, pero no es solamente una frase suya: "Conocer es ser", "se conoce lo que se es". Y los Upanishads afirman: "Conocer brahmán es ser brahmán". Si no sería simplemente como conocer algo acerca de brahmán, pero no conocer brahmán. Un texto dice incluso: "Aquel que conoce brahmán lo puede todo, aquel que conoce la palabra brahmán lo puede todo en el campo de las palabras". ¡Fórmula que demuestra que los hindúes tenían sentido del humor!

Somos muchos los que hemos tratado durante años de conocer este brahmán o este atman "cuyo conocimiento hace que conozcamos todo lo demás". Sí, pero ¿cómo? Dios sabe cuántos europeos e hindúes, decididos a consagrar su tiempo y energía a la gran búsqueda, permanecen inmóviles, dirigiendo toda su atención hacia su interior, tratando de crear el silencio y de descubrir en ellos esta revelación que la vida de Ramana Maharshi y sus palabras vuelven tan fascinante. Los años pasaban, yo seguía interrogando a los swamis, a los pandits, pasando tiempo en los ashrams (los que tenían buena reputación, hace 15 o 20 años) pero este descubrimiento del atman era siempre para mañana. Y cuando a veces, en circunstancias algo intensas, interiores y exteriores, llegaba de repente a manifestarse una experiencia extraordinaria, ésta resultaba ser breve y no se volvía a producir en varios meses.

Después de conocer a Ma Anandamayi, viví algunos de esos "estados de consciencia" que sobresalen de la corriente de la vida. Al comienzo constituyeron la meta de mi proceso; pero cuando comprendí que existía el riesgo de que siguieran produciéndose con una frecuencia espaciada, sentí que eso no podía ser la vía y a partir de ahí mi demanda fue lograr una realización tal vez menos "extraordinaria", menos "sobrenatural", pero estable, inmutable, totalmente no–dependiente.

Con Swamiji descubrí el sentido, totalmente diferente, de esta expresión "yoga del conocimiento" o "liberación por el conocimiento". "Liberación por el conocimiento" significa que se es libre de lo que se conoce. No es que se tenga que conocer una realidad gracias a la cual seamos libres, sino que se es libre de aquello que se conoce realmente. ¡Ah!... Era tan simple, pero a la vez tan sorprendente de escuchar; y nunca había pensado en este significado. Siempre había pensado que "yoga del conocimiento" significaba "liberación por el conocimiento del atman". Pues ¡no! Con Swamiji a menudo me preguntaba: ¿Estoy soñando o no estoy soñando? En fin, llevo diez años interrogando a pandits, a shastris y a swamis y, de pronto, Swamiji me dice, con una seriedad impresionante, algo muy simple, algo en lo que nunca había pensado y que da un sentido absolutamente nuevo –mucho más vivo– a expresiones que tal vez ustedes conocen poco, pero que son el pan cotidiano para los que están en los ashrams y los vedantinos en la India.

"Arnaud, liberación por el conocimiento significa que usted es libre de lo que conoce verdaderamente". Eso es todo.

¿Quieren conocer el atman? ¿Y cómo quieren conocer el atman? ¿Cómo quiere usted, que es finito, limitado, conocer lo infinito y lo ilimitado? ¿Cómo lo finito podría conocer lo infinito? ¿Cómo lo limitado podría conocer lo ilimitado? ¿Durante cuántas existencias más quiere usted tratar de conocer el atman que usted ya es? ¿Qué hay que conocer? Usted es la paz, usted es la beatitud –usted es el atman. Tiene que ser libre simplemente de todos los recubrimientos del atman; y no puede ser libre de estos recubrimientos si no tiene el conocimiento real de ellos.

– "Pero Swamiji, *to know is to be*..."

– "*Of course*" –por supuesto.

Desde nuestros primeros encuentros, Swamiji me dijo: "*To know is to be*" y todo lo que usted cree conocer, todo lo que escribió en sus libros (mis primeros libros) no lo conoce; lo dice porque lo ha visto en otros o lo ha escuchado decir a otros o lo ha escuchado testimoniar a otros. Por supuesto, *to know is to be*.

¡Pero entonces, ya no entiendo nada! "Conocer, es ser". ¿Qué hay que conocer? ¿Cuáles son los revestimientos del atman? Son los pensamientos, las emociones, las sensaciones, los deseos, los miedos, ¡por supuesto! Y Swamiji me hizo comprender: usted no tiene ningún conocimiento real de sus pensamientos, de sus emociones, de sus sensaciones –de todos sus funcionamientos– porque nunca ha sido realmente, sin dualidad a la luz de la vigilancia, sus pensamientos, sus sensaciones, sus emociones. Siempre ha habido un cierto desajuste; lo que provoca que usted nunca ha conocido lo que ha vivido.

Les aseguro que un lenguaje tan simple como éste era de hecho nuevo para mí. Me preguntaba: ¿He encontrado lo que tanto he buscado (y es el milagro) o este hombre es alguien original que maneja la paradoja y que sistemáticamente dice lo contrario de todo lo que he escuchado en otra parte?

Ustedes no tienen ninguna posibilidad de esforzarse para conocer el atman. Es un descubrimiento que se producirá por sí mismo, cuando conozcan los impedimentos, los obstáculos, los velos que recubren esta realización de lo que ustedes ya son.

***

Precisemos un poco más aún: ¿Cuál es la diferencia más comprensible para ustedes –a partir de hoy, aquí y ahora, tal como están situados en su camino–, entre un sabio y un hombre que vive aún en la dualidad? Son las emociones. ¿Cómo pueden, si no es por un presentimiento, tener una certeza *que sea suya*, en cuanto al estado interior de Ramana Maharshi? Pero pueden comprender con certeza: el Maharshi es aún capaz de tener sensaciones –o Swamiji– o cualquier otro sabio. Puede reconocer que hay un sufrimiento físico en cierta parte del cuerpo e incluso responder a las preguntas de un doctor cuando éste sea llevado al ashram. Simplemente veo que el sabio no está identificado con este sufrimiento como lo estaría otra persona; que es el cuerpo el que sufre, pero esencialmente él no sufre. Veo que el sabio tiene una inteligencia comparable a la mía y que aparentemente funciona: puede responder a preguntas; puede aclarar los problemas de un discípulo; puede reconocer a aquellos que se acercan a él. Entonces ¿cuál es la diferencia que para mí resulta más certera, de la que no puedo dudar? El sabio ya no tiene emociones –ni miedos, ni deseos; está más allá de la crítica y del halago, del éxito o del fracaso. Por consiguiente, no hay ninguna duda: lo que me distingue hoy a mí del sabio es la presencia de las emociones. Si se ponen muy rigurosos, llegarán a esta misma conclusión. Por lo tanto, ¿cómo puedo ser libre, completamente libre, de las emociones? En el camino que seguimos aquí, vean que es esencial –imperativo. Presentado de una manera tan categórica, esto fue igualmente una de las aportaciones originales de la enseñanza de Swamiji.

Sospechaba que Buda no podía tener emociones ordinarias, pero nunca había llegado a esta certeza, de la que no podía escapar, que mientras yo tuviera emociones, no podía esperar alcanzar la realización del Sí-mismo. Si razonaba pensando que en cuanto estuviera establecido en el Sí-mismo ya no tendría emociones, seguiría siendo siempre para mañana. Puedo decir también: cuando la luz del sol entre en este cuarto, la obscuridad desaparecerá –pero mientras no abra las contraventanas, la luz del sol no penetrará en este cuarto, por lo tanto, la oscuridad nunca desaparecerá.

La prueba de que ustedes no son libres –pues se trata de liberación–, son las emociones. Grandes o pequeñas, intensas o mínimas, frecuentes o más bien escasas, efímeras o duraderas, se trata de las emociones. ¿Y por qué no son libres de sus emociones? Porque no las conocen. Liberación por el conocimiento significa que se es libre de lo que se conoce realmente; y conocer es ser –conscientemente. Si quieren ser libres de sus emociones, hay que tener el conocimiento real, inmediato, de sus emociones. Y esto es muy raro. Alguien puede pasar su vida en la desesperación, la angustia, la ansiedad, la cólera y los celos, sin tener un conocimiento real de sus emociones. Y se puede practicar muchas ascesis yóguicas o meditativas sin tener el conocimiento real de las emociones, porque desde el momento en que las emociones aparecen, ya no hay meditación y, cuando la meditación tiene lugar, ya no hay emoción. Están en meditación –Ah, qué bien, lo siento, algo está pasando. En ese momento alguien viene a molestarlos y entran en cólera contra quien interrumpió su meditación. Yo vi varias veces en el ashram de Ma Anandamayi a personas que se enojaban porque los habían perturbado en su meditación y eso me llamaba la atención.

¿Cómo pueden ser verdaderamente libres de esas emociones al conocerlas? ¿Cómo pueden conocerlas? Estando, sin dualidad, en la emoción. Ahí planteo una gran cuestión. Prácticamente, desde su infancia, se les impidió estar emocionados. Se les reprocharon sus emociones. La expresión de sus emociones molestaba a unos y otros, les molestaban. Se les hizo sentir vergüenza por llorar. Se les repitió: "Vamos, sonríe, no estés triste, ¡si vieras qué cara tienes cuando estás triste! ¡Si quieres ser amable y encantador, sonríe! Alguien triste importuna a todo el mundo". Por lo tanto, aunque uno esté llevado todo el tiempo por las emociones, no se viven nunca plena, total y conscientemente –"sin un segundo", es decir sin crear otra cosa además de la emoción: no debería estar emocionado, no estoy contento de estar emocionado; qué doloroso es sentirse infeliz; ya estoy harto de estar siempre triste, ya basta de sufrir; estoy haciendo el ridículo, etc.

Estoy de acuerdo en que las condiciones de la existencia no permiten expresar las emociones en cualquier lugar, sin importar cuando, ni en qué lugar, a diestra y siniestra. En la medida de lo más posible evitan mostrar su desesperación a sus hijos o enojarse de una manera demasiado violenta en la empresa donde trabajan, pues terminarían teniendo un problema. Pero llegan a este callejón sin salida, huyendo perpetuamente de las emociones que seguirán aferrándose a ustedes cuanto más huyan de ellas.

Tienen que ver esta verdad: no puedo ser libre de las emociones si no tengo el conocimiento verdadero de ellas; y conocer es ser. No puedo tener el conocimiento de la tristeza si no estoy plena, perfectamente triste. Y más difícil: no puedo tener el conocimiento de la cólera si no estoy plenamente, perfectamente en cólera. ¿Cómo van a estar plenamente y perfectamente en cólera sin expresarla –por consiguiente, sin correr el riesgo de golpear, de herir y acabar frente a un tribunal?

Por mucho que sea difícil conocer las emociones, conocer la cólera estando en cólera, conocer la angustia estando angustiado, deben darse cuenta de que no hay otra salida. Entonces... ¿verdaderamente no hay salida? Todo depende de su certidumbre a este respecto y de su actitud interior. Y pueden sentir el valor de estos tres términos que a menudo he utilizado: expresión, represión y control. La expresión, la palabra lo dice bien, es ex –hacia afuera– presión: empujar hacia fuera lo que nos oprime o nos presiona. Reprimir es esconderlo hacia el interior.

¿Y sólo queda la expresión? En ciertos contextos, bajo ciertas condiciones, hay que expresar y un ascesis completo incluye siempre, entre sus diferentes partes, una posibilidad de conocer las emociones dejándolas que se expresen. Pero no es la única manera de estar emocionado y por ende, de conocer realmente la emoción. Lo que debe ser eliminado es la mentira de la represión, la tentativa de supresión pues se trata de una tentativa vana. Toda emoción –una felicidad momentánea o un sufrimiento– es siempre una forma que toma la energía fundamental en ustedes, como una gran ola que se eleva antes de caer. Si pueden estar emocionados, y al mismo tiempo controlando, es decir no manifestando o haciéndolo poco –pero sin rechazar– podrán estar conscientemente emocionados y tener un conocimiento de la emoción. Sólo que no lo expresarán hacia fuera. La tragedia de la emoción es el rechazo; es el "denial" –la negación– ; es el intento de represión. Y este intento es casi permanente; por ello hay tan poco progreso en el camino. Las emociones penosas o dolorosas son básicamente rechazadas; por consiguiente, ya no están unificados en la emoción. Una dualidad se crea; yo no debería estar emocionado. La emoción es en sí misma el fruto de un primer rechazo: este hecho no debería ser lo que es. Y la emoción penosa es a su vez rechazada, más o menos explícitamente, más o menos conscientemente; todo su ser sufre de sufrir y crea un segundo conflicto entre la emoción y ustedes.

***

En el conflicto, no hay ningún conocimiento posible de la emoción. Podemos ser conocidos por nuestros arrebatos de desesperación o de cólera y, sin embargo, morir sin haber tenido el más mínimo conocimiento real de lo que es la emoción. Se llega simplemente al callejón sin salida de este conflicto, que se expresa en francés en los giros gramaticales de uso corriente en los que distinguimos "yo" y "me". "*Yo* no *me* comprendo a mí mismo, cómo pude hacer algo así". O "*Yo* no sé lo que *me* pasa".

Todas las frases en las que emplean "yo" y "me" son la expresión de una división que les engaña porque pueden confundir este "yo" del lenguaje corriente con el testigo, con el verdadero "yo", y "me" con el ego. Y, de hecho, no se trata de eso. En este caso el "yo" significa una mitad del ego al que privilegian y "me" significa la otra mitad del ego a la que condenan. Esto no tiene nada que ver con el conocimiento sin dualidad. La vigilancia, la consciencia, el ojo que es una "lámpara del cuerpo", esa mirada que ilumina nuestras tinieblas interiores, no tiene ninguna forma en particular. Por consiguiente, no es otra cosa que lo que es visto.

Pero cuando dicen "yo me" –lo cual es un giro común –se convierten en prisioneros. "Yo", es todo lo que estiman como bien o como bueno en ustedes, todo lo que aprendieron a aceptar como algo que está bien, y "me" es todo lo que aprendieron a condenar. ¡Esto no tiene nada que ver con la verdad de ustedes mismos! A partir de la infancia, eventualmente incluso a partir de samskaras de vidas anteriores que se manifestarán en un momento u otro de su sadhana, han creado en ustedes, como lo confirmaron los psicólogos, un personaje hecho de imitación o de imitación negativa de quienes han sido importantes en su vida débil y dependiente de niño, es decir el padre, la madre, un tío cercano, una tía, los abuelos, la maestra de la escuela, un maestro al que hayan querido u odiado en sus estudios primarios. Y esto continúa: once, doce años, quince años. Continúan dividiéndose en dos: lo que les gusta y lo que no les gusta, lo que consideran como bueno y lo que consideran como malo −con el desprecio total hacia su verdad compleja pero bien presente. Finalmente se crea una imagen de ustedes. Si se consideran a ustedes mismos comprometidos con un camino espiritual, lo que constituirá el centro de esta imagen de ustedes mismos es un arquetipo de sabio. Para uno será el señor Gurdjieff, para otro será Kangyur Rimpoché, para otro será Ma Anandamayi, para otro será Ramana Maharshi, etc...

No es más que una pura mentira que no hace más que perderles. Ustedes afirman este arquetipo de sabio en ustedes como su propia realidad; y todo lo que no corresponde a esta sabiduría es colocado bajo este pronombre "me" y así se encuentran divididos en dos. Por supuesto que las emociones, la cólera, las angustias, la desesperación, los rencores, los celos no forman parte de este *yo* ideal que se ha formado desde la infancia, mucho menos de ese ideal de sabio. Son rechazados. Este "yo", una simple mitad del ego, no puede tener un conocimiento real del "me", la otra mitad del ego. Esta falsa distinción no es más que una dualidad y no tiene nada que ver con la vigilancia o la consciencia de sí. Debe ser reconocida, superada.

Si pueden, cuando estén emocionados, estar verdaderamente emocionados −es decir aceptar completamente la realidad de la emoción, sin crear un segundo (yo no debería estar emocionado)−, pueden estar emocionados sin dualidad y, en la mayor parte de los casos, al mismo tiempo pueden controlar. Pero hoy, confunden el control y la represión. Lo que llaman controlar, es reprimir. Consiguen no encolerizarse o sonreír a pesar de su desdicha, sobre la base irremediablemente falsa de una dualidad: yo no debería estar emocionado: estoy triste pero no estoy de acuerdo con estar triste. Entonces cambian de idea, se van a cenar a casa de unos amigos y, al cabo de un momento, se olvidan de su tristeza, es decir, que son arrastrados —el movimiento del péndulo los lleva igualmente a la izquierda como los había llevado a la derecha. O bien telefonean, si son un hombre, a una mujer y, mientras dure ese encuentro, podrán momentáneamente reprimir mejor su emoción —emoción duradera si se trata de una tristeza, de una desesperación; emoción breve si se trata de un acceso de cólera o de una decepción.

Comprendan bien que la expresión plena y completa de las emociones no es la única manera de liberarse de ellas. No se dejen inducir a error por las ventajas de la expresión. Más aún cuando muchas terapias modernas están basadas en la posibilidad de expresar las emociones reprimidas, comenzando por la más famosa: la terapia primal del Dr. Janov, hasta las diferentes "terapias del grito" de las que más o menos habrán escuchado hablar. Es verdad que la represión no es un camino; es verdad que la expresión plena y completa de las emociones nos libera momentáneamente; y si esta expresión plena y completa de las emociones se lleva a cabo conscientemente, sin conflicto, *inserta en el conjunto de un camino de comprensión*, esta liberación momentánea puede llegar a ser un día definitiva. ¿Pero qué van a hacer con las emociones que no pueden expresar con la terapia primal o las diferentes terapias del grito —o los *lyings* de Swamiji?[4] Dejan escapar el punto más importante de la sadhana: en la existencia, minuto a minuto y día a día, vivir conscientemente las emociones —y controlar. Yo estoy furioso —sin ninguna duda; no se trata de crear una división interna, pensar que no debería estar furioso; pero tampoco se trata, en las circunstancias y condiciones actuales, de expresar dicha furia. Porque entonces ya no tendríamos en cuenta otros elementos de esta situación —no tendríamos en cuenta a los demás seres humanos (asustar a mis hijos, herir a alguien moralmente) ni otros aspectos de mí mismo y, por ejemplo, hacerme un daño que haría más pesado mi karma.

Les prometo, y les corresponde a ustedes comprobarlo y vivirlo, que si realmente lo quieren, podrán estar conmovidos manteniendo

---

4. Ver "À la recherche su Soi - vol.3 - Le vedanta et l'inconscient" de Arnaud Desjardins, Editions de La Table Ronde.

el control. Esto nada tiene que ver con la represión. Yo estoy triste –uno, sin un segundo; estoy triste y no hay nada que añadir a esta tristeza. Aquí, ahora, estoy triste. Solamente de esta manera, podrán tener un conocimiento real de las emociones; y este conocimiento es el único que conduce a la libertad. Ustedes no tienen una prueba de que sea verdad porque no lo han intentado. Hasta hoy han vivido sus emociones sin tener un conocimiento real de ellas, ya que no las han vivido estando unificados y conscientes, y porque están rodeados de personas que las han vivido siempre divididos, sufriendo porque sufren y añadiendo dualidad a la dualidad. Yo sufro, sufro de sufrir, sufro de sufrir de sufrir, sufro de sufrir de sufrir de sufrir... La emoción está hecha solamente de rechazos. O, al contrario, en las emociones llamadas felices, estoy feliz; yo estoy feliz de estar feliz, estoy feliz de estar feliz de estar feliz –añaden más del mismo modo.

Por tanto, entiendan de nuevo esta frase: "Liberación por el conocimiento". Y entiéndanla en su sentido concreto, real: es el conocimiento el que nos libera. No somos libres y no seremos nunca libres de lo que no conocemos. Esto se aplica por ejemplo al cumplimiento consciente de ciertos deseos. Y saben que *vasanakshaya*, la erosión de los *vasanas*, era uno de los cuatro pilares de la enseñanza de Swamiji. Son esclavos de un *vasana* que llevan dentro de sí y que no conocen. Pero viviéndolo conscientemente, pueden liberarse de él. Este es un aspecto de mí que viví: quise el peligro, lo viví conscientemente; quise el amor, lo viví conscientemente; quise el éxito, lo viví conscientemente. Cada uno de ustedes puede ver lo que lleva dentro de sí, lo que debe ser cumplido. Por tanto, si lo conozco, puedo ser libre de ello. Aquello de lo que no soy libre es lo que me queda por conocer. Se reencarnarán diez veces, veinte veces, cien veces, mientras lleven en ustedes la necesidad de *conocer* un aspecto u otro de la realidad total, un aspecto u otro de ustedes mismos dentro de esta realidad total.

El gran descubrimiento para mí gracias a Swamiji, fue comprender que yo no conocía lo que creía conocer, y que por eso yo no era libre de ello. Había vivido, había tenido experiencias; cuando conocí a Swamiji yo tenía treinta y nueve años, de los cuales dieciséis fueron de búsqueda metódica en varias enseñanzas, y estaba convencido de que no conocía el atman ni el brahmán, aunque por influencia de Ma Anandamayi había vivido algunos momentos "supra–normales", pero pensaba que conocía todo por lo que había pasado en este mundo fenoménico. Y no era verdad. Me faltaban algunos años por delante para conocer verdaderamente, para retomar mis principales actividades: seguir viajando, amando, teniendo una vida sexual –y conocerlo; para seguir teniendo miedo, seguir deseando; para seguir sintiéndome orgulloso de un éxito, herido de un fracaso –y *conocerlo*.

Me encontraba en una situación en la que no era demasiado tarde para seguir viviendo; la existencia me ofrecía su muestrario – al menos lo que me correspondía, lo que correspondía a mi karma. Podía incluso solicitar a la existencia, ir a buscar ciertas situaciones, pero conociéndolas de una manera nueva; no crear más dualidades internas; siendo "uno con" la emoción, siendo la emoción. Pues sí, en este momento se produce una emoción feliz, dependiente, porque apareció en *Le Figaro* un artículo muy elogioso sobre mi emisión de televisión de anoche; no puedo negar que no soy libre de ello y que esa emoción está ahí; yo soy conscientemente la emoción. No puedo negar que hay en este momento una emoción dolorosa o de miedo o de temor; yo soy conscientemente la emoción. Pero eso no quiere decir que vaya a tirarme en el suelo, temblando, gritando, castañeando los dientes, gimiendo, llorando todo el día.

Sus emociones envenenan sus existencias, pero no son reales porque o son rechazadas, o son exageradas si se trata de emociones felices.

***

Desde los primeros días de mi estancia en India, es decir en 1959, conocía uno de los versículos más célebres y más citados de los Upanishads: "*asato ma sat gamayo*"; de *asat*, condúcenos a *sat*; "de lo irreal condúcenos a lo real"; "de lo no-verdadero condúcenos a lo verdadero"; "de lo que no es, condúcenos a lo que es". El punto de partida es *a-sat*, no verdadero; de lo "no-verdadero", condúcenos a lo verdadero. Por lo tanto, lo que se afirma en este punto de partida, es en primer lugar lo verdadero: *sat*, luego la *a* privativa es añadida: "no-verdadero". Lo verdadero o lo real está ahí, si no nunca podríamos descubrirlo; y estamos en la no-verdad; lo verdadero para nosotros está deformado, velado. Y lo verdadero es lo que es. Yo pensaba también que ese *sat* se encontraba en alguna parte, si no "en lo más alto del cielo" al menos en lo más profundo del corazón o de la "caverna del corazón" como dicen los Upanishads. Pero ¿cómo ese *sat*, esta realidad se manifiesta en primer lugar para nosotros? ¿cuál es la extremidad del hilo de Ariadna que guió a Teseo en el laberinto y que nos va a guiar de nuestra realidad relativa actual hasta el final del camino?

Es la realidad tal como se expresa o se manifiesta para mí, exterior e interiormente. Y si esta primera realidad está falseada, entonces es la puerta misma hacia la verdad que está falseada. Pueden fácilmente imaginar que, si hay una puerta en la pared y la cubro con una cortina y al lado pinto una puerta falsa en esa misma pared, nunca saldré de la celda en la que estoy prisionero. La puerta de salida de la prisión es la realidad inmediata. Esta realidad inmediata es a la vez el velo y la revelación de la gran realidad que se les escapa, los dos al mismo tiempo.

Yo creía que era la gran realidad la que se me escapaba, no la realidad relativa. Estaba harto de conocer la realidad relativa y quería reconocer la realidad absoluta. Esta actitud es incorrecta. Y comprendí por qué había progresado tan poco.

En primer lugar, establecía una dualidad arbitraria entre realidad absoluta y realidad relativa; si hay una distinción entre la realidad absoluta y la realidad relativa, la realidad absoluta ya no puede ser absoluta ya que la realidad relativa tiene existencia propia, distinta a lo absoluto. Bien. Este es un primer punto que puede ser comprendido al menos intelectualmente, al referirse a la famosa comparación de la cuerda y la serpiente: en la penumbra de la noche, un pedazo de cuerda está en el suelo, pero yo no veo la cuerda: veo una serpiente. Esto me sucedió concretamente una vez en India, por eso este ejemplo resulta tan elocuente para mí. La serpiente no tiene una realidad independiente de la cuerda; es la cuerda que me aparece como serpiente.

Hoy el atman, el brahmán, la naturaleza-de-Buda les aparece exactamente tal y como lo sienten en su estado de consciencia actual –y nada más. Si no establecen una dualidad perfectamente vana entre lo relativo y lo absoluto –o entre el atman y el mundo fenoménico– la extremidad del hilo de Ariadna es su "yo soy" actual, tan mezquino, limitado, frustrado como pueda ser. Con la condición de que no añadan a esta realidad relativa algo totalmente ilusorio y de su invención que les bloquee definitivamente del camino y les vuelva a cerrar definitivamente la puerta de la prisión.

Estoy emocionado. Estoy triste –mi tristeza es brahmán. Estoy en un estado de cólera "inaceptable" –mi cólera es brahmán. Uno-sin-un-segundo. Enfurézcanse, pero controlen –por respeto a los demás y por inteligencia. Dejen de considerar que una parte de ustedes es el verdadero "yo" con todo lo favorable que asocien a este yo, y que una parte de ustedes llamada "me" es todo lo que rehusan ser. Yo soy un gran discípulo, lleno de sabiduría –desgraciadamente están estas iras, estas emociones, estas angustias que niego tanto como puedo, de las que intento escapar– y de las que nunca escaparán de este modo. Nunca escaparán de lo que no conozcan realmente. Nunca escaparán de lo que no tengan un conocimiento real. Esto es una certeza. ¿Cómo pueden estar libres de un enemigo, de un peligro, de una prisión que no conocen? El conocimiento otorga el dominio y la libertad. Por lo tanto, la verdadera distinción no está entre un "yo" adornado de todas las cualidades de un sabio y un "me" que es el conjunto de sus defectos y del que les gustaría tanto deshacerse para que triunfe su imagen de sabio. Esto no tiene salida. La verdadera "discriminación" es entre el espectador y el espectáculo, el testigo y el mundo de los fenómenos. El espectador, el testigo no es "otro". Es la consciencia pura de la que nada se puede decir, que por tanto es infinita –lo he repetido con frecuencia; eso, que sin ser nada en particular, puede coexistir con todo; eso que, al no tener forma, puede coexistir con todas las formas iluminándolas y que primero se manifiesta para ustedes como la posibilidad de vivir conscientemente lo que son. ¿Acaso ya han estado verdaderamente, de manera perfecta, desesperados? Probablemente nunca. Siempre han estado desesperados estando desesperados de estar desesperados.

Pero comprendan bien que el hecho de estar emocionado no excluye el control. Ese es el gran argumento del mental: pero, si acepto mi ira ¡golpearé a mis hijos hasta mandarlos al hospital! No —no. Si no, esto querría decir que no hay salida alguna y que el camino no existe. Si aceptan su cólera *conscientemente*, la cólera se disipará sin expresarse exteriormente. E incluso harán un descubrimiento. Esta emoción es una forma particular de energía en ustedes. Un conflicto entre lo que es y lo que, según ustedes debería ser, determina la emoción; el conflicto con la emoción intensifica la emoción y he aquí que su energía toma la forma de esta emoción. Bien. Si pueden expresar la emoción, esta tensión, esta presión interior que les oprime efectivamente va a poder expresarse —y, finalmente, esta energía se difunde en el exterior. ¡Uff! Ya pegué un buen grito, ¡estoy mejor! A veces, es muy rápido. Estoy iracundo, rompo dos platos, grito —y de pronto me siento aliviado. Pero si hubieran sido "uno con" la emoción y si hubieran tenido control en el plano de la acción (es decir, en la relación con el exterior), la emoción hubiera caído como una ola que se levanta y cae. Todo lo que nace, muere; todo lo que viene se va; todo lo que aparece desaparece. La emoción vino; volvió a su fuente y *no hubo desperdicio de energía*. Su energía fundamental tomó por un momento la forma de la cólera: fueron "uno con" la cólera —uno; esta cólera no se expresó, no hirieron ni insultaron a nadie —y esta cólera se disipó sin consumo de energía.

Conozco muy bien las objeciones que surgen en ustedes en este momento. También fueron mías. "¡Es muy difícil, lo intenté, no pude!" No lo intentaron en verdad. Lo intentaron sin creer en ello. Lo intentaron a partir de veinte años, treinta años, cuarenta años de experiencias contrarias. Siempre vivieron las emociones dolorosas rechazándolas —o casi siempre. Tal vez, si tuvieron una madre llena de amor, de vez en cuando pudieron llorar con todas sus fuerzas en sus brazos, entregándose, aceptando ser infelices porque se sentían amados y comprendidos. Pero con frecuencia, por no decir siempre (o en todo caso "siempre" desde hace mucho tiempo, desde que ya no se les permite ser niños), ya no han sido, en el verdadero sentido de la palabra "ser", emocionados. ¿Ahora bien, qué ocurre? Si están emocionados por estar emocionados, crean una nueva emoción. Infeliz de ser infeliz, se crea una nueva emoción. Infeliz de ser infeliz de ser infeliz; la emoción se agrava aún más. Ustedes siempre se encontraron en la situación de alguien que, por un lado, quiere que el fuego se apague y, por el otro, le echa leña al fuego. Por consiguiente, su experiencia confirmada año tras año les dice que un cierto tipo de emoción les hará mucho daño, alcanzará un cierto grado de intensidad dolorosa y durará unas cuantas horas o unos cuantos días. Esto es lo que su experiencia errónea y engañosa les hace creer. Pero si viven la emoción sin dualidad, sin pensar que debería ser de otro modo, si no se meten en un callejón sin salida, harán un descubrimiento absolutamente revolucionario – cada uno para sí mismo. Y es que el mismo tipo de emoción al que están acostumbrados y que, hasta ahora, siempre había tenido un grado realmente doloroso de intensidad y de duración, desaparece en diez minutos o media hora –porque ustedes no lo rechazaron. Este es el "milagro".

Hagan este experimento. Nunca se sintieron infelices con todo su ser, unificados; desgarrados con todo su ser, unificados; descontentos, decepcionados, heridos con todo su ser, unificados– o cualquier otra emoción. Y cuando la emoción feliz esté presente, vívanla conscientemente; sean felices, así de simple. No agraven la emoción feliz haciendo que surja la comparación: este evento feliz podría no haber sido –lo cual refuerza esa falsa felicidad aparente. Es. De acuerdo. Estoy llevado por la emoción feliz, no puedo negarlo, caí en la trampa, aún soy dependiente. Este cumplido, tan halagador para mí, esta buena noticia tan inesperada, creó en mí una emoción que no estaba hace un momento –por consiguiente, esta emoción es totalmente dependiente, no tiene nada que ver con la paz de las profundidades o la alegría que es la expresión misma del ser. De acuerdo. No discuto. Yo soy lo que soy. Si están emocionados, conocerán la emoción –¡por fin! Y si conocen la emoción, serán libres de la emoción. Simplemente, el control hace intervenir la consideración de los demás elementos de la situación en un momento dado. Si están solos en su cuarto, nada les impide dar patadas, dar puñetazos en la pared, conscientemente, uno con la situación; si no están solos deberán tener en cuenta lo que llamamos el otro, hasta que esta distinción entre yo y el otro se haya transformado completamente y que la relación entre yo y el otro se establezca de una manera insospechada para el ego que no tiene más que la experiencia innata de la dualidad.

Voy incluso más lejos. Es preciso que lleguen a considerar que esta palabra *sat* tiene un valor sagrado, que lo que designa debe ser siempre respetado y que hoy este *sat* se expresa para ustedes a través de la realidad relativa tal como la sienten a través de la ilusión del mental y la ilusión del ego. Si establecen una distinción nostálgica entre el mundo no–dualista, maravilloso del atman y ese mundo que no les conviene, porque es duro, porque es doloroso, porque es hostil, porque está constituido de sufrimiento, nunca saldrán del conflicto. No puede haber una libertad o una no–dependencia mientras subsista cualquier dualidad. ¿Pero cómo hacer para que estas bellas palabras de no-dualidad y no-dualismo tengan sentido para ustedes? Se dice también en India: *kaïvalya*, lo cual significa que no hay más que *uno solo*. Esta es una palabra que nos afecta menos. ¿Cómo uno solo? ¿Voy a estar solo en el mundo? ¡Pero eso es algo siniestro! Es el desierto. Y, sin embargo, sí, "uno sin un segundo". Y eso es lo que por otra parte el ego no se cansa de caricaturizar de la mañana a la noche, esperando que no haya más que él, sin un segundo, es decir que todo sea solamente el reflejo de sí mismo, la emanación de sí mismo, el complemento de él mismo. El ego no admite a un segundo; el ego no admite que el otro sea otro, que piense diferente de nosotros, que actúe contrariamente a nuestros intereses. El imperialismo del ego es la caricatura desesperada de la Realización: *kaïvalya* –uno solo, uno sin un segundo. El ego también quiere proclamar: me veo en todas partes –todo soy yo... ¡Ah, no! Nada pertenece al ego. En la unidad todo pertenece a la consciencia suprema o al atman.

Sat es lo que es, aquí y ahora –eso es todo– tal como lo sienten, tal como lo perciben hoy. No traten de rechazar lo que constituye su experiencia actual en nombre de una experiencia trascendente que, en el instante, no existe. La perfección de lo relativo será lo que los conduzca a lo absoluto. No se engañen. Todo lo que rechazaron, eliminaron, era cada vez una oportunidad. Todo lo que les sucede les sucede; ¿cómo pueden negarlo? Es su destino, es su karma, es su realidad; es la realidad para ustedes, aquí y ahora. Y cada vez que algo les sucede, es brahmán que se presenta a ustedes; ¡y cada vez le dan con la puerta en las narices!

Por un lado, buscan el atman o brahmán y, por otro, le cierran la puerta en sus narices constantemente. Si es verdad que *sarvam khalvidam brahman*, "todo este universo es brahmán"; *ek evam advityiam*, "uno, en verdad, sin un segundo", cada incidente, cada instante de lo relativo es brahmán –¡y ustedes lo rechazan! ¡y lo rechazan! ¡y lo rechazan! ¡Son como un mendigo que rechazara monedas que personas generosas ponen en su mano, como un sediento que rechazara el agua que le ofrecen! ¡Qué locura! Sin parar, rechazando...

***

Lo importante es ser libre. ¿Cómo pueden ser libres rechazando? Y libre quiere decir realmente libre. Si un condenado en prisión purgó su condena y se le abre la puerta de su celda, ya no tiene que temblar al ver a un policía en la esquina de la calle, ni tiene por qué cambiar todos los días de peluca, de color de bigote y de domicilio. Al día siguiente podrá ir frente a la prisión y pasear tranquilamente; y si el guardián con el que tenía más relación interrumpe su servicio entre las 12 y las 13 horas, puede estrecharle la mano y decirle "Hola, ven a tomarte una copa" en el bar que siempre se llama, tal vez lo hayan notado: "Se está mejor aquí que enfrente" –¡esto va tanto para los cementerios como para las prisiones! Él lleva sin temor a su propio guardián tomándole del brazo y le dice. "Ven, te invito".

Por el contrario, alguien que huye del sufrimiento es comparable a un prisionero que consiguió escaparse: ninguna seguridad, perseguido constantemente, inquieto, tenso. Cuando alguien le mira se asusta: ¡Vaya, un policía de civil! ¿Qué se siente cuando sólo se puede llamar desde una cabina pública y otras situaciones por el estilo? Como suele decirse: "Esto no es vida". No es vida buscar la liberación en la huida; huir no es vida si quieren ser libres de la atracción, del rechazo, de los deseos que los dominan, de los sufrimientos que los destrozan. Ser libre, es ser libre aquí, ahora, cualesquiera que sean las condiciones y las circunstancias, para siempre, definitivamente, de manera absoluta.

Si están abiertos a las verdades del Vedanta estarán de acuerdo en el carácter ilusorio, relativo, efímero, irreal de este mundo.

¿Entonces, por qué batallan? ¿Por qué rechazan? ¿Por qué tratan de huir de eso que se atreven a definir como algo que no es más que un aspecto evanescente de una realidad eterna? Sean consecuentes: si reconocen las grandes verdades del Vedanta, los *mahavakya* (las "grandes frases" de los Upanishads) en el mismo instante son libres y el asunto se terminó; ya no tienen que huir. Cuando llegue el sufrimiento, le estrechan la mano.

De hecho, eso no sucede así. ¿Entonces... qué significa *sat* para ustedes? "Lo que es", la verdad – y "de lo irreal condúcenos a lo real" o "de lo no-verdadero condúcenos a lo verdadero" en un sentido inmediato, concreto, práctico. Lo que resulta irreal es lo que el mental fabrica a lo largo del día: un mundo que le conviene, con el que compara o refiere el mundo verdadero. Este *asat* del que quieren ser libres, ¡ustedes son los que lo crean, instante tras instante! Dejen pues de crearlo, la realidad está ahí, inmediata, aquí y ahora. ¡Debería estar ahí bajo la forma de una experiencia divina, trascendente! Sí, encontrarán esta experiencia sublime a condición de que ustedes mismos no se cierren la puerta. Ya que no hay dualidad, ya que "todo este universo es brahmán", ¿cómo es que no lo ven? ¡Es debido a que instante tras instante, *ustedes* crean esta irrealidad de la que quieren ser libres! *Sat* está ahí y *asat* son ustedes quienes lo secretan, lo fabrican, con su rechazo de todo lo que no les conviene. No hay libertad posible bajo estas condiciones. Si están tristes *sat* se les presenta bajo la forma de una tristeza; y la verdad, en todas las circunstancias es una–sin–un–segundo; por consiguiente *sat*, la realidad, es: yo estoy triste –y nada más.

Si pueden vivir la verdad, esta tristeza aceptada se disipará muy rápido. Pero conozco la artimaña del mental porque yo también me dejé engañar por cierto tiempo. Consiste en pensar: "¡Ah, lo entendí bien, hay un truco para que las tristezas no duren!" –y eso es la mejor manera de no aceptarlas realmente. Acepto la tristeza –¡y Arnaud dijo que debía desaparecer! No aceptan nada en absoluto. No, aquí y ahora, ya no discuten. Digan en ese preciso instante: yo estoy triste, por consiguiente, estoy de acuerdo al 100% con el hecho de estar triste. "Más tarde", eso no les concierne. Soy verdadero. Si mi tristeza tiene que durar la eternidad, durará la eternidad, pero no me mentiré. Cada vez es necesario estar dispuesto a estar triste por toda la eternidad, si no, hacen trampa –*al mismo tiempo que saben que toda emoción, por el hecho de que tiene un comienzo, tendrá inevitablemente un fin*. Hacen intervenir a un segundo en un segundo plano: yo estoy triste pero no quiero estarlo, entonces voy a poner en práctica la enseñanza. Es fácil engañarse.

Cuando transmitía este aspecto de la enseñanza bajo la forma: "decir sí a lo que es" alguien me dijo: "¡Ah, pues yo pongo en práctica la enseñanza, digo sí a la imbecilidad humana, digo sí al hecho de que nada funciona...". Sus risas me interrumpieron, pero voy a continuar porque la declaración de fe de esta persona era más larga: "Digo sí a la sonrisa estúpida de Sofía, digo sí a la estupidez pretenciosa de Marie–Claude, ¿entonces?". Agresivo, me pregunta: "¿Entonces?". No se trata de decir "sí" y aceptar el sufrimiento. No se trata de un "truco": "¿Entonces, cesa o no este sufrimiento? ¿Pasa? ¡No, no pasa, es lo que yo decía, yo tenía razón, esto no funciona!".

No pueden hacer trampa con la verdad. No pueden tomar nada en vano. No pueden tomar el nombre de Dios en vano y no pueden jugar con las frases de los Upanishads. No pueden jugar con *sat,* la verdad está ahí, aquí y ahora, para ustedes tal como son. Si hacen intervenir una liberación que comparan con su no–liberación, si hacen intervenir una serenidad que comparan con su no–serenidad, si hacen intervenir una paz que comparan con su angustia, habrán creado *asat*–son ustedes quienes lo crean. Pero si ustedes mismos no crean *asat,* sea lo que sea lo que esté ahí, todo lo que llaman feliz, infeliz, tristeza, alegría –todo es brahmán. El camino de la liberación se encuentra en esta dirección, que consiste en que ustedes no creen más la mentira. No a través del triunfo del ego sino a través de su desaparición. Ya no hay ego porque ya no hay nada que los separe del resto del universo, porque todo el tiempo y para siempre son "uno con" cada ser y cada acontecimiento. Ya no hay dualidad.

***

Para que exista un camino, y no solamente una esperanza sin camino alguno, es necesario que tengan una idea de la meta que les resulte comprensible hoy. No imiten el aspecto exterior de un sabio.

¿Qué pueden imaginarse de un sabio? Ustedes harán lo peor que pueda existir –¡lo peor!– y no estoy siendo llevado por palabras que rebasen mi pensamiento. Lo peor que pueda ocurrirle a un candidato-discípulo es llevar dentro de sí una imagen de gurú como un arquetipo, e inconscientemente tratar de imitarlo. ¡Ya no son ustedes mismos, se acabó! El "superyo» de los psicoanalistas, "el ideal del yo" en Tiruvanamalaï se convierte en Ramana Maharshi, en los "Grupos Gurdjieff" en Gurdjieff, etc. Y ya no pueden ser ustedes mismos. Constantemente producen algo que es irreal: ustedes, bajo la forma de ese sabio en el trasfondo de su mental. Esta es la peor tragedia que puede arruinar completamente un camino. Observen a su alrededor, miren dentro de ustedes. Cuántos de los que rodean a un maestro zen tienen como única meta caminar como el maestro zen, mirar como el maestro zen, reír como el maestro zen, beber como el maestro zen... ¿De qué sirve esta imitación? ¿Qué imagen real pueden tener de un sabio hoy, que les pueda ayudar y que no sea, una vez más, un sueño y una mentira? ¿Qué pueden comprender del sabio?

En primer lugar, está lo que no pueden comprender: no rechazar nada, no desear nada, responder a las circunstancias instante tras instante, ser libre de los contrarios, estar establecido en la ecuanimidad, la visión imperturbable, sobre todo, *sama darshan* en sánscrito. Pueden leer en el *Atmâ Boddha*, un texto traducido muchas veces al francés y atribuido a Shankaracharya, la descripción del sabio, y existen otros similares. Hay una descripción muy bella en el Gita y en el Yoga Vashista: "Aquel para quien el calor y el frío, el éxito y el fracaso, la alabanza y el insulto son iguales...".

¿Qué sentido pueden tener estas palabras para ustedes hoy? La desaparición de las emociones. ¡Y sólo Dios sabe que el candidato–discípulo trata de huir de este aspecto de la enseñanza, porque las emociones son dolorosas, no son halagadoras para alguien que quisiera ser un sabio, son pegajosas, nos persiguen, hacen que la vida sea dolorosa y quisiéramos tanto deshacernos de ellas! "No, no, debe haber algún "truco", Arnaud se equivoca, su gurú no era un verdadero gurú; es un camino demasiado largo; no quiero oír hablar de eso. A mí lo que me interesa...". Si consiguen, como lo hizo el Maharshi, en pocos minutos, descubrir lo que subsiste eternamente cuando el cuerpo físico muere, han ganado. Yo, al cabo de dieciséis años, todavía no había ganado nada de nada. ¿Qué buscan que sea diferente de lo que está aquí ahora? ¿Por qué lo rechazan, porque lo consideran como penoso o doloroso? ¿Por qué crean una dualidad? ¿Por qué ustedes mismos crean *asat*? ¡*Sat* está ahí! ¿Dónde lo están buscando? ¿Dónde pueden encontrarlo? Está ahí dentro de ustedes, fuera de ustedes, inmediatamente. Tengan ojos para ver; no lo recubran ustedes mismos. Sean lo que son, sin dualidad y, en el instante mismo, tendrán un gusto de libertad. Si pueden ser definitivamente lo que son y uno con lo que es, el ego desaparece. Y lo que el ego ocultaba y que está ahí, se revela.

No pueden correr por el mundo gritando: "Busco mi desnudez" apretando la cremallera de su ropa. ¿Dónde encontrarán su desnudez? ¡Ya están desnudos bajo su ropa! Déjenla caer, quítensela. Pero ustedes no solamente no la dejan caer y nunca se la quitan, sino que a medida que esa ropa se desgasta y que su desnudez tiene una oportunidad de revelarse, ¡tejen otra y se la ponen! Este mundo irreal de conflictos, de dualidades, de oposiciones, de contradicciones, de polaridades, son ustedes y sólo ustedes quienes lo fabrican. La realidad es perfecta tal como es; ya es sin dualidad, ya es una–sin–un–segundo. No es Dios quien crea el segundo, son ustedes, cada uno para sí mismo. Son ustedes los creadores de maya —cada uno para sí mismo.

¿Concretamente, dónde puede comenzar el camino? Yo soy lo que soy. ¿Yo estoy triste? Yo estoy triste, sin un segundo. No dejan de querer matar; todo lo que no les gusta, todo lo que al ego no le gusta, quieren matarlo. ¡No maten! "Amen a sus enemigos". Si observan bien quiénes son realmente sus enemigos hoy, son sus emociones penosas y sus emociones dolorosas; ellas son las que llegan a atacarlos, a torturarlos, a fastidiarles la existencia. ¡No maten! Amen a sus enemigos. ¿Dónde hay enemigos? El mental y el ego son los que califican de enemigos. Todo es brahmán. Todo lo que llame a la puerta de su corazón, aunque sea una tristeza, ábranle. Abran siempre, siempre es Dios quien llama. Sean lo que son. No hay otro camino. Dejen de recubrir; entonces conocerán. Conocerán a brahmán bajo la forma de la tristeza, conocerán a brahmán bajo la forma del miedo; conocerán a brahmán bajo la forma de la angustia; conocerán a brahmán bajo la forma de la pasión amorosa —y como conocerán en lugar de ser llevados e identificados, serán libres. Lo que llamamos maya, ilusión, se convierte en lila: el juego de la manifestación.

Es un camino que todo el tiempo permanece abierto. "¿Cómo poner el camino en práctica a pesar de las dificultades cotidianas?" ¡Cómo poner el camino en práctica *gracias* a las dificultades cotidianas! No sonrían pensando que él o la que hizo esta pregunta no entendió; pregúntense cómo lo viven ustedes. ¿Cómo subir al primer piso a pesar de los escalones de la escalera? ¿Cómo subir al primer piso gracias a los escalones de la escalera y cómo progresar gracias a lo que está ahí? ¿lo que está ahí es una tristeza? La tristeza es *brahmán, aquí y ahora,* si ustedes no crean un segundo: les prometo que no hago filosofía, que no juego con las palabras: les hablo del camino que yo mismo seguí, viví y que me aportó lo que tanto busqué y que tantas veces dejé escapar.

La Realidad no está en el futuro. Los budistas zen que siguen la vía del Soto zen como Sensei Taisen Deshimaru adoptan esta frase muy conocida de Dogen: "El zazen es el satori". Eso quiere decir: la actitud justa es la liberación. Si sitúan la liberación en el futuro hacen de ella el efecto de una causa; hacen de ella una búsqueda sometida al tiempo; hacen de ella un logro entre otros logros, su promoción como Oficial de la Legión de honor, su doctorado en letras o su promoción al puesto de director...

"El zazen es el satori". La vigilancia es la liberación. Esto no quiere decir que, si se comprometen decididamente en el camino de la vigilancia, ¡en un instante serán el nuevo Ramana Maharshi! Pero el mundo habrá cambiado. No mañana, no en tres meses —en el instante mismo. Sean lo que son, aquí, ahora, en lo relativo. No hay más que eso y toda búsqueda de lo absoluto se vuelve una fabricación, una proyección, una comparación. Dejen de fabricar conceptos, opiniones y que su absoluto no sea "un segundo" que ustedes crean cuando, en realidad, lo absoluto está ahí bajo la forma de lo relativo. LO RELATIVO ES LO ABSOLUTO. "El samsara es el nirvana". "El vacío es la forma, la forma es el vacío".

Sean lo que son: ¿Cansado? Estoy cansado. ¿Triste? Estoy triste. Uno, sin un segundo. Y sean "uno con" lo que es. Abran siempre, es Dios quien llama. Cierran su puerta durante todo el día a sus pretendidos enemigos y se la están cerrando a Dios.

Si no son absolutamente vigilantes, una parte de lo que les he dicho les parecerá maravillosa, extraordinaria y por lo mismo, lejana e inaccesible: ¡Oh, es demasiado hermoso para ser cierto! Pero observen bien que esto es algo inmediatamente realizable, ¡de inmediato, de inmediato! "Todo lo que les sucede, decía Swamiji, les sucede porque lo atrajeron; les corresponde, es su lote; no tienen ninguna posibilidad de rechazarlo, está ahí". "Todo lo que les sucede, les sucede como un desafío y una oportunidad". Inicialmente lo comprenderán "como una oportunidad de progresar", y poco a poco, comprenderán que ni siquiera hay progreso: como una oportunidad de descubrir, aquí y ahora, la eternidad que está siempre detrás del tiempo, y la unidad que está siempre detrás de la multiplicidad y las contradicciones.

Entonces ¿voy a poner en práctica la enseñanza o le daré la espalda una vez más, la pisotearé, la despreciaré? Todo lo que les sucede es lo absoluto, es brahmán; si no, ya no son fieles a las grandes frases de los Upanishads. Si me dicen: "Finalmente, sus Upanishads no me interesan, yo soy cristiano y lo sigo siendo, y usted no me convertirá al hinduismo", contestaré que todo lo que les sucede es la voluntad de Dios. "Hágase tu voluntad y no la mía"; "Yo soy la sierva del Señor, hágase conmigo conforme a tu palabra".

***

Voy a leerles la traducción de algunos extractos de dos cartas que recibí de Swamiji en 1967. Esta es la primera: "Si no hay rechazo alguno de la emoción, la emoción se disipa naturalmente y la neutralidad aparece. ¿Por qué? Simplemente porque, cuando no rechaza, o más bien, cuando acepta cualquier emoción, aniquila la división y, por consiguiente, la oposición entre usted y su emoción; o, en otras palabras: se vuelve su propia emoción, es su emoción y así, como ya no hay "dos", usted y su emoción, aparece "*oneness*", la unidad. Y por eso la emoción se disipa naturalmente y la neutralidad aparece. Así, véanlo, cualquier emoción puede aparecer cuando se produce este conflicto, esta oposición entre usted y su emoción; aceptando la emoción como emoción (como fenómeno emoción) sin ningún conflicto de favorable y desfavorable, usted se vuelve la emoción, es el temor, es la tristeza, es la alegría, etc. así la "contrariedad" de los opuestos alegría-pena, amor-odio, etc. se disipa naturalmente y la neutralidad reina, suprema. La dualidad desaparece, la unidad se establece: paz, paz, paz".

Y estos son los extractos de la segunda carta, sobre el mismo tema: "Unos puntos más acerca de: usted es su emoción. La verdad es una, sin un segundo, siempre, y en todas las circunstancias. Por consiguiente, cuando hay emoción (en inglés se dice: *when there is emotion*, cuando la emoción es) *it is there*, la emoción está ahí, sin un segundo; no puede haber junto a la emoción 'yo' o 'usted' o 'él'. Si dice 'yo' y 'la emoción también está ahí', entonces está creando una división con el conflicto que resulta en: 'eso no debería ser, *it should not be, which is untruth*, lo cual es mentira (no-verdad)'. Y la prueba de esto es que, cuando la emoción está presente, usted es arrastrado por ella y no puede no ser arrastrado, demostrando que es simplemente *a non-entity*, una "no-entidad". Entonces acepte el hecho: usted es su emoción; y por tanto deja de negar y de rechazar la emoción; deja que la emoción siga su curso y se disuelva. Si no, al crear usted y la emoción, hace que intervenga el rechazo (*denial* –palabra inglesa que utilizo a menudo sin traducirla) y, por consiguiente, no hace más que reforzar la emoción, y por tanto permite al conflicto continuar en un círculo vicioso. Entonces, sea la emoción, *so be the emotion*. Deje que la emoción siga su curso y desaparezca. A continuación, vea. *¿Por qué?* ¿Qué pasó? ¡Y sea libre! *Thoughtlessness*: ausencia de pensamiento. 'Ausencia de pensamiento' no quiere decir, por supuesto, la ausencia de cerebro o su ablación, quiere decir la desaparición del mental, de ese falso pensamiento que pone un velo sobre la realidad".

Tardé muchos años, al lado de Swamiji, en entender los dos pasajes que acabo de traducir. Como no se los leí en chino ni en turco, tal vez piensen que los comprendieron. Yo los conozco personalmente a cada uno y sé hasta qué punto lo que fue verdad para mí lo es también para ustedes. Habrán comprendido cuando ya no puedan dejar de poner en práctica y estamos lejos de eso.

En primer lugar, este *"you are fear, you are sadness"* (usted es miedo, usted es tristeza). No lograba entender bien la diferencia entre esta no–dualidad y la identificación en el sentido que le dábamos en la enseñanza de Gurdjieff y que Swamiji daba también a dicha palabra. Pero entonces, si yo soy la emoción, es exactamente lo que dice *"you are carried away"*. Me llevó mucho tiempo comprender la diferencia entre "ser llevado por" y "ser uno con". "Llevado por" –lo que Swamiji llamaba la falsa unidad o la falsa no–dualidad; después la verdadera dualidad, después la no–dualidad. Toda la diferencia se sitúa entre "ser llevado por", "estar identificado", "ser devorado", "ser absorbido", sin vigilancia, sin presencia en sí mismo, sin consciencia de sí –y, por otra parte, "ser uno con". Yo reconciliaba mal el "ser uno con" y el "recuerdo de sí" de Gurdjieff que en efecto establecía una no–identificación: "Yo estoy presente y no soy llevado, estoy consciente de mí mismo, presente en mí mismo".

"You are fear, you are sadness"; "Usted es miedo, usted es tristeza". ¡Entonces, estoy identificado! No: "yo soy" sin dualidad, sin un segundo –pero conscientemente. "Ser uno con" es lo contrario de "ser llevado por". Ya lo expliqué en los libros *En busca del Sí-mismo*[5] y *El Vedanta y el inconsciente*. Pero ahora tengo que repetirles algunas verdades concretas, aplicables, que tienen que ver con la emoción.

La meta es siempre regresar a la no–dualidad; y no vayan a buscar la no–dualidad donde por el momento les resulta totalmente inaccesible. Búsquenla aquí, ahora, considerando que no existe otra cosa que brahmán y que lo relativo es lo absoluto, a condición de poder destruir completamente el mental y alcanzar, en lo relativo, la no–dualidad. No–dualidad con lo que sucede fuera de ustedes y no–dualidad con lo que sucede en su interior. No "dos". "Yo y mi emoción" ¡esa es la vía sin salida! Y el peligro del "recuerdo de sí", así como yo lo practiqué, es que sigue siendo *"yo"* –yo que me recuerdo a mí mismo, yo que controlo mis emociones, yo que voy a conseguir no expresar más mis emociones negativas. En primer lugar, no había comprendido lo suficiente que las emociones llamadas felices son tan venenosas como las demás, porque en lugar

---

5. Hara Press ha publicado en 2010 el primer volumen de la serie de cuatro libros En busca del Sí-mismo, con el título Adhyatma Yoga [N. del T.]

de ser arrastrados a la izquierda, somos arrastrados a la derecha. En segundo lugar, no había descubierto la Trampa sutil que varias veces he tratado de señalarles: una parte de ustedes que se designa a sí misma superior o que ustedes juzgan superior, afirma: "el verdadero "yo" soy yo"; por tanto, todo lo que no me gusta de mí lo mantengo a distancia.

Con ello crearon una dualidad irremediable de la que no saldrán jamás. Y existe este riesgo. Idealmente existe en todo ser humano el deseo de ser una especie de héroe extraordinario –con una tendencia particular en cada uno: uno quisiera ser un artista famoso, otro quisiera ser un gran santo, el tercero quisiera ser un hombre que impresione por "su presencia" y su "magnetismo", etc. Si observan a fondo, verán que esto es verdad, pero esta nostalgia es sino inconsciente, al menos semi-inconsciente o sub-consciente.

Voy a hablar refiriéndome a los hombres, pero las mujeres lo pueden adaptar fácilmente. Una parte de nosotros quisiera ser sublime, perfecta, superior –debido a las comparaciones que en otra época hicimos entre nosotros y el primero en gimnasia, o el primero en matemáticas, o nuestro primo que no lloraba, o nuestro hermanito que era mucho mejor portado, o nuestro padre que lo sabía todo (muchas madres hacen comparaciones muy duras con sus hijos al decir: miren a su padre o: a su edad su padre ya hacía esto o aquello). En resumen, existe en nosotros la demanda de ser –con matices, dependiendo de quien se trate– tan eficaz en los negocios como Onassis, tan invulnerable como Tarzán, tan influyente como Chirac, tan guapo como Alain Delon, tan encantador como Belmondo, tan inteligente como Einstein –¡y también, como no, tan santo como Ramana Maharshi! ¡No hay límites!

Desde aquellos sufrimientos de niño, esta nostalgia permanece en ustedes y hace que todos se odien a sí mismos; porque no son tan guapos como Delon, ni tan inteligentes como Einstein, ni tan hábiles en los negocios como Onassis, ni tan atléticos como Tarzán, ni tan radiantes como Ramana Maharshi. Y el ego no puede aceptar no poseer esa extraordinaria perfección que haría de él el primero en todo. Es el sueño de una perfección ilusoria. No se ha probado que Ramana Maharshi pudiera tener el talento de Einstein para las matemáticas y en todo caso está probado que no era ni atlético como Tarzán ni tan desenvuelto en los negocios como Onassis. Este héroe ilusorio no existe en ningún lugar más que en la profundidad de ustedes mismos, creado a través de la educación y las frustraciones de la existencia. Si hay una frase de Cristo que realmente ponen en práctica es: "Amarás a tu prójimo como a ti mismo" –porque aman a su prójimo tan mal como se aman a sí mismos. Se equivocan en algo: su verdadera grandeza divina no tiene nada que ver con Belmondo, Onassis, Tarzán, Chirac, Einstein –ni con la imagen que tienen de Ramana Maharshi, todos juntos. Su verdadera grandeza, sublime, no es ni rica ni pobre, ni inteligente, ni bella, ni vieja, ni joven. "*Infinité*", ¡infinita!

Pero el error, es que esta nostalgia de un cierto sueño que llevan dentro de ustedes (el "superyo" de la psicología moderna, o el "ideal del yo") trata de imitar, pretende, juzga, decide, desprecia. Se identifican con esa demanda que llevan dentro de ustedes; y todo lo que no corresponde con ella, todo lo que no les conviene, lo rechazan. Si pueden lo rechazan manifiestamente; y si no pueden, lo rechazan mientras lo padecen. ¿Cómo pueden "ser uno con" si están en contra? Entonces, son dos –por lo tanto, fabrican y mantienen esta dualidad. No acepto ser tímido, no acepto estar nervioso, no acepto estar agitado, no acepto ser llevado, no acepto ser débil frente a las mujeres, no acepto estar tan apegado al dinero, cuando yo sé que el Maharshi era libre.

Si están comprometidos con un "camino", su ideal es algo diferente al de alguien que sólo admirara a Marcel Dassault, a Giscard d´Estaing o a Jean Paul Belmondo –no acepto no ser un sabio. "*Do you want to be wise or to appear to be wise?*", "¿Quiere ser sabio o parecer sabio?" Porque no es la misma meta, no es el mismo camino, no es la misma enseñanza.

Una parte de nosotros no quiere ser un sabio en absoluto, pero nos convendría tanto y sin tantas molestias parecer un sabio. ¡Vean qué dualidad pueden crear en su interior! Todo lo que me muestre que yo no soy Ramana Maharshi, no lo puedo aceptar. ¡Por supuesto! El mental se justifica: estos son mis defectos, no los voy a aceptar; son mis debilidades, son mis apegos, son mis infantilismos, no voy a aceptarlos.

En ustedes hay un personaje que pretende ser el verdadero "yo". Desgraciadamente debo arreglármelas con esos defectos, con esas lagunas, esas debilidades. Pero se trata de defectos, de debilidades, mi verdad es la sabiduría, es el ideal. Estos defectos están ahí, pero, desde el momento en que los califico como defectos, yo me distingo de ellos, no los asumo; no me jacto de ser mentiroso, no me jacto de ser débil frente a las mujeres, no me jacto de ser tímido ni blando, no me jacto de ser nervioso, no me jacto de ser llevado —me juzgo severamente, reconozco que eso está mal; por lo tanto, es como si fuera libre de ello. A lo que realmente le doy un valor es a la sabiduría, a la fuerza... Cuando no son muy honestos consigo mismos, lo que representa un valor para ustedes es ser tan solo una imitación de Ramana Maharshi; cuando son totalmente honestos, a lo que conceden valor es a tener una personalidad arrolladora para que los demás se inclinen ante ustedes, bastante fuertes como para abrirse paso a codazos y crear su propio camino, lo suficientemente eficaces para que tengan éxito en todo y ¡lo suficientemente seductores para que todo el mundo los ame! Después, en cuanto a ese personaje que crea la dualidad en ustedes, sólo les queda tomar la decisión: ¡Se acabó! es lo que Arnaud llama "el discípulo en mí".

¿Cómo escapar de esta situación completamente sin salida donde una parte de ustedes quiere que la otra parte entre en razón, es decir crea ya una dualidad? Al comprender como ser "uno con", aquí, ahora, en lo relativo. Y cada vez que el mental deje de estar de acuerdo con la realidad, ya sea claramente o de modo inconsciente, regresar a lo que es.

***

Vamos a retomar el mecanismo de la emoción y estudiarlo en sus detalles. *Primer punto*: la emoción viene del rechazo del hecho. Tomen cualquier hecho: voy tarde a una cena importante, estoy en el coche, mi llanta se ponchó, llueve, debo sacar el gato, tengo las manos llenas de grasa, rechazo el hecho y la emoción aparece.

Ahora bien, lo que es requerido, si quieren estar en la verdad, es: el hecho está ahí "sin un segundo". No tienen por qué hacer intervenir una comparación del neumático ponchado con el neumático no ponchado, que no tiene realidad alguna. Y, como no pueden decir: "el neumático está ponchado, eso es todo" y como el mental se pone a compararlo con el neumático no ponchado, sube la emoción. La meta es poder decir: "sí, el neumático está ponchado". En ese momento no hay ninguna emoción.

Pero el mental creó inmediatamente un mundo inmenso, informe, sin contorno y sin estructura, de miedos, de recuerdos del pasado y de proyecciones sobre el futuro.

Voy a tomar como ejemplo una situación algo más compleja que la del neumático ponchado. Estoy en los negocios, firmo contratos, consigo pedidos de alto nivel, y tengo una cita muy importante en las afueras de París; una gran fábrica en las afueras, una compañía alemana o americana en Francia invitó a expertos del extranjero y yo tengo que reunirme con ellos. Mi puesto como ejecutivo en la empresa no me permite tener un chófer personal porque no soy uno de los directores, pero si es necesario, puedo llevarme un coche de la empresa con un chófer. Bien. Es más, como es una cita muy delicada, llevo a mi secretaria. Imaginemos que sea una secretaria nueva en el puesto. Aunque no esté enamorado de ella, quisiera causarle buena impresión porque tiene algo que me atrae.

Estamos ya algo retrasados, lo cual es frecuente en París. El director de la fábrica francesa me dijo: "son alemanes, ellos no bromean, 10h 30 son 10h 29 en punto". Tengo el tiempo justo y el coche se avería. Algunos ruidos del motor... ¡y el coche se descompone! Imaginen la situación. Su vida cotidiana está hecha de esto, pero "eso no tiene nada que ver con el camino, es la m... cotidiana, lo que me interesa es el samadhi". Recuerdo una pregunta que me hicieron no hace mucho tiempo: "¿Cómo progresar *a pesar de* las dificultades cotidianas?". Cómo progresar *gracias* a las dificultades cotidianas, evidentemente.

Imagínense bien la situación. Putt... putt... putt y el coche se descompone; el chófer se baja y levanta el capó. Y esa cita era muy importante para mí. Era el máximo nivel de negocios que podía tratar teniendo en cuenta mi rango en esa empresa –por una vez no era el gran director el que acudía, me dio su confianza. Y voy a llegar tarde y el jefe me lo advirtió: "tenga cuidado, no son franceses ni italianos, son alemanes, por consiguiente, 10h 30 quiere decir 10h 29".

La única "aceptación" que se pide, es: el motor falló dos o tres veces y después se detuvo –lo cual es cierto, es inevitable. El chofer desciende, levanta el capó. Son hechos que no pueden ser discutidos. Eso es la realidad, aquí, ahora. Brahman se presenta para mí, aquí y ahora, bajo la forma de un coche parado, de un capó abierto y un chofer revisando el motor. *Sat* –lo que es. Pero el mental no está de acuerdo. Y después se acuerdan: "Ah, pero Arnaud dijo que hay que aceptar…" Inmediatamente, el mental creó un magma amorfo e indefinido de emociones diversas que hacen que intervenga el pasado y que se proyectan en el futuro. Todo el inconsciente se puso en marcha en un segundo. El tiempo no es el mismo para este mecanismo que para el pensamiento lógico, y muchos de ustedes ya han tenido la experiencia de que existe en la profundidad de la psique un tiempo diferente, y que en un segundo, se pueden ver muchas cosas –como alguien que estuvo a punto de ahogarse y revivió toda su existencia en algunos instantes antes de perder la consciencia. Inmediatamente toda una serie de emociones se dispara: esta cita va a ser un fracaso, me estoy jugando mi carrera… e inmediatamente el conjunto de temores sobre el futuro y de recriminaciones por el pasado: si fuera más audaz, si fuera alguien más importante, no se burlarían de mí dándome un coche averiado; ¡por supuesto que al director no le habrían dejado ir con un coche no probado previamente! Todo un sin fin de humillaciones. Es tan enorme, tan amorfa esta ebullición de temores, de inquietudes, de viejas heridas todas reavivadas al mismo tiempo. Todas las humillaciones, todos los fracasos que sufrieron desde que tenían seis meses, son sacudidos al mismo tiempo en el inconsciente.

El mental ha creado en un segundo esta horrible emoción de sufrimiento: "esto sólo me sucede a mí. ¡Si yo fuera el director, no hubiera tenido un coche así ni un chófer que ni siquiera sabe mecánica! Nunca tengo suerte. La vida es demasiado difícil". No todo se formuló conscientemente, pero el pasado surgió en la emoción –y los temores por el futuro. Todos sus vasanas y todos sus samskaras se pusieron en movimiento al mismo tiempo. Y en seguida, el mental se pone a susurrar: "¡Acepta! ¡Arnaud dijo que aceptemos"; Arnaud dijo que hay que aceptar!". ¿Cómo pueden aceptar? Arnaud nunca dijo que hay que aceptar que sean unos estúpidos, que sólo a ustedes les pasa eso, que sólo sirven para que la vida les patadas en el trasero, que si fueran un gran director no les habrían dado un coche de mierda, que su carrera está arruinada... ¡Nunca he dicho que hay que aceptar todo eso!

No, no sonrían. Desde hace cuatro años veo esto día tras día, ya sea porque observo con toda mi atención cómo se desenvuelven en el Bost o porque los escucho cuando me hablan en mi cuarto de entrevistas. ¡No hay aceptación alguna bajo esas condiciones! El mental ya ganó, se acabó. Puede tomarles el pelo diez años haciéndoles creer que son discípulos de Swamiji.

Hay que aceptar *únicamente lo que es seguro al 100%*. Aquí, ahora, seguro al 100%, ¿está circulando el coche, sí o no? No, está parado. ¿El chófer levantó el capó, sí o no? Sí. ¿Sí o no cerró el capó y el coche se puso en marcha? No. Sólo lo que es, aquí y ahora. ¿Cómo saben que treinta segundos después el chofer no verá que un cable de la bujía se soltó y que, conectándolo de nuevo con la bujía, el coche se pondrá de nuevo en marcha? No lo saben. ¿Por qué preocuparse? ¡Esperen al segundo siguiente! Cristo dijo: "Basta a cada día su propio afán". *Basta a cada segundo su propio afán. Basta a cada segundo su propio sí...* Este es el verdadero sentido de esta frase.

Aquí les es posible un esfuerzo, si comprenden con su *buddhi* y si ya no pueden olvidarlo: pero qué locura querer negar lo que es y empeñarse en el "*should be, should not be*", "esto debería ser, esto no debería ser", en lugar de situarse en el "es". Pero compréndanlo bien, primer punto, no hay ninguna posibilidad de evitar la emoción si no son capaces de estar de acuerdo de inmediato y sin ninguna discusión con el hecho, sea cual sea, simplemente porque es, y si no comprenden qué es un sin–sentido y una estupidez rechazar que lo que es, sea. Ah, yo siempre puedo decir "no". Eso no hará que deje de llover si está lloviendo; y rechazando no conseguirán que arranque el coche. Por tanto, primer punto, tienen que ser "uno con" un hecho preciso —extremadamente preciso— que les afectó bajo la forma de una sensación; es decir, una forma visual, olfativa, auditiva, táctil y con una definición: esto es una avería, una avería de un coche. *Nama rupa*, el nombre y la forma.

***

Ahora, un segundo punto. El hecho les remite siempre a ustedes mismos. Éste es otro secreto de la emoción. El hecho los regresa a su problema con ustedes mismos. Les dije que crearon de una vez por todas esta dualidad entre "yo tal como quisiera ser" y mi realidad. La emoción siempre los remite a ustedes mismos –siempre. Les muestra lo que no quieren ver en ustedes, lo que no aceptan de ustedes, lo que no quisieran ser –lo que rechazan ser. ¡Quisieran ser un jefe tan poderoso que los alemanes lo esperarían firmes una hora si llegaran con una hora de retraso! Pero no lo son, ustedes son simples empleados. ¡Quisieran ser alguien tan impresionante que nadie se permitiría darles un coche sin verificar y con posibilidad de averiarse! Tomé un ejemplo al azar –busquen el suyo. Es demasiado fácil tomar un ejemplo que nunca tuvo que ver con ustedes y que nunca les concernirá.

No es el hecho en sí mismo el que desencadena la emoción –es siempre el hecho con relación a ustedes. La prueba es que algunos no tienen ninguna emoción bajo ciertas circunstancias; les daría igual, aunque no fueran ricos, perder cinco mil francos y otros se enfermarían si perdiesen cien francos. El hecho los obliga a ver lo que rechazan de ustedes, les muestra lo que son, aquí, ahora, en lo relativo, en tanto que ego, como parte del mundo fenoménico, como cuerpo físico y cuerpo sutil –pero no como atman, por supuesto, sino como el personaje con el que se identifican.

Busquen sus propios ejemplos, obsérvenlos; esto cada vez los llevará a un asunto con ustedes mismos. No es solamente como si estuvieran unificados: "¡Vaya, la vida me hizo llegar tarde ahora que tengo una cita importante!". Esto despierta el desacuerdo básico que tienen consigo mismos, la no–aceptación de sí mismos tal como son –siempre. Esto los remite al problema que tienen con ustedes mismos, el problema de los *vasanas*, de los *samskaras*, del inconsciente y de la dualidad entre lo ideal y su realidad de ahora.

Así pues, cuando digo que el hecho despierta una inmensidad de emociones en un segundo plano, esto incluye todo tipo de emociones que tienen que ver con ustedes y su descontento de ser lo que son. Si yo fuera más fuerte, si fuera más eficaz, si fuera más astuto, si fuera más hábil, si fuera más influyente, si tuviera un mayor magnetismo para que los demás me admiraran, si tuviera más autoridad, si fuera más... ¡el mundo no podría jugarme tan malas pasadas y los demás me respetarían! En esta inmensidad que el hecho provoca en segundo plano, se encuentran todas estas emociones que sólo tienen que ver con la relación de usted con usted y con respecto a ella, el hecho sólo actúa como una causa desencadenante. Todo esto no está forzosamente incluido en el hecho de que un motor se descomponga; pero para ustedes, sí —con referencia al juego de su emoción.

Así pues, no les es posible aceptar el hecho si no están rigurosamente en el aquí y el ahora. Pero hoy, la mayoría de las veces no pueden. No pueden, la emoción va demasiado deprisa. Y lloriquean en el coche, pensando en su cita que corre el riesgo de no tener lugar, en la llamada de teléfono glacial del director a su jefe diciéndole que usted llegó con media hora de retraso y que los alemanes se enojaron. Y así están en plena emoción.

Aquí interviene una de las dos cartas de las que les acabo de leer unos extractos. Crean inmediatamente un segundo conflicto con la emoción. Si no hubieran creado una dualidad, entre un motor que dejó de funcionar Y el coche que sigue funcionando, lo cual no tiene ninguna realidad, no estarían en la emoción.

Están en la emoción ¿Y entonces? ¿Hasta que no estén sin emoción no podrán poner la enseñanza en práctica? Lo que ustedes llaman poner la enseñanza en práctica es refunfuñar: sí, el coche está averiado (¡no es posible!), sí, el coche está averiado (¡es un día perdido!), sí, el coche está averiado (a Martín no le hubiera ocurrido), sí, el coche está averiado (qué cara voy a poner esta noche), si, el coche... ¡OH MIERDA! Eso es todo. ¿Entonces esto es lo que llaman ustedes poner la enseñanza en práctica? ¿Entonces a qué habrán llegado dentro de diez años? Ah, un día dijeron "sí" al hecho de perder cien francos. ¡Magnífico! ¡Pero no es con algunas pequeñas victorias como esa que podrán cambiar su vida!

Por consiguiente, su verdadero problema hoy no es la aceptación del hecho —aunque yo les deseo que sean uno con los hechos y que no creen un conflicto. Su verdadero problema de ahora es que están *e–mocionados* a menudo (por no decir muy a menudo). Por consiguiente, cuando están en la emoción, ya no están en su centro, en su eje —no están en lo que pueden considerar hoy como el alba del atman, el alba del testigo, el alba de la consciencia. *E–mocionado*. Ya no están en sí mismos; ya no son ustedes mismos. El verdadero sentimiento de sí mismo –no "yo que voy a una cita", "yo consiguiendo una cita", "yo fallando la cita" –el verdadero sentimiento de sí mismo es la primera etapa. No pueden quitarse la camiseta antes de quitarse la chaqueta y la camisa, no pueden alcanzar el atman sin pasar en primer lugar por el "cuerpo causal" y *anandamaya kosha*; éste es el último revestimiento, el más interno. Pero están *e–mocionados*, movidos fuera de su centro y deben sentir: ¡no puedo seguir así! Ya no puedo engañarme, ya no puedo mentirme. Podrán tener "samadhis" extraordinarios, divinos, sobrenaturales, eso no justifica tener emociones. Inmutabilidad, ¡es lo contrario de *e–mocionado*!

Entonces vean lo que sucede. ¿Qué resulta doloroso? No es el coche averiado. No es el hecho lo que los hace sufrir, sino, no habría ninguna liberación posible. Si es el hecho el que hace sufrir, entonces Sócrates está obligado a sufrir. Ma Anandamayi está obligada a sufrir y Ramana Maharshi está obligado a sufrir cuando se produce un hecho doloroso. ¿Ustedes creen realmente que un sabio, aunque sea desconocido y anónimo, al que llevan en coche para reunirse con el primer ministro de Bengala tendrá una emoción si el coche se avería? Y pueden escoger acontecimientos que parezcan afectar al sabio de manera más directa. ¿Creen que Sócrates sufriría si se viera en una dificultad? ¡Ni siquiera sufrió cuando bebió la cicuta rodeado de todos sus discípulos!

Desde el punto de vista humano, un cuerpo físico afectado por el cáncer, incluso el de Ramana Maharshi, no puede subsistir. Ahí las leyes ordinarias actúan. Pero en lo que concierne al sufrimiento, escuchen bien, simplemente, esta frase de Buda: "Yo no enseño más que dos cosas, oh discípulo, el sufrimiento y la desaparición del sufrimiento". Para el sabio el sufrimiento ha desaparecido. Y hoy, con excepción de una madre desesperada que ha perdido a su hijo y que lo está viendo muerto en su cunita, el sufrimiento toma para ustedes la forma de todas las emociones penosas, todas las emociones dolorosas, todas las emociones negativas, es decir las emociones que son la expresión de la negación, a través de las cuales dicen "¡no!" a lo que es.

No es el hecho lo que los hace sufrir, si no el hecho también haría sufrir al sabio. ¡Lo que los hace sufrir es el mental! Si el mental desaparece, ya no hay sufrimiento. Pero por el momento el mental no ha desaparecido. Lo que los hace sufrir es el fenómeno emoción. Swamiji, en las cartas que les he leído, dice: *"Take emotion as emotion"*, "Considere a la emoción como emoción". La emoción está ahí; tiene incluso bases fisiológicas; por eso las emociones acaban por deteriorar el sistema nervioso, el estómago, el corazón, la circulación, las glándulas endocrinas. ¡La emoción está ahí! Tal vez algunos tranquilizantes hagan desaparecer las emociones; nunca tomé tranquilizantes en la época en que tenía emociones, no sabía siquiera que eso existía, no puedo confirmárselos. Pero lo que es seguro es que no pueden basar una vida espiritual en el Valium o el Tranxeno; será necesario llegar a ser libres de las emociones.

***

Rechazaron que lo que es, sea y esto hizo que nazca una emoción. *Y ahora ¿qué ocurre? ¡Rechazan la emoción!* Entramos en el corazón de las cartas de Swamiji que les leí hace un rato: ustedes rechazan la emoción. ¡No están de acuerdo en ser infelices! Por más que se repitan: "Hay que decir 'sí' al hecho de que el coche está averiado" –¿Qué les va a aportar este "sí"? ¡Nada! Si esto es para ustedes poner la enseñanza de Swamiji en práctica, no se decepcionen si sólo obtienen pocos resultados o si abandonan el juego diciendo: ¡esto no funciona!

En primer lugar, comprendan intelectualmente la locura que supone esta dualidad. Aunque no tengan ninguna ambición por descubrir lo absoluto en lo relativo, comprendan el sin–sentido que es esta creación de "otro" por el mental. Y después vean: la emoción ha nacido y, de nuevo, creo una segunda dualidad, yo, que no estoy de acuerdo en sufrir y mi sufrimiento. La emoción aparece, creo de nuevo una irrealidad: yo, calmado; yo, sereno –y naturalmente rechazo la emoción. Aunque no sea algo explícito, así es como sucede. Desmontamos el mecanismo como si abriéramos un reloj para mirar los resortes que están en su interior.

No están de acuerdo con ser infelices. Es necesaria una comprensión totalmente nueva para estar de acuerdo al 100%, aquí y ahora, simplemente porque soy infeliz, eso es todo, en lugar de: yo que rechazo ser infeliz —y mi sufrimiento (o cualquier otra emoción). Yo no digo que todo eso sea consciente, deliberado. El mecanismo profundo es: yo debería ser feliz, digo "no" al sufrimiento, yo soy infeliz porque soy infeliz. El hecho de ser infeliz levanta aún otra emoción en mí, una segunda emoción.

¡Entonces como resulta muy doloroso ser infeliz por ser infeliz, soy infeliz por ser infeliz por ser infeliz! Y aquí tenemos todavía una tercera emoción. Este mecanismo es al que Swamiji denomina "a vicious circle", un círculo vicioso. Mientras persista esta distinción entre yo (que no estoy de acuerdo con sufrir) y mi sufrimiento, el sufrimiento sigue. Por supuesto que sigue, ¡pues no hacen más que agravarlo! Soy infeliz de ser infeliz de ser infeliz... ¡eso no tiene fin! Quisieran que su emoción cesara, pero se comportan como si quisieran que el fuego se apagara en la chimenea pero no dejan de echarle leña. Toda la experiencia de las emociones que conocieron hasta ahora, es una experiencia falseada porque es la de la emoción rechazada, por lo tanto, de la emoción agravada, aumentada. Este mecanismo siempre estuvo en acción. Nunca aprendieron a aceptar sus sufrimientos de todo corazón, a estar de acuerdo con todo su corazón con sufrir, a ser uno con el sufrimiento. La consciencia, el hecho de ser "uno con" en lugar de ser "llevado por", no crea una dualidad. La dualidad está entre yo que tengo una cierta forma —que afirma "yo feliz"— y mi sufrimiento. Pero lo que es simplemente "sí" es la consciencia. La consciencia no tiene ninguna forma, tiene todas las formas; no es "otro". Ser "uno con" o ser consciente o ser plenamente vigilante, no quiere decir crear una dualidad.

Swamiji lo dijo bien: "*Annihilate the distinction between you and your emotion*", aniquile cualquier distinción entre usted y su emoción. Esto no quiere decir ser llevado por la emoción, estar identificado, quiere decir ser "uno con". Aquí, ahora, yo soy infeliz. Yo soy infeliz y no hay nada que añadir. Y el mental añade de nuevo: sufro porque soy infeliz, no estoy de acuerdo en ser infeliz. ¿Entonces creen que no están de acuerdo con que el coche esté averiado? Es algo más sutil: no están de acuerdo con ser infelices. Porque el día en que hayan escapado a esta pesadilla de las emociones, aunque el coche se averíe cuando tengan la cita más importante de su vida, estarán de acuerdo, simplemente porque eso es. *"It is"*; en sánscrito *"asti"*; "es"; en inglés *thatness, suchness, isness;* el hecho de ser así.

Nunca han conocido una emoción simple, pura, aceptada como emoción; no han conocido más que la emoción negada, rechazada. Por tanto, para ustedes la emoción es algo atroz, penoso, doloroso, largo... Y empieza a las 5h de la tarde y a medianoche sigue ahí y, a las 3h de la mañana, los despierta. ¿Qué emoción? La emoción con la que están en dualidad: yo que rechazo sufrir y mi sufrimiento. Pero pueden tener una experiencia absolutamente nueva de la emoción simple, de la emoción totalmente aceptada, *"let the emotion have its play and vanish"* –"deje que la emoción tenga su curso libre y desaparezca". Sí, yo sufro. Esto no quiere decir que vayan a gritar delante del chófer y la secretaria. Sí, yo sufro, eso me duele –y no discuten; y eso me duele porque todo mi pasado se despertó, todos mis temores por el futuro se despertaron, porque todo lo que me reprocho a mí mismo se ha removido. Eso me duele. ¡No discutan!

No tienen ningún conocimiento de ningún tipo de lo que se llaman las emociones y de lo que se llama el sufrimiento, porque nunca han estado de acuerdo en sufrir. Han creado hiper–emociones de su fabricación. Yo sufro porque sufro porque sufro... Siempre le han echado leña al fuego y tienen pues cierta experiencia de que los fuegos son difíciles de apagar.

Sean al 100% "uno con" el sufrimiento porque eso es la verdad: aquí, ahora, yo soy infeliz. Bien. *"You are fear, you are sadness"* = "usted es el temor, es la tristeza" dice Swamiji. Sí. Conscientemente. Ya no son "llevados por", son "uno con". La emoción está ahí, el sufrimiento está ahí, uno sin un segundo.

Y esta no–dualidad, o respeto total a lo que es, "el hecho de ser" que traduce el *"asti"* sánscrito, esa verdad, es *la* verdad. Cuando se dice verdad o mentira, *"truth and untruth"* en el lenguaje de Swamiji, *"truth"* es: yo soy infeliz –*"untruth"* es: yo rechazo ser infeliz. Esa es la mentira.

¡Buscan lo real y lo irreal en las nubes y siguen estando en las dualidades de su propia invención! Lo real es: yo soy infeliz; lo irreal es: yo no debería ser infeliz. Sean verdaderamente infelices –y verán lo que pasa; ¡verán! Hagan la prueba, ¡pero no la hagan por hacer desaparecer la emoción porque será de nuevo una "jugarreta"! "You cannot play" = "usted no puede juguetear con la Verdad". El respeto a la verdad es: ¿soy infeliz o no? soy infeliz; por lo

tanto: sí, soy infeliz, conscientemente. Esto es lo que pueden llamar la realidad ahora. Y lo irreal es todo lo que fabrican con su mental: "es a mí a quien le sucede; qué va a pasar, estoy harto, no se puede contar con nadie, voy a dejarlo todo..." "*Only thinking*", solamente "pensar" –y "pensar" en el lenguaje de Swamiji significaba "cavilar". *Esto, aquí, ahora*: el coche está averiado.

***

Nada puede ser excluido de la verdad de modo arbitrario por el mental. Deberán ser "uno con" todo y totalmente. Por ejemplo, puede que su emoción sea notoria: su mano se pone a temblar, les cuesta trabajo hablar y les resulta inaceptable que su emoción sea notoria y que lo vea esa secretaria delante de la que quieren mostrar cierta apariencia y cuya mirada afecta su inconsciente. Es más insoportable todavía, tartamudeo, me pongo rojo, mi mano tiembla, hablo entrecortadamente. ¿Sí o no? ¿Dónde está la verdad? ¡Una sin un segundo! ¿Dónde está la mentira? La mentira es todo lo que el mental viene a añadir. Esto puedo decírselos basándome en mi propia experiencia, es el último bastión, es ahí donde su propio respeto religioso a la verdad, su decisión de no estar más en la mentira, debe ser realmente fuerte. Pero esta convicción debe ser total, perfecta, sin falla, sin matices; si no, no están en el camino de Swamiji.

Ah, es fácil repetir "*asata ma sat gamayo*": "de lo irreal condúcenos a lo real", "de lo que no es, condúcenos a lo que es", de la "no–verdad condúcenos a la verdad"... ¿Qué es lo que es real? "¡Oh, lo que es real es el brahmán, el sufrimiento no es más que una ilusión!" Mentira: "*Sarvam kalvidam brahman*" = "Todo este universo es brahmán". Su emoción es brahmán y ustedes la niegan, y la rechazan.

¿Qué es real, aquí y ahora? "Asato, ma sat gamayo" = "de lo irreal condúcenos a lo real". Durante dieciséis años pensé que lo irreal era todo esto en lo que vivimos y que lo "real" era algo absolutamente divino. Y yo conocía bien los Upanishads, que leí muchas veces en diferentes traducciones y acumulé muchas entrevistas con expertos en Vedanta...

¿Qué es real? El aquí y el ahora. Si no, están creando una distinción entre lo relativo y lo absoluto; pretendiendo que lo relativo no es lo absoluto. ¿Cómo es que lo relativo no es lo absoluto? Pero la cuerda es la serpiente y la serpiente es la cuerda; no hay una serpiente y una cuerda en el jardín, solamente hay una cuerda que ustedes confunden con una serpiente. ¿Qué es real en este momento para ustedes y qué es real para el sabio como expresión momentánea de brahmán? Si no, si no es el brahmán, y hay "dos". ¿Qué es real? ¡que el coche está averiado! Lo real, es que el coche está averiado. Lo irreal es que no debería estar averiado porque es algo demasiado grave. Lo real es que se sienten realmente infelices, están decepcionados, eso les duele, es doloroso. Lo irreal es que no deberían encontrarse en esa situación y que no están de acuerdo con sufrir. Él último punto es cuando se ve; y ahí, tampoco hay que discutir.

Tengo recuerdos muy precisos de situaciones que rechacé. La emoción es inmediatamente negada. Me vi en ridículo públicamente, agravando mi caso al hacer un gesto torpe, queriendo corregir un primer gesto torpe, balbuciendo, rojo. ¡Esto es un infierno! Todo se desmorona. Algo con lo que contaba se ha echado a perder totalmente, ya no funciona, se empeora la cosa; cometo una torpeza para corregir la primera torpeza que hice, hago el ridículo, las personas lo ven, sonríen... ¡el infierno! Si, en el instante pudieran saber, con la totalidad de su ser, porque su convicción intelectual es total, que no hay otra cosa que hacer sino ser "uno con", decir "sí" a lo que es, hacer el amor con lo que es –en el mismo instante esta situación de infierno, que toda su experiencia les indica que durará días como sufrimiento y meses como consecuencias fastidiosas, ¡esta situación de infierno en ese mismo instante se convertiría en paraíso!

Recuerdo cierta época cuando por fin ponía en práctica la enseñanza de Swamiji sin jamás discutir, y una noche que era importante para mí en muchos aspectos –para mí como ego, aún sometido al deseo de triunfar y al miedo a fracasar, con la ilusión de que era yo el que llevaba el peso de mi propia existencia y de sus cadenas de causas y efectos. Recuerdo una reunión en la que comenzaron a criticarme; mi situación no era ventajosa; respondí estúpidamente; sólo una persona me daba un poco la razón, era una mujer bastante bella y empezaba a considerarme muy blandengue por ser tan sensible hacia aquella mujer. Sentía que me apoyaba en ella y no aceptaba mi debilidad. No encontré nada mejor que dejar caer la cuchara de mi taza de café y tenía la impresión de que dejar caer la cuchara era la mayor torpeza que podría ridiculizarme cuando yo trataba de ser ejemplo de la enseñanza de Swamiji a la que algunas personas le hacían una guerra sin cuartel: no era metafísica, no era Vedanta, no era más que psicoanálisis, Swamiji no era un gurú... bien... yo dejo caer mi cuchara. En mi emoción, en el momento de recogerla, derramo la mitad del café sobre el vestido de la dama. Esto quizás alcanzaba la cumbre de lo grotesco, pero puedo garantizarles, que fue la cumbre del sufrimiento. ¿Se ríen? Me hubiera gustado verlos. Si nunca han vivido una situación de ese tipo, ¡tienen un karma verdaderamente privilegiado!

Evidentemente ¿qué es lo que hacía? Pues bien, yo era "dos", "dos", "dos" cada vez más –no, no, ¡NO! Y después de repente, surgió con una gran fuerza: "¿QUÉ?, ¿Y todo esto porque estoy hablando de la enseñanza de Swamiji?" SÍ. Y puedo asegurarles que, en un segundo, yo estaba en la verdad, aquí, ahora, y que en un segundo el infierno se convirtió en el paraíso. Las personas estaban todavía ahí, la conversación había alcanzado el nivel que había alcanzado, el vestido de la dama estaba lleno de café, mi mano aún temblaba, todavía estaba rojo. La adhesión al 100%. No había ya ninguna comparación, no había ya "un segundo". En el mismo instante el infierno se convirtió en paraíso. Me encontré situado absolutamente más allá del ego –ni siquiera "feliz", más allá de feliz e infeliz, más allá de todo. Todo se me apareció, en efecto, como el mundo de las cadenas de causas y efectos en las que "al ocurrir esto, se produce aquello"; y yo estaba por fin en la verdad. No era una emoción; yo sé de qué se tratan las exaltaciones seguidas de las depresiones. Entonces, por supuesto, cuando se es libre a ese punto, aceptante, calmado, centrado, de acuerdo con todo, completamente no–identificado con un personaje llamado Arnaud Desjardins que puede ser glorificado, no importa, ridiculizado, no importa, la situación cambia en lo concreto, en lo relativo.

Encontré la frase que convenía decir y, en pocos segundos, no más, la situación cambió, ya no buscaba defender una causa: yo era "uno con" todas las personas que estaban ahí y no estaba más en la dualidad. En lugar de hablar de la enseñanza de Swamiji, yo la vivía. Eso no era una emoción, era una verdadera experiencia. Y cuando unas cuantas experiencias como ésta se han producido, se vuelve algo inolvidable. Incluso, si las circunstancias fueran aún más difíciles, esta estupidez de cubrir la realidad con una irrealidad de mi invención sería todavía imposible.

Deben aceptar *todo* –no aceptar sólo una parte– ¡*todo*! Incluso el hecho de que su emoción pueda hacerlos temblar, hacerlos tartamudear, que se pongan rojos, y que todo el mundo lo vea. Esto es lo más duro; pero ya que es, es.

***

Si vuelven a leer las dos cartas de Swamiji a la luz de lo que acabo de contar, verán qué quiso decir Swamiji: "Si rechaza la emoción, crea un círculo vicioso; si es 'uno con' la emoción, let the emotion have its play and vanish, deje que la emoción tenga su curso completo y se desvanezca". La emoción se desvanece. Si van muy aprisa, podrán decir completamente "sí" a la emoción, es decir que no haya más que la emoción en su estado puro y no una emoción multiplicada al ser rechazada. Después llegarán más lejos: cuando su "sí" a la emoción sea total, dirán el "sí" total a la situación misma. De repente, ya no hay nada. En el interior de una situación como la que les acabo de describir, que para mí se estaba volviendo tan penosa, vi revelarse lo que tanto había buscado, yo lo vi... ¡Todo eso ya no tenía que ver conmigo! Podía suceder lo que fuera. ¿"Arnaud Desjardins" es ridículo? Yo digo "sí", estoy de acuerdo al 100% en que Arnaud Desjardins sea ridículo. Entonces la verdad se revela: yo no soy Arnaud Desjardins. Pero si es el ego el que comienza a decir: yo no soy Arnaud Desjardins, porque Arnaud Desjardins le decepciona, no es esto, no tiene aquello, se acabó: nunca saldrán de ahí. Es una ilusión trágica nutrirse de ciertos textos: "Yo no soy... neti, neti..." ¡Mentirosos, lo son de la mañana a la noche! ¡Lo son hasta el fondo, lo muestran, luchan, sufren por ello! Si no lo son, están en paz. La emoción demuestra que creen en la realidad de este mundo. ¿Cómo pueden sufrir por algo que al mismo tiempo afirman que es evanescente, que es ilusorio, que es irreal?

Eso era la adhesión; no era una parte de Arnaud Desjardins que aplasta a otra parte o que no está de acuerdo con otra parte; era la totalidad de Arnaud Desjardins vista como cualquier otra cosa. ¿Es o no es? Es. Adhesión al 100% a lo que es. Les prometo el milagro si ponen en práctica lo que he intentado, una vez más, transmitirles esta noche a partir de estas dos cartas de Swamiji. Pero hay que ponerlo en práctica y sientan en primer lugar que no es algo habitual, y en segundo lugar que esto de lo que hablo, hasta el presente, es algo que no han puesto verdaderamente en práctica, totalmente, sin condiciones, y a lo largo del día. Si lo ponen en práctica, vivirán algo que no imaginan y que no pueden siquiera imaginar.

Puede también que su vigilancia y su esfuerzo por poner esta enseñanza en práctica, minuto a minuto, sean heroicos y que, a pesar de ello, en ciertas situaciones precisas, no puedan conseguirlo. Constatan con estupor: "Pero ¿qué pasa, estoy loco? ¿Sigo rechazando que lo que es, sea? A pesar mío, se produce un fenómeno aberrante contra el que nada puedo hacer, sigo creando un segundo de mi propia creación, comparando lo que es con lo que no es, y no puedo actuar de otro modo". Entonces y sólo entonces, el *lying* se vuelve justificado. "Debe haber algo que se me escapa completamente y por eso no tengo ningún control". Pero, si nunca o casi nunca han intentado poner en práctica la aceptación, diciendo sí de vez en cuando, sí a desgana y comprobando que esto no hace que desaparezca la emoción, ustedes se lanzan a los *lyings*, desnaturalizan, caricaturizan la enseñanza de Swamiji –¡no hay otras palabras! Si quieren dar vueltas sobre una colchoneta y gritar, vayan con el Dr. Janov. Caricaturizan la enseñanza de Swamiji, la desprecian reduciéndola a dar gritos sobre una colchoneta. No, la enseñanza de Swamiji no es el *lying* –como lo he oído decir demasiadas veces. La enseñanza de Swami Prajñanpad, es el Vedanta y el Adhyatma yoga. La enseñanza de Swamiji, es esto de lo que les estoy hablando esta noche. Si no están convencidos y si no pueden venir a decirme: "Arnaud, día a día, minuto a minuto, lo he puesto en práctica", son indignos de hacer *lyings*. Le están robando por nada el tiempo y la energía a Denise, roban mi tiempo y mi energía también. No somos "psicoterapeutas", ¡esa es la verdad! El Bost es un "ashram" basado en la enseñanza de Swami Prajñanpad y la enseñanza de Swami Prajñanpad no consiste en mirarse fijamente el ombligo, ni en atascarse en sus propias emociones, ni con lo mucho que he sufrido en mi vida anterior, ni sobre lo que he sufrido en esta existencia, ni con lo que he sufrido en otra vida anterior. Consiste en ir de lo irreal a lo real, en ya no crear un segundo, en decir "eso es" a lo que es, en ser "uno con".

"*Annihilate the distintion between you and your emotion*", "aniquile la distinción entre usted y su emoción". Estén en la verdad: "*Swamiji stands for truth*". ¡Eso es todo! La verdad, es: el coche está averiado, detenido –"*truth*"; me puse furioso, tiemblo, soy infeliz– "*truth*"; mi agitación se percibe desde fuera y siento que mi secretaria se siente decepcionada –"*truth*".

¿Dónde buscan ustedes una verdad mágica, milagrosa, extraordinaria, mientras que dan la espalda a la verdad de la mañana a la noche? La verdad mágica, milagrosa, se revela en la verdad relativa. Lo relativo es lo absoluto. Esa es la verdad. "SARVAM KALVIDAM BRAHMAN": "Todo este universo es brahmán" – sin un segundo. ¿Quieren ver la verdad? ¡Dejen de crear un segundo!

Fácil de decir –mucho más difícil ponerlo en práctica. Toda la enseñanza está ahí para ayudarlos: en su parte intelectual, puede responder a sus preguntas y convencer a su inteligencia; en su valor de sentimiento, que nace de lo que les afecta al corazón y no solamente a la cabeza; en todo lo que se dice en el transcurso de las diferentes reuniones y entrevistas e incluso, en ciertos casos, afortunadamente, el *lying*, que es la posibilidad de ir a desenraizar, "*unearth*" decía Swamiji, en el inconsciente lo que les impide poner en práctica estas verdades resplandecientes, aplastantes, indiscutibles.

Pero vean bien: el lying sólo es una pequeña parte de la enseñanza de Swamiji. Hubo discípulos hindúes que nunca hicieron un lying con Swamiji. Había al menos un francés que era discípulo en toda regla de Swamiji que nunca hizo un lying. El lying está justificado cuando, en un punto preciso, no pueden poner la enseñanza en práctica. El lying no es una justificación para no poner la enseñanza en práctica, a lo largo del día. ¿Cuántas horas de lying hará? ¿Cien horas en su existencia (como yo mismo tuve), escalonadas a lo largo de varios meses y años? ¡Pero la existencia no consiste en un centenar de horas! La existencia consiste en miles de miles de minutos que se suceden unos a otros —y durante estos minutos tenemos la ocasión de descubrir lo absoluto en lo relativo. Y la emoción está constantemente ahí —en mayor o menor medida— por lo tanto, está constantemente también la posibilidad de estar en el mundo o de no estar en el mundo, la posibilidad de crear un segundo o de no crear un segundo. Todo el tiempo. Afortunadamente. Les conjuro, es preciso que tengan una herramienta entre las manos, si no, después de quince años se irán de aquí diciendo: ¡he perdido quince años y ahora me despierto!

Lo que he dicho esta noche resume una buena parte de la enseñanza, una buena parte del camino. Nadie puede ponerlo en práctica por ustedes —nadie. No hay nadie más que ustedes —ustedes ahí donde estén— solos. Vivan su existencia en lugar de pensarla. *Manas*, el mental, es la forma más burda del psiquismo y *manas* puede ser destruido (*manonasha*). Vivan para conocer. Conozcan para ser libres. *Bhakti yoga*, el yoga de la devoción, es la vía que lleva a la meta a través de la devoción. *Karma yoga*, el yoga de la acción, es la vía que lleva a la meta a través de las acciones desinteresadas. *Jñana yoga*, el yoga del conocimiento, es la vía que lleva a la meta a través de la toma de consciencia no–dual de la realidad, aquí y ahora, cualquiera que sea la forma finita que esta realidad infinita haya podido tomar.

V

UNO-SIN-UN-SEGUNDO

En la vía que siguen aquí, no existe un programa que ocupe sus días a lo largo del año, como ocurre en una abadía trapense o un monasterio zen. No hay ritos, ceremonias, cultos, liturgias, técnicas elaboradas de meditación o de visualización de divinidades tántricas, ni ejercicios respiratorios; tampoco hay cantos, himnos, rezos en común, ni oficios. Ni siquiera hay un gran mito como el de Krishna, o de Rama, ni una meditación diaria sobre la vida de Cristo. Finalmente ¿qué queda? Y, sin embargo, yo doy testimonio de que después de haber conocido (y a menudo conocido desde el interior y durante años) diferentes enseñanzas tibetanas, hindúes y sufíes, esta enseñanza de Swami Prajñanpad fue para mí la más eficaz y por mucho. Pero comprendan bien que esta vía no puede consistir simplemente en escuchar de vez en cuando una charla de Arnaud o, leer un libro una vez al año, ni reducirse a unas cuantas horas de entrevistas privadas, o de inmersión en las profundidades del inconsciente.

¿Qué pueden hacer para que verdaderamente, y no solamente en palabras, el mundo entero se convierta en ashram o en monasterio, y que toda la existencia se convierta en la puesta en práctica del camino?

Es imperativo que realmente tengan una herramienta que puedan utilizar a lo largo del día. Si no, los meses y los años pasarán, pero ustedes no cambiarán y no descubrirán lo que hay que descubrir. Cada vez que me escuchen hablar o responder a una pregunta, pregúntense con una gran exigencia interior: ¿Qué me aporta esto de manera práctica para cuando me encuentro solo? El progreso no tendrá lugar solamente cuando estén en el Bost, se dará durante todo el resto del año.

Es preciso que una vez más traten de volver a escuchar, como si nunca hubiéramos hablado de ello, qué se les pide, qué se les propone y qué les resulta posible.

Yo podría resumirlo en una frase que tal vez hayan leído en testimonios procedentes de una enseñanza u otra, que se encuentra incluso en el Evangelio de Tomás: "Hacer de dos, uno". ¡Ah! Es una bonita frase. Debe haber algo esotérico o metafísico en ella... Pues bien, en realidad hay algo eminentemente práctico. La grandeza de un camino auténtico es hacer de cada instante de la vida algo metafísico. La vía no consiste en llevar a cabo acciones admirables; la vía consiste en llevar a cabo de manera admirable las acciones cotidianas.

La existencia ordinaria de un ser humano se desarrolla en la dualidad, como si un ser humano viviese dos existencias a la vez. Esto es lo que hoy quiero que verifiquen. No mostrárselos en las nubes –si no que lo toquen con la punta de los dedos.

Me habrán escuchado repetir una frase de Heráclito: "Los hombres que aún duermen viven cada uno en un mundo diferente; aquellos que están despiertos viven en el mismo mundo". Heráclito dijo también: "Los hombres que aún duermen viven en dos mundos; aquellos que están despiertos viven en un mundo". Frase que es interpretada de diferentes maneras por los filósofos de profesión y que, para mí, tiene un sentido evidente porque ilustra muy bien la enseñanza de Swamiji. Lo propio del mental –ese mental llamado a desaparecer– es *crear un segundo* y hacerles vivir en dos mundos. Si reducen los "dos" a "uno", vivirán en un solo mundo: el mundo real.

Voy a tomar ahora un ejemplo muy concreto y utilizaré muchos otros más en esta reunión. Las paredes del cuarto donde vivo están tapizadas con tela y es necesario comprar unos cuantos metros más de esa tela para hacer la funda de un cojín. Tomo pues una muestra que sobró de cuando mis amigos decoradores tapizaron este cuarto y le entrego un pedazo de dicha muestra a unas cuantas de ustedes pidiéndoles: "¿Puede conseguirme algunos metros de esta tela?". Yo guardo la muestra y una u otra me envía pedazos de tela. Comparo con la muestra que tengo en la mano y acepto la tela o, al contrario, la devuelvo diciendo: "Se ha equivocado", según coincida o no con la muestra. Hay algunos hilos violetas en la tela que no existen en la muestra que tengo en la mano; la comparo y descarto la tela que tiene los hilos violetas. Otra es manifiestamente más oscura; digo: no. Otra es manifiestamente más clara, y digo: no. Y acepto la tela que rigurosamente concuerda con la muestra, es decir con la tela que ya está sobre las paredes del cuarto.

Esta comparación con una muestra, que permite aceptar o rechazar, es común en la práctica de la existencia. En la industria, en el comercio, incluso en la vida de un ama de casa, podemos tener un estándar, comparar, aceptar o rechazar.

El mental lleva a cabo una operación del mismo tipo, con la diferencia fundamental de que su comparación es totalmente ilusoria. El mental no para —digo bien que no para y, si lo observan atentamente, verán que es verdad— no para de fabricar un mundo paralelo al mundo real, de comparar el mundo real con el mundo de su propia creación, y a continuación aceptar o rechazar el mundo real dependiendo de si está o no conforme con el mundo ilusorio de su fabricación.

Estarán salvados cuando hayan visto con todo su ser, primero que es verdad, segundo que es una estupidez que nada puede justificar. Sí, es una estupidez que nada puede justificar y, sin embargo, este es el patrón de las existencias humanas. Es la causa de todas las tragedias, de todos los sufrimientos, de todos los fracasos. Es también la causa del "sueño", de la "ceguera" y de la imposibilidad de realizar de una vez por todas el atman, la consciencia libre.

El mental crea un segundo. Es necesario que se pillen, casi de la mañana a la noche, víctimas de este mecanismo aberrante en las pequeñas cosas, antes de pillarse en las grandes. Saben que he sido cineasta, trabajé para la televisión y, debido al tipo de películas que rodaba durante meses, fui mi propio camarógrafo en los monasterios del Himalaya o en los ashrams hindúes. Filmaba teniendo medios técnicos bastante precarios, y existe un error doloroso que un camarógrafo siempre es susceptible de cometer en el transcurso de una expedición: usar dos veces el mismo rollo de película en la cámara. Cuando se revela hay dos imágenes inextricablemente sobrepuestas una sobre otra, y es imposible separarlas. Me acuerdo que un día en el ashram de Swamiji, cuando descubrí en pleno esto de lo que les estoy hablando ahora, me llegó a la mente esta comparación, de las dos imágenes sobrepuestas a lo largo de todo el rollo de película, como un perfecto ejemplo de lo que acababa de descubrir. Me daba cuenta de que vivía realmente en dos mundos –dos mundos sobrepuestos: el mundo real que se me presenta minuto a minuto, y el mundo fabricado también minuto a minuto por el mental. Podría tomar otra comparación. Tal vez hayan tenido en su mano cámaras fotográficas cuyo sistema de enfoque se hace con dos imágenes que no coinciden y sólo cuando estas dos imágenes llegan a coincidir perfectamente en su visor, el enfoque es riguroso. E incluso les voy a decir: si hacen el simple experimento que consiste en apoyar ligeramente el dedo sobre su globo ocular, conseguirán ver doble la manija de la puerta que tienen frente a ustedes, verán dos manijas, una encima del otra, y cuando dejen de apoyar el dedo sobre el globo ocular, de nuevo las manijas de la puerta se convierten en una. Este es un ejemplo simple y del que se pueden acordar: yo creo dos manijas y luego convierto el "dos" en "uno".

El mental hace eso: crea "dos". Y lo que pueden hacer a lo largo del día, cualesquiera que sean las condiciones y las circunstancias –no hay excepción– es reducir el "dos" a "uno".

No cometan el error trágico y tan común que muchos hemos cometido, y que consiste en creer que lo importante es ir a un monasterio tibetano o permanecer inmóvil durante la meditación (o ir al Bost de vez en cuando), pero que la manera en que toman el desayuno o como se quitan la ropa en la noche no tiene ninguna importancia. ¿De qué está conformada la existencia? A veces de una tragedia que intentamos vivir como un sabio, preguntándonos cómo habrían recibido Buda o Sócrates la noticia de la muerte de su propio hijo; pero su destino no está conformado por estas tragedias minuto tras minuto. Y es minuto tras minuto, en los pequeños detalles cotidianos de la existencia, que se gana o se pierde la partida. Cualquier circunstancia, la más banal o la más humilde, es inmensa para aquél que está comprometido con el camino. La realidad siempre está ahí y les corresponde a ustedes descubrirla. Ya saben que la tradición zen es rica en anécdotas o en hechos verídicos, como el hecho de un monje zen que alcanza la iluminación barriendo, escuchando una rana saltar al agua, escuchando un bastón caer al suelo… ¡y cuantas cosas más! No piensen: "Qué fastidiosa es la existencia cotidiana" y no permitan que se desenvuelva en la mentira, es decir en la dualidad de la que les estoy hablando aquí.

***

Vamos a tomar un ejemplo, lo menos extraordinario y lo más concreto posible, para que vean cómo funciona este mental y cómo crea de la nada la dualidad, comparando con un criterio que no tiene realidad de ningún tipo. Tomaré el ejemplo de un hombre puesto que soy del sexo masculino, pero un ejemplo que resulte plausible para todos.

Imaginemos a un hombre de clase media, de una situación media, que regresa a su casa al final de su día de trabajo, va algo de prisa porque tiene justo el tiempo para cambiarse la camisa y afeitarse, ya que le invitó a cenar un conocido que le prometió traer a la cena al hermano del director general de la empresa en la que trabaja. Piensa que si le presentan al hermano de su director general será muy interesante para él y que eso podría aportar mucho a su carrera. Probablemente haya pensado más en la cena de esa noche durante todo el día que en lo que estaba haciendo y estuvo absorbido por esa cena. Ya no está "aquí y ahora" cuando toma el metro, si es que no quiso conducir en París, o si va conduciendo en medio de los embotellamientos; ya está proyectado hacia el futuro. Digamos que consigue estacionar el coche. Llega a su casa, apurado. El ascensor no está en la planta baja. Y, porque tiene prisa, su mental inmediatamente y sin que él se dé cuenta, ya ha creado un mundo en el que el ascensor está en la planta baja y el mental compara ese mundo, en el que el ascensor está en la planta baja, con el mundo real en el que el ascensor está en otra planta. Y el mental rechaza, porque la situación no corresponde con la que él ha decidido arbitrariamente.

Observen bien. Recuerden la comparación que hice hace un rato; rechazo las muestras de tela que me proponen porque no corresponden rigurosamente con la muestra que tengo en las manos; vean que esta comparación está justificada en el caso de la tela pues la muestra que tengo en mis manos es real; y vean luego cómo la comparación constante del mental no tiene justificación alguna, ya que el mental no tiene algo estrictamente real con lo que poder comparar al mundo tal cual es. Es necesario que descubran lo que ese mecanismo tiene de estúpido y de insensato.

Continuemos. Presiono el botón que hará que baje el ascensor y, normalmente, se debe prender una lucecita que nos indica que el ascensor está en marcha. Esta lucecita no se prende. Inmediatamente el mental crea un mundo en el cual esta lucecita se prende, ya que estoy llegando un poco atrasado, estoy apurado y necesito subir muy rápido a mi casa. Y el mental se permite comparar el mundo real con ese mundo inexistente, que no tiene ninguna realidad de ningún tipo.

Decido subir a pie, entro, y en el momento en que me dispongo a cambiarme de camisa y afeitarme, mi mujer simplemente me dice estas palabras: "Ponle el termómetro al pequeño". En el mundo real no hay nada más. Pero debido a que estoy en el proceso de prepararme para ir a una cena que considero muy importante, esta frase no corresponde a lo que yo espero y el mental crea un mundo en el que mi mujer no pronuncia esa frase en ese instante. Luego compara ese mundo ilusorio con el mundo real y lo rechaza, como yo rechazaba en su momento la pieza de tela que no correspondía con la muestra. El mental crea un "segundo" en el cual mi mujer no pronuncia esa frase en ese momento. Eso se produce muy rápido. Y el mental rechaza.

Y este es el inicio de la emoción, la irrealidad, la mentira. Ya no estoy para nada en el mundo real y no ceso de comparar ese mundo real con ese mundo totalmente inexistente de mi invención.

¿Qué? "¡ponle el termómetro al pequeño!" ¡Si el pequeño está enfermo esta noche, será una catástrofe! ¡Ya no vamos a poder dejarlo dormido apaciblemente en su cama hasta que volvamos! La emoción está ahí. Y el mental imagina inmediatamente y muy rápido, tan rápido que el pensamiento ordinario no es capaz de seguirlo, todo un mundo doloroso: el pequeño está enfermo, qué va a pasar, no podremos ir a esa cena, por consiguiente, no podré conocer al hermano del director general de la empresa en la que trabajo, por lo tanto, no tendré la posibilidad de entablar esa relación con la que yo contaba para facilitar mi promoción dentro de la empresa. Nada funciona, todo es demasiado difícil... En un instante el mental imaginó todo tipo de consecuencias dolorosas que tampoco tienen realidad alguna ya que nada de todo eso se ha producido aún.

Realmente la frase: "Ponle el termómetro al pequeño" no contiene con certeza ninguna de esas amenazas; tal vez las contenga, pero no las contiene con certeza. Pero el mental extrapola de un modo abusivo y transforma las probabilidades en certezas. Se trata de ir aprisa, eso me hace perder tiempo; sólo faltaba que el pequeño esté enfermo: empiezo a ser llevado por la emoción.

Abro el cajón de la izquierda del armario del baño en el que se supone que está el termómetro y no lo veo. Inmediatamente el mental ha fabricado un mundo, tan quimérico como el de hace un momento, en el que el termómetro está en su lugar en el cajón. Y este mundo totalmente inventado lo compara con el mundo real, el único, en el que el cajón está vacío –y rechazo. El mental niega ese cajón vacío que no está acorde con el otro elemento de la comparación. Llamo a mi mujer: "¡Brigitte!". Ella se está secando el cabello con un secador eléctrico que hace ruido y no me oye. Continuamos la comparación ¡segundo a segundo! En el mundo real no hay una respuesta de mi esposa, sólo el silencio; en ese mismo instante el mental fabrica un mundo en el que mi esposa responde: "Sí, ¿Qué quieres?". Y el mental se permite una vez más comparar ese mundo real con el mundo ilusorio.

Grito más fuerte, mi esposa me escucha y me responde: "Ya saqué el termómetro, está sobre la mesita de noche del cuarto del niño". Le pongo el termómetro. Un minuto, dos minutos; lo retiro, lo observo. El mercurio marca 40º C. Esa es la única realidad. Y mi mental crea inmediatamente un mundo en el que el mercurio no pasa de los 37.2 grados y, a través de estos 37.2 grados, que no tienen ninguna realidad, el mental juzga la única realidad: el termómetro que marca los 40 grados.

Yo podría seguir la historia de esa noche minuto a minuto, por no decir segundo a segundo. Sigamos un poco para que queden más convencidos... Sólo queda una cosa por hacer, es preguntar a mi madre si podría venir a cuidar al niño. Marco el número de mi madre, suena "ocupado". Esto basta para que el mental cree una vez más un mundo en el cual el teléfono no marca "ocupado", compara la realidad y la rechaza como no acorde. Espero; llamo tres minutos después; suena como "libre". ¡Ah! Durante un instante, el mental no crea un segundo; suena "libre". Un tono, dos tonos, tres tonos... y el mental comienza de nuevo a crear su mundo en el que después de tres tonos, contesta la voz de mi madre diciéndome: "¿Sí?". Cuatro tonos, cinco tonos... el mundo del mental se aleja cada vez más del mundo real. Ocho tonos, diez tonos. Sonaba ocupado hace un momento, pero ahora suena "libre" y no contesta. Pues sí, mi madre estaba a punto de irse a ver a mi tía, y está en su derecho hacerlo esa noche; en el momento en que iba a salir del piso, el teléfono sonó; con el abrigo puesto, contestó rápido y salió inmediatamente después. Le tomó quince segundos salir y fue después de esos quince segundos que yo la llamé. Situación banal. Sólo que la situación se agrava para mí porque esa cena en casa de mis amigos los Lambert parece correr cada vez más el riesgo de no realizarse. Y así sucesivamente... Imaginen el desarrollo de la noche: tanto si llego a casa de los Lambert a las 9h, cuando me hicieron prometerles que llegaría como más tarde a las 8h30, como si tengo que renunciar a ir a la cena, de todas maneras habrá continuado el desarrollo paralelo de estos dos mundos, segundo tras segundo.

Lo que estoy explicando, lo sé muy bien, parece menos extraordinario que hablar del despertar de la *kundalini* y de la activación de los *chakras*, o enseñarles la meditación tántrica con el mandala de la divinidad Hevajra, o buscar el sentido de ciertas raíces árabes en el Sufismo, o raíces hebreas en la Cábala. El mental siempre está ávido de todo lo que pueda parecer misterioso, mientras que el verdadero camino, el que puede llevarlos realmente al despertar, pasa únicamente por el instante y nada más. La realidad es *siempre* una-sin-un-segundo, cualesquiera que sean las condiciones y las circunstancias. Y lo que ustedes pueden llamar el sueño, *maya* o el mental, crea un segundo. La única oportunidad de huir del conflicto, de la contradicción, de la ignorancia, de la ceguera, es ser más vigilante que el mental, dejar de crear un segundo o, cuando ese segundo ha sido creado, hacer de "dos" "uno", es decir, hacer desaparecer ese mundo ilusorio con el que se permiten comparar el mundo real.

Si no se dan cuenta hasta qué punto esto es verdad ¡no han tenido un sólo segundo de vigilancia y de consciencia en su existencia! No me digan que no viven ustedes así, me lo demuestran cada día, en cada entrevista, en cada encuentro. Y yo mismo viví de esta manera lo suficiente como para saber de qué hablo.

Es exactamente como si, después de haber establecido nuestro mundo irreal, después de haber hecho una realidad de esa nada, condenáramos la sola y única realidad y dijéramos de instante en instante: "Dios se equivocó otra vez". Si le pido a Michelle que me compre una tela y ella me envía una tela que no corresponde a la muestra de la que le di la mitad, puedo decretar que se equivocó. Pero el mental se lo permite todo y afirma rotundamente: "Dios se equivocó otra vez".

Dios se equivocó otra vez: el ascensor debería estar en la planta baja. Dios se equivocó otra vez: el botón luminoso debería prenderse. Dios se equivocó otra vez: el niño no debería estar enfermo. ¡De la mañana a la noche! ¿Cómo quieren, viviendo de esa manera, tener una vida que no tenga otra cosa más que sufrimiento? El sufrimiento sólo procede de esta creación de un segundo hecha por el mental. Si vivieran en un solo mundo en lugar de vivir en dos mundos a la vez, no podrían sufrir. El sufrimiento está hecho solamente de esta comparación vana y mentirosa.

**

Este mecanismo se produce de manera flagrante cuando el mundo que plantean y el mundo real no tienen ningún punto en común. Ustedes afirman que el niño debe estar en buena salud esta noche, el niño está enfermo, para ustedes eso representa una causa de sufrimiento: ya no podrán ir a esa cena que creían tan importante. Pero si quieren rebasar el plano del sufrimiento ordinario, el que hace que uno vaya al psicoterapeuta, y despertar al mundo real del que hablan las enseñanzas iniciáticas, deberán ser aún más vigilantes y comprobar que el mecanismo de esos dos mundos paralelos *siempre* está en acción, aunque no sean conscientes de ello. Y este descubrimiento les exigirá una vigilancia aguda y sutil. Aunque no sea flagrante, aunque no cree en ustedes un tormento, este mecanismo es permanente. Si ese mecanismo no se produjera, ya *no habría mental y ya no habría ego*. Poco a poco lo irán descubriendo.

Ustedes entran en nuestra sala de reuniones cuyas paredes son blancas. No existe otra realidad más que esta sala tal como es, aquí y ahora. Pero, inconscientemente, su mental crea un mundo paralelo a este. Tal vez sean las casas blancas de los guardianes en la Camarga, si son del sur de Francia; tal vez sean las paredes blancas y las salas blancas de un sanatorio donde ingresaron cuando tenían dieciséis años, aunque ahora tengan cincuenta. Las modalidades pueden ser muy diferentes, pero inevitablemente, el mental les propone inconscientemente un segundo con el que comparan la realidad que está ahí.

Entran en un café, el camarero es calvo con un inmenso bigote, como el de un Galo. Eso no cambiará el sabor de su chocolate ni el de su cerveza, estén seguros de ello y, sin embargo, sin saberlo ustedes, el mental fabrica inmediatamente un mundo donde el camarero tiene más cabello y menos bigote; y este mundo de su fabricación, lo comparan con el mundo real. Eso ocurre ahora en el plano subconsciente. Recuerden esta simple frase que es la definición del mental: "Dios se equivocó otra vez, esto no corresponde".

Dios no para de equivocarse de la mañana a la noche y eso no corresponde jamás —de una manera flagrante, desgarradora que los lleva a la emoción, la cólera, el sufrimiento, la rebeldía, o de una manera mucho más sutil que ni siquiera detectan en el momento, y que sin embargo, les impide estar en contacto directo con la realidad. Si dejan de crear un segundo, verán esta realidad tal como es: Una-sin-un-segundo. Lo que los hindúes llaman verdad, también lo llaman el ser o la realidad, *sat*, lo que es, excluyendo todo lo que podría ser, lo que debería ser, lo que hubiera podido ser, lo que no debería ser.

Si no sólo quieren escapar de las emociones que les persiguen día tras día desde hace tantos años, sino que, más allá de la desaparición de las emociones, también quieren acceder al mundo real, que es la puerta y la única puerta a la gran realidad, el camino se resume en esta simple frase: "Hacer de dos, uno". Conocen una de las frases mayores de los Upanishads *"Sarvam khalvidam brahman"*, "todo este universo es brahmán". Es a través de este universo, si alcanzan la perfección del Uno-sin-un-segundo aquí y ahora, que realizarán el brahmán de los Upanishads. Y nunca lo realizarán si en lugar de vivir en un mundo, viven en dos mundos. ¡Y si por lo menos concediesen a estos dos mundos la misma importancia! Pero lo que resulta muy insensato, nunca lo repetiré bastante, es que el mental considere que el mundo verdadero es el de su fabricación, que no tiene existencia alguna y que, en relación a ese mundo totalmente quimérico, se permite juzgar al mundo real. Para el mental lo más importante no es el mundo real al que sobrepone un mundo irreal, es el mundo inexistente con el que compara el mundo real. Para el mental la situación está totalmente al revés.

Deben tomar consciencia de esta inversión si quieren escapar de ese mecanismo. Mi vida está basada en una inmensa mentira: lo que debería ser. Deben descubrir dentro de ustedes esta aberración, esta locura: yo fabrico un mundo. Cada uno fabrica el suyo. El mundo real es el mismo para todos, pero el mundo fabricado es diferente para cada uno. Ustedes crean este mundo ilusorio instante tras instante. A veces es flagrante y a veces, como les decía, es inconsciente o subconsciente.

Deben pues ser doblemente vigilantes. En primer lugar, vigilantes para volver a la única realidad –y este esfuerzo se les pedirá durante mucho tiempo. Regresan del "dos" al "uno". Sólo que esto los obligará a un cambio interior, es decir, ya no dar la primacía a su mundo ilusorio sino al mundo real. La noche que estoy invitado a casa de los Lambert para conocer al hermano de mi director general, mi mujer dice estas primeras palabras: "¡Ponle el termómetro al pequeño!" –porque está retrasada y no ha tenido tiempo de hacerlo. Eso es todo. *"One without a second"*. "Uno sin un segundo". Es preciso que operen ya este primer cambio que es el de reconocer que este mundo es el mundo real, y no el de su mental, con el fin de regresar al mundo real. Y ahí donde hay dos, ya sólo habrá uno. Mi mujer, aquí y ahora, dice: "Ponle el termómetro al pequeño".

Después, con una vigilancia más acrecentada, pondrán en acción este principio, descubriendo referencias que en primer lugar son inconscientes; con una percepción interior agudizada, verán que frente a un ser que lleva barba, el mental les propone un ser imberbe; frente a una mujer con cabello corto, una mujer de cabello largo; frente a un ser de pequeña estatura, un ser de mayor estatura; frente a un café en el que todas las sillas están forradas de plástico rojo, el mismo café con las sillas forradas de una tela marrón. Esto basta para que, en lugar de tener una visión clara, realmente presente, de esta realidad, la vean solamente a través de una neblina. Y recuerden que solamente esta realidad relativa les revelará lo absoluto. Todo es brahmán –TODO. Incluido el mal gesto de ese, incluida la sonrisa extraña de aquél, incluida la silla de plástico rojo de este café. La gran realidad se muestra a ustedes todo el tiempo. Pero el mental prefiere hacerlos vivir setenta años, ochenta años, en su mundo irreal y frustrarlos de todo lo que era grande, de todo lo que era valioso –e incluso de *"Eso"(tat)*, que es lo único grande y valioso, ya sea que lo llamen Dios o el atman.

✳✳✳

Volver del "dos" al "uno" siempre está a su disposición. Pero no lo pondrán en práctica hasta que su convicción sea total. Mientras les exija un "esfuerzo enorme", no habrán entendido de qué les hablo. De otro modo se hubieran dado cuenta, en un instante, de que este mecanismo todopoderoso es tan insensato, tan injustificado e injustificable, tan loco, que ya no podrían continuar. Si todos sus focos, todas sus batidoras, todas sus maquinillas eléctricas siempre se funden en pocos segundos y si entienden que en su departamento la corriente es de 220 voltios y no de 110 como lo pensaban, no comprarán más aparatos de 110 voltios o no los regularán a 110.

Si realmente comprenden, la situación se transforma: ya no pueden seguir viviendo como locos y como idiotas. "Hay que tener el valor de aceptar". ¿Cómo que "hay que tener el valor de aceptar"? No existe algo como "el valor de aceptar". No existe un mérito especial, ni un heroísmo especial en el hecho de regular los aparatos a 220V si la corriente es de 220V; no hay un heroísmo especial o un mérito especial en renunciar a esta aberración que consiste, segundo a segundo, en fabricar un mundo ilusorio, en tomarlo como criterio de la verdad, en compararlo con el mundo real y en rechazar este mundo real, como un especialista en control de calidad que rechaza el material de una empresa que no corresponde a las normas establecidas.

Es una cuestión de vigilancia. Pero deben darse cuenta de la facilidad con la que el mental impone este mundo irreal que no deja de crear e imponer. Es una costumbre que adoptaron desde su infancia y de la que ahora son totalmente prisioneros. Sólo saldrán de ello si se atienen estrictamente a principios extremadamente simples, mientras que el mental tratará de proponerles un proceso tan complicado que ya no sabrán en absoluto lo que se les pide. ¡La vida va rápido! Es un flujo permanente; cada segundo algo se nos propone. Y a cada segundo el mental crea "otro" para sustituir lo real. Por consiguiente, hay que ser muy rápido, totalmente rápido, tan rápido como lo es el maestro de artes marciales al dar un golpe de sable o al utilizar la proyección en el judo.

***

Si cincuenta fragmentos de diferentes enseñanzas les acuden a la memoria al mismo tiempo, se pierden en el "pensamiento" y ya no están en la realidad inmediata. Será necesario que un día toda la enseñanza, en forma de ideas o de fórmulas, sea puesta a un lado y se resuma en un simple gesto, inmediato, instantáneo: hacer de "dos", "uno". Toda la enseñanza puede estar contenida en esa frase complementándose con otra: "Lo que es, aquí y ahora". *This* (esto), *here and now* (aquí y ahora) –y no: aquello (de mi fabricación), ayer o mañana, y en otro lugar. Dicho de otro modo, retomando el ejemplo que dimos hace un rato, regreso a mi casa, tiro de la puerta del ascensor, no se abre, y me doy cuenta de que el ascensor no está en la planta baja. La realidad no tiene otra forma aquí, y ahora que: la cabina del ascensor no está aquí. Eso es todo. Ni siquiera sé si está en el primer piso, si le faltan tres segundos para llegar abajo o si alguien dejó la puerta abierta y el ascensor no va a bajar hasta que yo haya subido los cinco pisos a pie. No sé nada. Pero el mental ha sacado unas cuantas conclusiones que no son evidentes: voy a llegar tarde, por lo tanto, la cena está en juego, por consiguiente, este encuentro importante con el hermano de mi director estará en juego, por consiguiente, mi vida profesional está en juego, etc. Esto se produce muy rápido; en un instante el mental ya les propuso un mundo entero en el que "nada funciona" y "siempre es por culpa de los demás".

¿Dónde está la realidad? ¿Dónde queda el aquí y el ahora? ¡Definitivamente no van a encontrar el brahmán en sus sueños! "Ponle el termómetro al pequeño". Para el mental, esta simple frase ha cuestionado todo: las dificultades profesionales que tengo desde siempre, mis temores a no triunfar, lo que en mi inconsciente no ha aceptado verdaderamente la presencia de este niño y lo que siempre está dispuesto a pensar que mi esposa se equivoca: "Es evidente que si ella se hubiera ocupado mejor del pequeño y le hubiera dado, como siempre le dije, Bledine en vez de harina Nestlé no sería tan frágil como es ahora".

Si pudieran, como cuando se filma en cámara lenta un salto de pértiga, desarrollar en pocos minutos lo que, en la medida de nuestro tiempo habitual, dura un rayo, podrían ver lo que de costumbre no ven, es decir, todo lo que el mental ha puesto en acción; todo un pasado sube a la superficie y todo un futuro de inquietud, totalmente quimérico, aquí y ahora. Y a continuación se acuerdan mal que bien de la enseñanza de Arnaud en el Bost y una voz lamentable en ustedes murmura: "Tengo que aceptar; tengo que decir sí a lo que es". ¿Qué acepten qué y que digan sí a qué? ¿Al hecho de que el niño esté enfermo? ¿Al hecho de que su mujer lo haya malcriado o mal alimentado? ¿Al hecho de que no haya sabido mantenerlo saludable? ¿Al hecho de que se haya echado a perder su cena, al hecho de que su carrera quede comprometida, al hecho de que una vez más no han tenido suerte? ¿Y a todo eso es a lo que hay que decir sí? ¿Cómo van a decir sí a todo eso? El mental les ha propuesto de inmediato una masa viscosa, sin contornos, conformada de miedos, de ilusiones, de temores, de aprensiones, de rencor, de reproches, de amargura, hundiendo sus raíces en un inconsciente que no han sacado totalmente a la luz ni han dominado. ¿Qué quieren "aceptar"? ¿A qué quieren "adherirse"? ¿A qué quieren "decir sí"? Ni siquiera lo saben. Y la emoción ha tenido tiempo de sobra para desarrollarse. Su afirmación de un mundo en el que su mujer no dijo esa frase, es total; y su referencia del mundo real a su mundo imaginario es total. Luego basta que vean el cajón de la izquierda del botiquín del baño que no contiene el termómetro, para ir todavía más lejos: mi mujer es un desorden, nunca encuentro nada, más tiempo perdido todavía, mi carrera está aún más comprometida. ¿Y a eso es a lo que debo decir sí? ¿Y eso es lo que debería aceptar?

Ya no existe ninguna enseñanza ni ninguna posibilidad de progresar bajo esas condiciones. Estarán como alma en pena entre una y otra estancia en el Bost y después volverán y dedicarán sus entrevistas privadas a narrar sus desdichas, sus sinsabores, la injusticia de la existencia y la incomprensión de su esposa.

Si se percatan bien de este mecanismo cuando está en proceso, comprenderán lo que les es posible, por tanto, lo que la verdad les pide. No lo que la enseñanza les pide o lo que Arnaud les pide, ¡otra vez, palabras que no tienen ningún sentido! *Lo que la verdad les pide.* La enseñanza sólo puede estar ahí para atraer su atención sobre la verdad. Lo que la verdad les pide es que no creen un segundo, ni que comparen lo que es con lo que no existe. Eso es todo. Aquí, ahora, esta frase salió de boca de mi esposa: "Ponle el termómetro al pequeño". Aquí, ahora, el cajón izquierdo del botiquín del baño está vacío. De este modo ustedes estarán *segundo tras segundo* en el mundo real, el único. "Los seres que duermen aún viven en dos mundos al mismo tiempo; los que están despiertos viven en un solo mundo". La verdad siempre es una, *sin un segundo.*

***

Sólo este rigor del instante y esta convicción de la inanidad del mental pueden ser puestos en práctica. Si no seguirán "pensando". Pensarán muy a menudo en la enseñanza, pero no podrán llevar nada a cabo. El camino no existe fuera del instante; y ustedes sólo tienen como punto de apoyo para poner los pies el instante, para dar un paso más, y otro paso más. Allí hay algo que pueden hacer. Y ahí se presenta un esfuerzo que no procede del ego; este es otro punto más que deben comprender.

Ya que se trata de alcanzar la libertad, la espontaneidad, de "poner las maletas en el porta-equipajes" como decía Ramana Maharshi, es decir soltar la carga de la existencia, ¿de qué manera los esfuerzos para obtener resultados podrán conducirles más allá de la dualidad, más allá del ego, más allá del miedo? Si hacen esfuerzos para obtener resultados, permanecen en la limitación, permanecen en la causalidad, permanecen en la dualidad: esfuerzo que tiene un éxito, esfuerzo que no tiene éxito; resultados que llegan, resultados que no llegan.

¿Qué se les pide? Únicamente que escapen de una ilusión, que disipen una irrealidad: la fabricación de un segundo por el mental. Este es el único esfuerzo absolutamente puro y que puede llevarlos directamente a la liberación. Todos los demás esfuerzos sólo pueden ser preparatorios, porque hacen intervenir aún una cierta tensión con relación a la meta a alcanzar o hacia el resultado a obtener.

¿Qué hacen ustedes? Suprimen lo que, de todos modos, no existe: ese segundo que el mental no deja de crear artificialmente. El esfuerzo justo es el que siempre está a su disposición. Ahora está en sus manos que lo lleven a cabo o no; nadie puede hacerlo en su lugar. ¿Quieren seguir afirmando a lo largo del día un mundo ilusorio e irreal, y exigir a continuación que el mundo real se adapte a él? ¿O van a abandonar esta pretensión, comprender la inanidad y regresar al mundo real?

Los demás aspectos de la enseñanza pueden ayudarles a realizar este gesto interior, esta actitud tan sencilla. Cobran sentido y tienen su valor con relación a este gesto. Mientras no hayan reconocido y admitido lo que les estoy diciendo ahora, ni la más bella de las meditaciones les dará resultado alguno. Al cabo de cinco, diez años, estarán obligados a reconocer: yo no veo en qué ha cambiado mi existencia. Ah, por supuesto, si se atascan, al cabo de diez años podrán decir: no veo en qué ha cambiado el paisaje a mi alrededor. Si ponen un pie delante del otro, ¡en un año conseguirán llegar a Jerusalén a pie!

Los días pasan. ¿Los van a vivir en dos mundos o los van a vivir únicamente en un mundo real? Esa es la gran sadhana. "Sadhana" significa: "hacer esfuerzos", "esforzarse". Esa es la "sadhana" del camino que seguimos aquí. Yo soy más vigilante que el mental: dejo de crear un segundo y regreso al mundo real. No es fácil, pero es posible. Ustedes tienen un punto de apoyo: lo que es. La frase misma que el mental no quiso escuchar la noche en que fui invitado a cenar a casa de mi amigo Lambert; "Ponle el termómetro al pequeño", es mi oportunidad y mi única oportunidad de progresar. ¡Y la dejo escapar! El cajón vacío en el que no está el termómetro cuando ya estoy retrasado: es la única oportunidad que tengo de progresar –¡Y la dejo escapar! Ese termómetro que cuando queda sólo media hora para llegar a la cita en casa de Lambert, marca 40°, ¡es mi única oportunidad de progresar y la dejo escapar! Y no sólo dejo escapar esta oportunidad, sino que le escupo encima, la piso-teo. ¿Cómo quieren progresar en estas condiciones? No pueden dar la espalda a la verdad y quejarse a continuación de que esa verdad siempre está muy lejos en el horizonte.

Si desde París toman la autopista del Norte y conducen en dirección a Lille o Bélgica, nunca llegarán a Niza. Eso es seguro. Y también es evidente en lo que respecta a la sumisión a la verdad. Es. *Isness*, así se dice en inglés: "el hecho de ser" –sin un segundo. ¡Oh, sólo Dios sabe si esta frase: "uno sin un segundo" (*ekam eva adviti-yam*) puede ser comprendida en un plano estrictamente metafísico! Pero Dios sabe también qué fácil es relegarla a las altas esferas de la metafísica, proclamarse seguidor del vedanta advaita (no-dualista) y a continuación crear uno mismo, de la mañana a la noche, una dualidad de fabricación propia.

¿Qué es lo que es? Únicamente esta frase "ponle el termómetro al pequeño". El fracaso de la cena no tiene nada de seguro. Pero el mental ya se los ha propuesto, han caído en la trampa que les ha tendido y son llevados por la emoción. Pongo el termómetro al niño ¿Acaso sé de antemano que tendrá tanta fiebre? ¿Es que sé con anticipación que nadie podrá venir a cuidar al niño durante tres horas? Si son llevados por la emoción solamente verán que su madre no puede venir y se olvidarán de que tienen una herma-na que no vive muy lejos de su casa, que siempre está dispuesta a ayudarlos y que basta una llamada de teléfono para que venga. Y así sucesivamente. Pero les pido que vayan incluso más allá de estos argumentos reconfortantes con los que tratamos de sentirnos bien: "En el fondo no hay razón para preocuparse, es verdad, me preo-cupé por nada; cuanto menos me preocupe, cuanto más calmado esté en esa cena, menos echaré a perder esta ocasión que tengo para conocer al hermano de mi director...". Vayan más allá de estos argumentos. Incluso si ni su madre ni su hermana pudieran cuidar al niño y estuvieran obligados a renunciar a la cena; aunque el hecho de renunciar a la cena tuviera repercusiones en su vida profesional, ¿qué pueden hacer sino vivir en la verdad? ¿Creen que conseguirán algo gritando más fuerte que la verdad? ¡Nunca serán más fuertes que Dios! Por más que rechacen de la mañana a la noche el mundo tal como es, nunca tendrán la última palabra.

No se detengan en el camino. Vayan hasta el final de la locura del mental. La recompensa es a tal punto más grande que todo lo que la realidad parece hacerles perder, que es una verdadera locura continuar en ese error permanente. La recompensa, lo saben, es la paz, la alegría que permanece, la certidumbre, es la ausencia total de temor —es lo que ni siquiera se atreven a esperar en realidad. ¿Y todos ustedes —puedo mirarlos uno por uno a los ojos, pues conozco bien sus existencias— cómo pueden tener una posibilidad de descubrir esta realidad? ¡Apartando lo que la oculta! ¿Y qué la oculta? Es este segundo que el mental no deja de crear. Si durante un segundo el mental dejara por completo de crear un segundo, consciente e inconscientemente, la gran verdad les sería revelada instantáneamente. Tal vez se volvería a ocultar de nuevo, pero al menos habrían tenido un atisbo, como una puerta que se abre: tienen el tiempo justo para ver lo que hay en el interior de la sala y la puerta se vuelve a cerrar.

Cuantas veces han leído —y no solamente en los libros de Arnaud: "No hay nada que crear que no esté ya ahí, hay que descubrir lo que ya está ahí; ustedes ya son el atman, ya son la naturaleza-de-Buda. Quiten lo que recubre". Pero lo que deben comprender es que lo que recubre la verdad, es una fabricación de *ustedes*. Ustedes son los que no dejan de fabricarlo; y son ustedes los que no dejan de justificar su fabricación. No hay otra cosa más que lo que les he propuesto hoy; y todo lo demás es vano; y todo lo demás es únicamente pactar con el mental. Durante una hora, hora y media, pueden hablarme de las abominaciones de su mujer o de su marido, de las travesuras de sus hijos y de las injusticias de su jefe ¡hablan y no dicen nada! Hablan únicamente para demostrarme que Dios se equivoca y que el mundo real no corresponde a las normas que han fijado arbitrariamente. Esto no tiene nada que ver con el camino. Pierden su tiempo. ¡Véanlo! Los meses pasan, los años pasan; comprométanse de verdad con el camino real. Si no, reducirán esta enseñanza a un puñado de preceptos morales en los que no creen y que les fastidian. "Hay que aceptar, hay que decir sí". Sí a desgana, un sí en el que no creen ni un minuto. ¿Qué significa "aceptar"? ¡Parece ser que hay un mérito extraordinario en aceptar o en decir sí! No hay ningún mérito en aceptar o en decir sí. Hay una estupidez incalificable en el hecho de no aceptar y no decir sí, o entonces es que no han comprendido ni la expresión "aceptar", ni la expresión "decir sí" tal y como tantas veces yo las he empleado. ¿Qué mérito hay en dejar de crear un segundo totalmente fantástico y vano?

¿Hay algún mérito en no enchufar los aparatos de 110V en enchufes de 220V? Ninguno. Toman como criterio la locura del mental, que plantean como la verdad y la realidad; y luego tratan de alcanzar una especie de súper-realidad sublime pero que les exige renunciar heroicamente a la que está ahí. ¡No se trata de eso en absoluto! Toman como criterio lo que no existe, ese mundo engañador del mental. Dense cuenta de esa locura. ¿Qué buscan? La realidad, ya está ahí. ¡Sólo que inmediatamente ustedes la recubren!

La realidad es que el ascensor no está en la planta baja —y eso es brahmán. La realidad es que la lucecita que nos muestra que el ascensor está bajando no se prende —y eso es brahmán. La realidad es esta frase de mi esposa: "Ponle el termómetro al pequeño", que siento tan cargada de amenazas, y que, sin embargo, ES brahmán, aquí, ahora, una, sin un segundo. Eso es todo. ¡Ustedes añaden, y añaden! ¡Dejen de añadir! "Hay que descubrir la realidad"; no, hay que dejar de cubrirla. Ustedes no dejan de recubrirla. Y la aberración es no oír lo que dice la verdad, es vivir de manera permanente en ese funcionamiento que estoy describiéndoles hoy y, a continuación, acariciar sueños metafísicos: "Todo este mundo en el que veo el cambio, la multiplicidad, es maya…". Y venga. "Shankaracharya dijo que…" ¡Y venga! "Sólo existe un brahmán sin un segundo…" ¡Y venga! ¿Cómo se pueden afirmar las verdades metafísicas tal y como están descritas en la enseñanza de Shankara y crear al mismo tiempo un segundo? ¡Es absolutamente contradictorio! Y, créanme, hay seguidores fervientes del advaita que nunca cuestionaron su propio mental, que han intentado acceder directamente al atman a través de la toma de consciencia inmediata, pero que, como todo el mundo, siguen recubriendo lo que es. ¿Dónde van a encontrar el atman? ¿Dónde encontrarán el brahmán? ¿En el silencio interior de la meditación? ¡Vayan ahí! ¡Háganlo si quieren! Yo fui de aquellos que en Francia y en Tiruvanamalai, en el ashram de Ramana Maharshi, pasamos horas y horas inmóviles, "meditando". Pongo realmente la palabra "meditar" entre comillas... Y de esa manera, no encontramos el atman. Y después abrí un poco los ojos y vi a mi alrededor seres que meditaban aún más que nosotros porque las condiciones les eran más favorables, y que tampoco habían descubierto este atman tan codiciado.

¿Qué hay que descubrir? Es algo que está ahí ¡de inmediato! No creen un segundo y el micrófono es brahmán; no creen un segundo y Marie es brahmán; no creen un segundo y Jean-Paul es brahmán; y más aún, incluso un Jean-Paul que hace muecas, incluso un Jean-Paul hostil, incluso un Jean-Paul poco amistoso es brahmán – de inmediato, aquí y ahora. ¡Ustedes recubren! ¡Recubren todo el tiempo! Descubran que están recubriendo, es el primer descubrimiento que hay que hacer. Yo hubiera podido seguir viviendo así veinte años más, llevado por el mental que no tiene dificultad alguna para llevarnos; ¡su mecanismo está bien organizado! ¡Una vez en marcha ya no se detiene!

Sigamos con la fiesta del señor del que hablé hace un rato. Tanto si imaginan que llega tarde a la cena, nervioso, inquieto, convencido de que no va a funcionar – como si renuncia a ir, de todos modos, ya no está en el mundo: ¡se acabó! Cualquiera que haya sido el desenlace, que haya ido o no a la cena, podemos estar seguros de que su noche habrá sido un fracaso. Dormirá más o menos bien y se despertará cansado, con una emoción de malestar, de incomodidad y de tristeza. E inmediatamente, en el instante mismo del despertar, el mental seguirá afirmando lo que no es, es decir: debería despertarme en plena forma, seguro de mí mismo, feliz, bien conmigo mismo. ¿Dónde está eso? ¡En ninguna parte! Y con ese "yo debería despertarme en plena forma, feliz, seguro de mí mismo, bien conmigo mismo" ilusorio, el mental vuelve a empezar con el mismo mecanismo, ya no con las situaciones externas (mi mujer ha dicho que..., el ascensor ha hecho que...) sino con nuestra situación interior. Y él la rechaza, como rechacé hace un rato esas muestras de tela que no correspondían a la muestra original. De nuevo, vuelve a empezar, ¡Dios se equivocó de nuevo! Le había propuesto despertarme en plena forma, esto no funciona, esto no corresponde. ¿Qué? ¿Qué es lo que no corresponde con qué? ¿La realidad o la fabricación de quimeras de ustedes? ¡Dejen de crear un segundo! En su fatiga, en su tristeza, en su malestar, aquí y ahora, habrían descubierto el brahmán. Pero el mental vuelve a empezar con sus fabricaciones, mi día se va a echar a perder, el mundo está lleno de amenazas... Y cuando el mental ha fabricado ese mundo amorfo de temores, de rechazos, de negatividad y de proyecciones, ese mental les sugiere: "Hay que decir 'sí', hay que aceptar"–Entonces qué surge: un inmenso "¡mierda!", ¡es todo! Claro...se están riendo y, sin embargo, se trata de algo trágico, es realmente trágico.

Aquí, ahora, ¿qué es lo que es? Una cierta fatiga. Bien. Una, sin un segundo. Cierta emoción pesada; reconozcan la emoción en tanto que emoción. Una, sin un segundo. Eso es todo. En cuanto a saber si su vida profesional se ve comprometida, si no habrá más que desgracias al día siguiente –todo eso no tiene ninguna realidad, únicamente es el fruto del mental: "pensar" en lugar de "ver".

Si comprenden el sentido de estas dos frases: "Uno, sin segundo" y "aquí y ahora", que tantas veces han escuchado repetir, toda la enseñanza está ahí, a cada instante, a disposición de ustedes. Pero el mental les propondrá siempre salir de ahí y volverán de nuevo a pensar. Les parecerá que hay un punto en el que la enseñanza ya no puede ser puesta en práctica, que Arnaud se equivoca en algo, y que no es posible que les pida que acepten que su hijo esté enfermo. La palabra "enfermo" es algo vaga; lo que deben aceptar es que el mercurio del termómetro alcanza la cifra 40 –eso es todo. No saben si es un brote de fiebre que se quitará con dos aspirinas o si se trata de una enfermedad grave –no lo saben.O bien se atienen estrictamente a este "uno, sin segundo, aquí y ahora" y la enseñanza podrá ser puesta en práctica –todo el tiempo. O dejan que el mental intervenga y la enseñanza ya no existe; ni siquiera se trata de que se vuelva difícil ponerla en práctica, ya no existe.

***

Swamiji decía: *"Comparison is falsity"*, "comparar es un error". La comparación siempre es falsa. Esta es una verdad esencial en el camino pero que es difícil de entender lo suficientemente bien para siempre ponerla en práctica. Toda existencia ordinaria, a través del ego y del mental, está basada sobre la comparación, mientras que ir más allá del ego y del mental es el abandono de la comparación. Esto es algo delicado ya que parece que la comparación es algo justo y hay que ponerse de acuerdo con la palabra "comparación". Es evidente que nos parecerá completamente normal comparar los precios de un mismo artículo en dos tiendas diferentes y escoger entonces la tienda que ofrezca el precio más bajo. No voy a darles ejemplos hasta el infinito, los encontrarán fácilmente, en los que la comparación está justificada. Lo que resulta grave es la comparación de lo que, realmente, no puede ser comparado. Deben tener esto muy claro y distinguir los dos mecanismos.

Para que pueda haber comparación, es necesario que exista un punto de comparación. Se verán liberados de este mecanismo trágico si comprenden que fuera de las comparaciones prácticas, concretas, útiles, como el precio de los artículos en tiendas diferentes, toda comparación es imposible pues no hay un denominador común. No hay un denominador común, porque en realidad, cada fenómeno, cada acontecimiento, cada objeto que es captado por uno o varios de nuestros sentidos *es único y, por lo tanto, incomparable*. Si hay dos, dos son diferentes. En el tiempo, cada situación es única, cada instante es único; y en el espacio, cada elemento de la realidad es único. Es la expresión original, aquí y ahora, de la gran realidad, fruto de incontables cadenas de causas y efectos. No puede ser diferente de lo que es; nunca se produjo; nunca se volverá a producir; y es a través de esta unicidad que podrán encontrar en cada elemento del mundo relativo la puerta de acceso a lo absoluto.

Si pueden *ver* como única cualquier cosa que puedan percibir y concebir, están en la verdad. Escojan dos seres humanos: dos mujeres, dos hombres... ¿Qué posibilidad existe de comparar? ¿En qué criterio se basan? Podrán, por motivos pragmáticos, comparar la estatura, la fuerza física, el coeficiente intelectual, el nivel de estudios, las capacidades particulares para cumplir una función u otra. Desde ese punto de vista, estamos muy de acuerdo en que la vida ordinaria implica la comparación. Es evidente que, si solicito un chófer de una agencia de empleo y, por error, me envían un ciego, voy a comparar a ese ciego con un chófer verdadero y diré que un ciego no puede conducir un automóvil.

Pero observen que hay otro mecanismo completamente falso que compara lo que en ningún caso puede ser comparado, compara un destino con otro, compara una situación con otra. A partir del momento en que yo comienzo a juzgar, a compararme con aquellos a los que envidio o con aquellos en relación a los que me considero envidiable –y cuando comparo a otros entre ellos, también es falso. Fuera de las circunstancias concretas en que la comparación está justificada, hay un mecanismo de comparación que consiste en pedir que las cosas sean diferentes de lo que son.

Marie-Françoise es Marie-Françoise, eso es todo. Lucette es Lucette. Michel es Michel. Es necesario que la comparación les aparezca en toda su vanidad, como una actividad insensata, de la que sin embargo no se han abstiene y de la que nadie se abstiene, días tras días. Ese mecanismo de la comparación es el que les impide estar en contacto inmediato con la verdad, porque de un modo más o menos consciente –y a veces completamente inconsciente– hacen intervenir otro elemento que no tiene ninguna realidad en relación con lo que perciben.

Esta comparación está todo el tiempo en acción, entre un momento y otro, entre un ser humano y otro, un edificio y otro, un país y otro, un lugar de vacaciones y otro, un 15 de agosto y el 15 de agosto del año anterior. Se darán cuenta por sí mismos que prácticamente todo el funcionamiento del mental implica la comparación. Todo juicio, toda interpretación subjetiva implica la comparación. Cada vez que dicen: "Esto es bonito", es por comparación; cada vez que dicen: "Eso es feo", es por comparación. Cada vez que dicen de alguien que es maravilloso, encantador, estúpido, despreciable –crítica o elogio– siempre es por comparación. Si no interviniera ninguna comparación, podrían reconocer solamente: eso es. En ese momento estarían en la verdad, serían liberados del mental, estarían en el mundo y ya no en su mundo.

Si quieren *ver* hay que renunciar a comparar. Mientras estén comparando no pueden ver. Yo comparo a la Lucette de esta mañana con la que era ayer. ¡Qué mentira! Ayer ella estaba descansada, hoy está fatigada –¿cómo puedo comparar? Esta comparación no tiene ningún sentido; de nuevo el mental hace intervenir a un segundo. Sobre la Lucette fatigada de esta mañana, hago intervenir a la Lucette descansada de ayer que no tiene ninguna realidad de ningún tipo aquí y ahora. Desde el momento en que ven a alguien, lo comparan con él mismo tal como era la última vez que lo vieron o con cualquier otro que ustedes hacen intervenir –una mujer, que según ustedes es más bella, más bonita, más inteligente, menos bella, más alta, más pequeña, más gorda, más delgada... eso es totalmente mentira. Pero como hay una cierta comparación que, para las necesidades de la vida concreta, está justificada, pasan sin darse cuenta de la comparación justificada (que interviene raras veces) a la comparación no justificada.

Para que pueda haber una comparación justificada, pueden tomar este criterio: es necesario que haya una *medida* posible. Puedo medir el número de palabras tecleadas por minuto por dos mecanógrafos. Si necesito un mecanógrafo muy rápido, escojo al que teclee el mayor número de palabras por minuto. Puedo comparar la temperatura de dos enfermos porque hay una medida. Puedo comparar la estatura de dos individuos. Puedo comparar, si fuera necesario, la inteligencia de dos candidatos ya que se han establecido ciertas medidas del coeficiente intelectual. Pero el mental se permite todo el tiempo hacer comparaciones injustificadas porque no existe ninguna unidad de medida. ¿Quieren decirme en qué criterio puedo basarme para decidir que Elisabeth es más bonita que Marie-Françoise o que Marie-Françoise es más bonita que Elisabeth? Puedo comparar su estatura, puedo comparar la medida de su pecho, pero eso no me llevará a conclusiones justas.

Si empiezo a decir que Albert es mejor doctor que Bernard o no, ¿qué unidad de medida puedo utilizar? Ninguna. Pueden observar que toda investigación científica se basa en la comparación utilizando la medida. Pero el mental compara sin tener una unidad de medida. Esta comparación es la que no tiene ningún sentido y sin embargo no dejamos de hacerla.

***

Lo contrario de la comparación es ver las diferencias, es reconocer que cada ser es diferente. Pero no digo que uno sea mejor, que el otro sea menos bueno, salvo si esta apreciación se puede medir. Y, sobre todo, mantengo cada elemento en su lugar en la diferencia y no comparo lo que no puede ser comparado, lo que es diferente y único. Cada ser humano es único y cada instante de cada ser humano es único. El Christian o la Christiane de esta tarde ya no volverán a producirse. Si Christiane está cansada tendremos de nuevo a una Christiane cansada pero no será exactamente la misma. El cuerpo físico habrá envejecido un poco, las contracciones y los relajamientos musculares no serán idénticos, los pensamientos no serán idénticos. Ningún fenómeno se reproduce dos veces; esto nunca se ha visto en el tiempo y ningún fenómeno tiene su réplica exacta en el espacio. De todos modos, tendrían al menos la diferencia de no ocupar exactamente el mismo lugar. Si fueran idénticos en todos los aspectos, ocuparían el mismo lugar y, por consiguiente, se confundirían y no habría más que uno. Por tanto, pueden afirmar: si hay dos, dos son diferentes, en el espacio y en el tiempo. Se trata de la ley más grande del mundo de la multiplicidad, del mundo sujeto al cambio y al devenir. Si hay dos, dos son diferentes y ninguna comparación está justificada.

Mientras se establezca esta comparación, no están en la verdad. *"Comparison is falsity"*, "la comparación es la no-verdad", "la comparación es el error", "la comparación es la mentira". Y si vieran realmente lo que es, esta percepción sin intervención del mental es el amor, es el estar de acuerdo completamente para que lo que es, sea. Si les concedo el derecho a ser lo que son intelectualmente pero no físicamente, o físicamente pero no emocionalmente, si entonces acudo a un término de comparación pensando que eso podría ser de otra manera, ya no hay amor verdadero. *El amor verdadero nunca compara.* El amor nunca compara, él ve, simplemente, acepta, reconoce. Por el contrario, con el mismo amor, puedo meter como violinista en mi orquesta a un músico que toque bien el violín y no a alguien que lo toque mal –pero con el mismo amor por uno y por otro. Este amor sólo existe cuando el mental ha desaparecido.

Pero esto va mucho más lejos de lo que piensan. Inicialmente ven el funcionamiento vicioso que hay que eliminar completamente; pero lo que no ven tan claramente es la promesa que va implícita en la eliminación de ese funcionamiento. Si dejan de comparar y si pueden ser verdaderamente uno con cada objeto a cada instante, verán cada elemento, cada instante en su unicidad y su no-comparabilidad y, por el mismo hecho de esta unicidad y de esta no-comparabilidad, verán que cada objeto es la expresión directa de lo absoluto. Y cuando hayan renunciado completamente a comparar, lo relativo les revelará lo absoluto.

Es una experiencia que tendrán una vez, después la perderán; volverán a tenerla; regresará –hasta que esté a su disposición. Pero primero tienen que ver cómo comparan: si reconozco que algo es pequeño, es que ya lo comparé con algo más grande.

Si quieren, vamos a mirar juntos el anillo de fijación que une el cable del micrófono al tripié. Tengo ahí en las manos un pequeño objeto de plástico. No puedo ver este objeto sin comparar. Si digo que es pequeño, es que lo estoy comparando con algo más grande. Si digo que es grande, es que he visto aros del mismo tipo, pero más pequeños. En ambas ocasiones hice intervenir otra cosa. En el momento en que digo que es negro, estoy diciendo que no es rojo, ni azul, ni blanco, ni amarillo. El simple hecho de decir que es negro es compararlo con los demás colores y así sucesivamente. No puedo definir nada sin comparar. Pero si puedo ser consciente de este pequeño objeto de plástico que estoy sosteniendo en mis manos, ahí, en este momento, y que el mental no establece ninguna comparación, ya no puedo decir ni que es grande ni que es pequeño; ya no concibo qué tamaño tiene. ¿Me entienden bien? No hay tamaño. No es ni grande ni pequeño y por lo tanto es infinito. Si puedo ver cualquier objeto, aunque sea este pequeño objeto insignificante, sin que ninguna comparación de ningún tipo intervenga en el momento en que lo miro, en que lo huelo si hay algún olor, o lo escucho si emite algún tipo de sonido, lo veo como la expresión misma de la realidad, del brahmán. Es único, sin un segundo, sin medida, infinito. Toda forma, toda definición, toda concepción, proceden del mental que sólo funciona por comparación. Si puedo eliminar todo lo que sobrepongo a este objeto, todo lo que pienso de él –y que sólo puedo pensar por comparación con todo lo que este objeto no es– veo este objeto sin ningún funcionamiento del mental; veo desaparecer todo lo que podría decir de él. Y lo veo infinito. De repente el objeto desaparece y es brahmán el que se revela, el vacío, la realidad.

Lo que les estoy diciendo, no es una pequeña experiencia que van a tener sin prestarle atención sólo mirando por dos minutos al objeto de plástico. No crean que la primera vez que Swamiji trató de hacerme sentir esto de lo que les estoy hablando, se convirtió en una evidencia para mí que ya nunca me abandonó. Pero si descubren poco a poco que sólo funcionan a través de comparaciones –más o menos burdas, más o menos conscientes, ya sean manifiestas, o tal vez menos perceptibles para ustedes– tendrán este deseo de no comparar más, de ver en sí mismos, aquí y ahora, sin que el mental pueda hacer intervenir cualquier otra cosa. Y esa, sí es la gran experiencia.

Veo a Michèle y siento: ella tiene el cabello corto. Hay cierta manera de observar que tiene el cabello corto que la compara con la que ella era antes cuando lo tenía largo o que la compara con otra mujer que tiene el cabello largo. Se acabó, ya no veo a Michèle –en absoluto. Ya no soy "uno con". Si la veo con toda mi sensación, con toda mi cabeza y con todo mi corazón, sin ninguna restricción –por consiguiente, con amor– sin que intervenga ninguna comparación, ninguna, ya no puedo decir: ella es alta, es pequeña, es gorda, es delgada, es bonita, es fea. El mental se calla. Descubro en la unicidad incomparable de Michèle que no puede haber otra, que no puede ser de otra manera y que tal y como es hoy –no cuando sea una sabia liberada– ella es brahmán y nada más. Y que cualquier otra percepción y concepción únicamente se trata de cierto funcionamiento de mi mental que me impide ver brahmán cuando veo a Michèle.

Lo que es verdad para Michèle es verdad para todo. Si consiguen eliminar completamente la comparación, conseguirán ver brahmán en todas partes. Pero inmediatamente el mental se pone en acción y los separa de la realidad. Entonces observarán a Christiane y muy a su pesar compararán a Christiane con la que era el año pasado, la que era esta mañana o la que podría ser o con cualquier otra persona. Otra Christiane posible aquí y ahora, eso no existe. No hay más que una Christiane aquí y ahora y ninguna otra. Y cuando veo a Christiane, no hago intervenir ni a Michèle, ni a Marie, ni a Lucette. El mental no ve nada porque todo lo ve por comparación.

*****

Si ven verdaderamente y si no hacen ninguna comparación, superan el mecanismo habitual de la atracción y de la repulsión. Pero esto es compatible con la respuesta a las necesidades objetivas aquí y ahora. El *jivanmukta,* conocido más universalmente como sabio, es bien capaz de decir: "Buenos días Carla" si es Carla quien viene a verle; "Buenos días Sushila", si es Sushila quien viene a verle. ¿Pero podemos decir por eso que comparó? Existe un funcionamiento objetivo de la percepción y de la inteligencia que existe incluso en el sabio –al menos cuando no está en *nirvikalpa samadhi,* es decir completamente inmerso en el vacío o en lo absoluto. Pero este reconocimiento no es comparación. Swamiji decía también: "*See and recognize*", "vean y reconozcan". Eso no quiere decir que comparen. Pero el mental no puede sino crear confusión en este ámbito, porque siempre volverá a hacer ciertas comparaciones justificadas para mezclarlas con ese otro modo de comparación que no tiene justificación.

¿Cómo podemos ver de manera justa? Pregúntense primero: ¿Cómo podemos no ver de manera injusta? ¿Buscan la verdad? Traten de desenmascarar los errores. ¿Tratan de ver de manera justa? Traten de no ver más de manera no justa. Eso es lo que les hará progresar de una manera realista. Por el momento están sometidos todavía al error; detecten el error. La expresión tan conocida que yo mismo he empleado: "buscador de verdad", es poco confiable. Valdría mejor decir: sean buscadores del error. Busquen el error por todas partes, donde sea que esté y detéctenlo. Cuando hayan suprimido todos los errores, la verdad resplandecerá por sí misma.

Dense cuenta: una vez más estoy comparando. Si deciden: "Quiero ver sin comparación" ¿qué pasará? Siempre es fácil tomar una decisión así. ¿Y después? Teniendo en cuenta que por el momento el mecanismo de la comparación está presente, y por supuesto que lo está, este tipo de decisión no puede ser mantenida.

Lo que hace que sufran, cada uno de ustedes, cualquiera que

sea el sufrimiento, es la comparación. Ustedes comparan su suerte de hoy con la suerte de otro; comparan su destino de hoy con el destino de otro; comparan su situación financiera con la de otro; comparan su soledad con la felicidad de otro que está casado; si están casados, comparan sus cargas conyugales y el peso de la familia con la felicidad de la soledad de un soltero. Comparan lo que son hoy día con el que eran cuando tenían 30 años. La comparación es la única causante del sufrimiento. Por eso hay que descubrir cuánto está en acción esta comparación.

Si ya no hay comparación, el anillo del micrófono pierde toda medida. La medida sólo existe por la comparación. Si miran este anillo sin ninguna comparación, de repente lo ven por fin por primera vez en su vida y lo ven infinito –*infinito: ni grande ni pequeño*. Si lo ven en sí mismo, debido a que ha perdido toda comparación con cualquier otra cosa, ya no podrán decir nada de él. Y, de repente el anillo desaparece y se revela lo absoluto. Esto les parecerá extraordinario. Pero reflexionen bien y verán que, aunque esta visión no les sea posible de un modo inmediato, no hay razón para que les resulte imposible.

***

Denunciar la comparación provoca en primer lugar que surja en todos una objeción que conozco muy bien, porque fue mía por mucho tiempo, y es que suprimimos toda noción de belleza y de fealdad. Pues bien, sí; si ya no comparan, ya no podrán decir que una cosa es bonita o fea. Si digo que un pianista toca mal es comparando con la posibilidad de que se toque de otro modo. Deben admitir que existen diferentes puntos de vista o diferentes niveles en la manera de ver la realidad. La visión última no tiene varios niveles. Pero las visiones aproximativas son más o menos erróneas; y si miran con la mirada del sabio, ya no hay ni bello ni feo; hay solamente: es –y ninguna comparación. Esto debe ser afirmado de una manera clara.

Pero luego, si regresamos al mundo relativo, pensarán con razón que si un *jivanmukta*, un sabio, tiene el papel de jurado en el concurso del Conservatorio de música, distinguirá entre un artista que toque el piano admirablemente y otro que lo toque como una cacerola. Eso es cierto. Dicho esto, sabemos muy bien que en arte, no hay medida. Podrán medir el ritmo con un metrónomo, pero es imposible medir el talento de un artista. Si leen las diferentes críticas, observarán que nunca están de acuerdo, todo lo contrario. Existe un cierto consenso general que define la carrera: los periodistas y el público han admitido que Ludmila Tcherina bailaba bien. Pero ningún artista tiene la unanimidad y "para gustos se inventaron los colores". Desde el punto de vista último, ya no hay ni bello ni feo. Desde un punto de vista relativo, pueden darse cuenta de que una generación aprecia un estilo que la generación siguiente rechaza con desprecio. El arte románico y el arte gótico se consideraban horribles en el siglo XVII y volvieron a estar de moda a partir de los Románticos y del siglo XIX.

Lo que tiene un valor objetivo, es la conformidad con las leyes universales, con el dharma. Una definición, que creo que es de Plotino, dice: "Lo bello es el esplendor de lo verdadero". Esta es una definición digna de mención. Lo que es verdad, sin un segundo, lo que *es* realmente, si lo *vemos*, siempre es bello. Y el lenguaje cotidiano lo confirma. Un doctor dirá tal vez: he visto un absceso bonito. Si realmente ven el absceso como tal, es bello. Si lo comparan con cualquier cosa es repugnante–de nuevo interviene el mental.

A veces ustedes sienten la conformidad con las leyes. Por ejemplo, aun en las formas modernas que ya no corresponden a un punto de vista tradicional sobre el verdadero arte sacro, sucede que una forma, de nuevo, tenga una belleza objetiva porque el mental no pudo manifestarse, ya que únicamente se trata de someterse a las leyes para obtener un resultado justo. Cuando se construye un edificio, todavía es posible expresar muy bien la neurosis colectiva de una sociedad o la neurosis individual de un arquitecto a través de este edificio.

Pero cuando se construye un avión existen datos científicos de aerodinámica, de equilibrio, de estabilidad, tan imperativos que los constructores siempre se someten más a estas leyes; y poco a poco consiguen descubrir una forma funcional en la que ni el ego ni las emociones de nadie pueden tener lugar. Y reconocemos: "Este avión es bello ", porque todo es *justo*, la longitud y la ubicación de las alas en relación al fuselaje, etc. ¿Por qué es bello? Porque las leyes, las leyes cósmicas, dictaron la forma exacta del avión.

Si admitimos que existen diferentes niveles de consciencia accesibles al ser humano, podemos admitir que ciertas obras de arte o de arquitectura son prueba de la realidad de estos niveles de consciencia, y ya no de las emociones de tal o cual artista. Podemos reconocer que un arte es realmente un arte sagrado. Y podemos sentir frente a una iglesia románica o gótica una impresión que se profundizará a medida que visitemos estos monumentos, muy diferente de lo que sentimos viendo una iglesia moderna construida por un arquitecto de moda y decorada por algunos pintores famosos, pero que ninguno de ellos tiene el conocimiento de las verdaderas leyes de la vida espiritual o de la vida interior. Desde un cierto punto de vista, diferenciarán entre la estación del Este de París y la catedral de Notre-Dame, se sentirán más inducidos a meditar, a entrar en sí mismos, a encontrar dentro de sí su centro inmutable al ir a la iglesia de Notre-Dame que al ir a la estación del Este. Pero este es todavía un punto de vista relativo. Desde el punto de vista de lo real, toda comparación queda excluida. Notre-Dame es perfecta pero la estación del Este también es perfecta. Todo lo que es, es. Y si no comparan están obligados a decir: todo es perfecto.

Vuelvo a utilizar la frase del niño de seis años citada en el libro *En busca del Sí-mismo -volumen 1 - El Adhyatma yoga*: "Para ser un bosque en otoño es un completo fracaso, por supuesto, pero para ser un bosque de invierno encuentro que está muy logrado". Si hacen intervenir todas las comparaciones posibles dirán: "es un fracaso" pero cuando alcancen la realidad misma, entonces dirán: "es algo muy logrado". "Como hombre dulce, pacífico, sobrio —es un completo fracaso; pero como hombre alcohólico, borracho y en plena crisis de violencia, está muy bien logrado". Les ruego, no se rían ni se alteren cuando escuchen hablar así: es el lenguaje último de la sabiduría. No podrán alcanzar la visión del sabio si rechazan este lenguaje y si se reservan el derecho de comparar. ¿Qué es la "visión igual", *sama darshan*? ¿Cuál es la visión del sabio que ve a Dios en todas partes, que está más allá del bien y del mal? Es ésta, es la que ya no compara.

Resulta muy fácil decir: "La verdad última se sitúa más allá del bien y del mal; solamente los ignorantes siguen todavía prisioneros de la visión dualista y de la moral". Esto les conviene porque les permite hacer sufrir impunemente a los que están a su alrededor al considerar que ustedes están más allá del bien y del mal. Luego se reservan el derecho de comparar lo que les gusta y lo que no les gusta con otra cosa y cuando les conviene, vuelven a utilizar inmediatamente nociones como bueno y malo o bonito y feo. No es ni bien ni mal, es. Pero si quieren adoptar este punto de vista, es necesario que se convierta en una verdad y no en una mentira, y que sean fieles de forma integral, cualesquiera que sean las condiciones y circunstancias y no solamente cuando le convenga a su egoísmo.

Este es el punto de vista último. Si alcanzan este punto de vista todo estará resuelto, verán esplendor en todas partes; verán brahmán en todas partes. Ramdas habría dicho: "Verán a Ram en todas partes". Swamiji decía: "Verán la verdad en todas partes".

La visión sin ninguna comparación es la puerta abierta a la visión del infinito. Pero deben tener en cuenta las comparaciones inconscientes que no son capaces de formular y que se expresan a través de una atracción o de una repulsión, por un malestar o, al contrario, por la impresión de sentirse reconfortado y seguro. Si estas comparaciones incontrolables son demasiado fuertes, tendrán que buscarlas en el inconsciente; si no son demasiado fuertes, podrán superarlas sin tener forzosamente que encontrar su origen desconocido. Simplemente verán que el hecho mismo de que algo les guste o no les guste, de sentirse alterados emocionalmente por un encuentro, significa que hubo comparación y que no vieron el objeto en sí mismo. Pueden regresar al objeto en sí mismo y, poco a poco, lo conseguirán. Si consiguen ser directamente uno con lo que es, sin comparar, no hay necesidad de ir a buscar en el inconsciente.

***

Un impulso del corazón puede ser la expresión de su adhesión sin comparación y, en ciertos casos, ustedes no compararán. Sin embargo, muy a menudo el impulso del corazón nace, al contrario, de una comparación; y es esta comparación sub-consciente, o totalmente inconsciente la que determina este impulso. Volvemos a encontrar la diferencia entre el sentimiento y la emoción. Podrán sentirse muy atraídos por alguien y podrán tener un impulso de amor hacia esa persona porque les trae el recuerdo de algo dichoso. Pero, bajo esas mismas circunstancias, por un pequeño detalle, no habrían tenido ese impulso. Tal vez hubiera bastado con que la misma persona que acaba de tener ese gesto conmovedor con ustedes, tenga un enorme bigote negro para que eso despertara alguna emoción latente en ustedes y que ese impulso del corazón no pueda ser posible. Mientras tengamos un cierto tipo de simpatía, también tendremos un cierto tipo de rechazo, y permaneceremos sometidos a la atracción –un impulso amoroso con alguien– o, al contrario, al miedo y al rechazo. *Sólo podrán amar cuando ya no puedan no amar.* Si no, no hablamos de lo mismo. Hablamos de otro amor que no es libre, que nos arrastra y que no nos evitará esta enfermedad cruel que consiste en no amar.

Me pregunto por qué nos reservamos el derecho a no amar, por qué nos aferramos de tal modo, por qué creemos recibir una cachetada si nos dicen que un día deberemos renunciar a no amar, puesto que no amar es lo más triste que existe. Podría decir también: el sufrimiento consiste en no amar. Si pudieran vivir realmente en el amor, vivirían sin sufrimiento. Cuando empezamos a hablar con los buscadores de la verdad y les planteamos que un día ya no podremos dejar de amar, el ego de inmediato se indigna. "¿Cómo, me quita usted el derecho a no amar?" ¡Pero qué locura! Es la gracia más maravillosa que les pueda suceder, ya no poder dejar de amar. La liberación consiste en estar instalado en el amor. No digo esto en nombre de la moral y que haya que amar a los demás por su bien; les hablo de su propio bien, de su propia felicidad. No tendrán ninguna felicidad real, digna de dicho nombre, mientras todavía sean capaces de no amar.

Nos hubiéramos quedado realmente pasmados si de repente nos hubiéramos dado cuenta de que Ramdas no amaba a una persona. La belleza en Ramdas era ese amor universal que todo el mundo le reconocía. Si hubiéramos podido sentir "Mira, alguien llega y claramente Ramdas no le ama", no hubiera habido más Ramdas, no hubiera habido más ashram. Nos hubiéramos ido al día siguiente.

Si quieren tener la alegría radiante de Ramdas, hay que reunir las condiciones necesarias. No pueden dar la espalda a su realización y al mismo tiempo, querer beneficiarse de su sonrisa inmutable.

Swamiji era intransigente; no se le escapaba una sola comparación. Por lo tanto, éramos muy vigilantes. ¿Qué significa "hace buen tiempo"? Digan: "no hay ninguna nube en el cielo". En este caso no comparan. Al decir: no hay ninguna nube, enuncian una verdad en el mundo relativo. ¿Cómo, hace buen tiempo? Emocionalmente hacemos intervenir un clima lluvioso que no nos gusta. ¿Por qué? Es algo completamente emocional. ¿Por qué decir "buen tiempo" o "mal tiempo"? ¿Cómo sería un país en el que siempre hiciera "buen tiempo", siempre un cielo azul y sol? Sería un país desértico donde sería imposible cualquier tipo de vida. Expresiones como "hace buen tiempo", "hace mal tiempo", son falsas. No hay ninguna nube en el cielo. El termómetro marca veintitrés grados a la sombra. Eso es todo. No hagan intervenir un juicio que es una comparación con otro evento posible.

***

"La comparación es el sufrimiento", o se trata de la emoción feliz, *en tanto que emoción*, que no por eso es mejor. Voy a comparar el artículo elogioso de *Le Figaro* sobre mi recital de piano de la víspera, con otro que ha sido escrito sobre otro virtuoso y que tenía quince líneas menos. Y estoy feliz gracias a un mecanismo de comparación. O puede que compare la fila inmensa que hay sobre la acera delante de la Sala Pleyel para mi recital de violín, con otra fila pequeña de tres personas en la taquilla y, de nuevo, me encuentro feliz. Pero esa felicidad totalmente dependiente, que proviene de la comparación, no es sino la otra cara del sufrimiento. Es una felicidad adulterada con la que no deben engañarse, más bien digan: "No, yo quiero la felicidad no-dependiente, la felicidad que está presente todo el tiempo, simplemente porque las cosas son lo que son". Si somos llevados de acá para allá, seremos llevados de allá para acá. Sepan también renunciar a toda comparación que les aporte una felicidad momentánea. Renuncien a eso. No: *eso es*. Y la emoción dará lugar al sentimiento.

Ustedes dan un recital en la Sala Pleyel y hay, en efecto, una fila inmensa sobre la acera. Si no hacen ninguna comparación, simplemente se trata de una fila de seiscientas personas, eso es todo. No se trata ni de mucho ni de poco: es. La emoción ya no se puede producir y serán llevados de regreso a sí mismos. Un día, el hecho de ser pura y simplemente llevados de regreso a sí mismos, les mantendrá en el sentimiento denominado *ananda* que procede únicamente del ser. La libertad para un virtuoso es tocar exactamente con el mismo sentimiento en una sala medio vacía o en una sala donde se tuvo que rechazar a ochocientas personas. Es. Yo toco. Aunque hubiera un solo espectador en la sala, tocaría del mismo modo, sin ninguna emoción. Esa es la verdadera libertad. Ya no son títeres a merced de las circunstancias. Debido a que la publicidad no fue tan bien hecha para ese concierto, o porque, esa misma noche, transmitían el debate político entre Giscard y Marchais en la televisión, no llegó nadie al concierto –y sufren. ¡Qué dependencia! Pero vean bien este mecanismo, de manera concreta. Siempre se trata de un mecanismo de comparación.

Si no están en el mundo real sino en un mundo de su fabricación, su comportamiento sigue siendo subjetivo. Ya no saben cuál es la acción justa, lo que debe ser hecho, decidido, escogido, rechazado. Si están totalmente en el mundo real, el mundo real les dicta su comportamiento. En lo relativo, aquí y ahora, sienten: para mí, tal como soy, bajo las condiciones y circunstancias presentes, ésta es la acción justa. No la acción justa en lo absoluto de nuestra concepción, la acción justa en lo relativo. Y esta acción perfectamente justa en lo relativo es absoluta. No hay que buscar otra cosa. Si no de nuevo el mental hará intervenir fabricaciones e invenciones de su propia cosecha. Encontrarán lo absoluto en lo relativo al ser visto exactamente tal como es. Encontrarán lo ilimitado en lo limitado, con la condición de que no comparen.

Siempre llegan al mismo punto y este punto se expresa con una palabra sánscrita: "*asti*" = "es". Ni siquiera "eso es". ES. Incluso "eso" desaparece. ES. Si van hasta el final, descubren el atman, el brahmán. Si digo: eso es, el "eso" representa a Christian, a Alain. Pero si sólo hay "es", veo más allá que Christian o Alain. Christian desaparece y yo descubro –des-cubro, nunca mejor dicho– al brahmán. Es la gran revelación. Christian es cambiante, efímero, evanescente –el brahmán es inmutable. Christian es limitado –el brahmán es totalmente ilimitado. Y, sin embargo, si puedo alcanzar este único punto donde convergen todos los aspectos de la enseñanza, siempre llego ahí: es, *asti*. Yo que comparaba he desaparecido en tanto que ego. Solamente es la visión pura que reconoce: "es", sin ninguna comparación. Y cuando digo: "es", lo que era ha desaparecido completamente también como fenómeno separado. Hace un rato les mostré que el pequeño aro de plástico era infinito. No hay nada más que "es"; pero ya no hay negro, pequeño, grande –porque siempre intervenía una comparación. Al final yo desaparezco, yo; el aro de plástico desaparece; ¿qué permanece? El brahmán, eso es todo. La no-dualidad: UNO-SIN-UN-SEGUNDO. "No hay sitio para dos en el universo".

Lo que resulta interesante, es que en lugar de tomar un objeto de culto engarzado en oro con incrustaciones de pedrería o un mandala tibetano lleno de misterio y de esoterismo, tomo el pequeño aro de plástico que tengo frente a mis ojos y les digo: éste es el universo entero, la enseñanza, todo está contenido aquí. Pero al inicio, tenemos una *buddhi* demasiado burda. De todos modos, eso no nos interesa; nos vale m… Lo que queremos es que la mujer a la que amamos nos ame o que nuestras dificultades financieras se acaben o que estemos menos cansados. Bueno. Pero si nos interesáramos verdaderamente en la realidad, lo que resulta completamente extraordinario es pensar que basta con un aro de plástico para descubrir lo eterno, lo infinito, el brahmán.

Es sencillo.

Pero, incluso cuando hablamos de complejidad y simplicidad, comparamos. ¡Es sencillo en relación a la complejidad y complejo con relación a la simplicidad! Si ya no hay comparación, entonces ya no hay simplicidad ni complejidad. No es ni sencillo ni complejo: es. No juego con las palabras. Si creemos que algo es complejo, es porque de nuevo pensamos que podría ser sencillo. Es. No existe complejo ni sencillo.

Estamos en el corazón de la enseñanza, pero no pueden asimilar todo en una sola sesión. Dejamos la belleza de lo absoluto del cual no hay otra que decir sino *aum*– y decir *aum* ya es demasiado– y regresamos a lo relativo. Bueno, hoy he comprendido; mañana ya no comprendo nada. Un día, con un pequeño trozo de gravilla que recogió Swamiji, con un pequeño trozo de gravilla de uno o dos milímetros, Swamiji me condujo paso a paso hasta que hizo que viera que ese trozo de gravilla no era ni grande ni pequeño y que era único, sin un segundo y por tanto infinito y, poco a poco, tomando como apoyo ese pequeño trozo de gravilla , todo el mental dejó de funcionar y vi verdaderamente el brahmán y que yo ya no existía ni el pequeño trozo de gravilla. Y entonces, después de eso, durante semanas esa visión no regresó a mí. Swamiji me volvía a llevar paso a paso, pero yo ya no lo conseguía, no comprendía, me tensaba y estaba decepcionado. Es necesaria una *buddhi* muy aguda para llegar a ver "Eso". De otro modo uno se detiene a medio camino y, en su torpeza, piensan: "De todos modos, ¡me vale! ¿De qué sirve que vea al brahmán en una pequeña pieza de plástico? Lo importante es que sirva, que el magnetófono funcione, que la grabación se haga, ¡y nada más!".

VI

VIVIR CONSCIENTEMENTE

Quisiera hacer hincapié en la importancia de su existencia en el mundo relativo. Hablar del orden (en sánscrito *dharma*) que debemos llevar en nuestra existencia es un aspecto de la enseñanza menos atractivo que lo que parece revelar el conocimiento esotérico tradicional hindú. El mental no lo considera ni muy interesante ni muy importante: para expresar este tipo de banalidades no se necesita ni de un gran gurú hindú ni de un gran swami; es la moral estrecha de una escuela pública. Sin embargo, esta insistencia sobre la manera en que vivimos, en los detalles, grandes o pequeños de nuestra existencia cotidiana es esencial, tanto si le gusta a nuestro mental como si se irrita ante este aspecto de la enseñanza. Si comprendemos la importancia del aquí y del ahora, no hay detalles pequeños. La vía no consiste en llevar a cabo acciones admirables, la vía consiste en llevar a cabo de manera admirable las acciones ordinarias. Esta exigencia de Swamiji, la viví cuando estaba con él, en su ashram, y también cuando convivimos en la misma casa en Bourg-la-Reine en 1966.

En el camino que siguen aquí, la ascesis y la existencia son una unidad y poco a poco descubrirán que no es posible progresar si toda su existencia no se reorganiza, y que una vida llevada con incoherencia no puede conducirlos a la libertad interior.

Hay varias razones para esto, pero una de las más importantes es que poniendo orden en su existencia podrán economizar mucha energía. Aquí tocamos un tema esencial que puede despertar el interés por este aspecto un tanto austero de la enseñanza.

Ustedes tienen aproximadamente la energía suficiente para vivir de manera ordinaria, es decir en el sueño, sin vigilancia, sin consciencia de sí mismos. Y vuelvo a decir "aproximadamente la energía suficiente" porque la plaga del mundo moderno es la fatiga. La mayoría de los enfermos van a ver al doctor porque se sienten cansados: buscan algo que los levante, un reconstituyente. En verdad, para poder progresar en el camino, no sólo no hay que estar fatigado a lo largo del día, sino que hay que tener mucha energía a nuestra disposición. Una vez establecida la vigilancia, economizarán energía porque el hecho de no estar identificado, de permanecer conscientes, permite utilizar un mínimo de energía para un máximo de eficacia. Pero, para que se establezca esta vigilancia, puerta abierta hacia los estados superiores de consciencia, necesitarán una energía fina, sutil. Ahora bien, cada vez que queremos refinar algo es necesaria una gran cantidad de materia burda para obtener una cantidad más pequeña de materia sutil. Por lo que necesitaremos una gran cantidad de energía ordinaria, de energía burda, para poder disponer de esta energía fina que facilitará la presencia a sí mismo y el sentimiento de sí que son el camino a la consciencia del Sí-mismo. Si observan cómo viven a lo largo del día, cómo emprenden todas sus acciones, trabajan, se desplazan en coche o a pie, comen, duermen, se distraen, se divierten, etc., se darán cuenta de que pueden disminuir considerablemente el desperdicio de energía.

No tienen grandes posibilidades de aumentar su reserva de energía. Pueden comer un poco más, pero si comen demasiado emplearán energía para digerir. Pueden respirar profundamente, el oxígeno y el prana del aire son un alimento. Pero no porque tomen medicamentos reconstituyentes, que los hay, o tomen vitaminas, tendrán por ello más energía. Lo que pueden hacer es disminuir en proporciones insospechables, su desperdicio de energía.

Imaginen un coche que consumiese cincuenta litros de gasolina cada 100 km. Pensarían que hay algo anormal. Habrá que revisar el carburador, las bujías, todo. No transformarán un Peugeot 504 en un Rolls Royce, pero pueden transformar un Peugeot 504 que consume cincuenta litros cada 100 km en un Peugeot 504 que ya no consume más que diez u once litros.

Esta comparación, muy concreta, se puede utilizar perfectamente. Yo que antes me fatigaba con facilidad en otras épocas, teniendo momentos de dinamismo y momentos de depresión, veo ahora que tengo una gran cantidad de energía a mi disposición y eso se debe a que ya no la malgasto. Miren bien las cosas tal como son y si quieren realmente conseguir despertar, ya no ser arrastrados por la corriente, descubrirán que hay muchos aspectos de su existencia que pueden ser transformados, puestos en orden. Esto es lo que Swamiji llamaba una vida consciente, *deliberate living*, una vida que uno decide, que se lleva a cabo deliberadamente en cada pequeño detalle.

No basta con meditar o hacer zazen una hora al día o venir un mes al año al Bost. Es necesario que todos los días, día y noche, estén impregnados por la enseñanza, que se vuelvan el camino, y esta existencia purificada, en la que todo acto inútil es eliminado, los conducirá a esta fineza de percepción, esta agudeza de la *buddhi* que permite escapar de la pesadez habitual.

Pueden sentir que hay un movimiento de pesadez que los mantiene en el sueño y un movimiento que los eleva. La comparación ha sido utilizada muchas veces y yo podría modernizarla empleando la imagen del avión que despega del suelo. Saben que lo más difícil para los Boeing actuales, que son tan pesados, es el despegue durante el cual el consumo de carburante es muy intenso. Cuando el avión alcanza los 10,000 metros de altitud y la velocidad de crucero, consume menos carburante que cuando tenía que despegarse del "suelo". Un día tendrán que experimentarlo y sentir que han abandonado el nivel habitual de acción y reacción, de emociones, de pensamientos que giran en el mismo círculo, y que pasaron a otra dimensión debido a este "despegue" interior.

El medio más eficaz para liberar esa energía, en lugar de desperdiciarla a tontas y a locas, consiste en reconsiderar sus existencias y en estar siempre observando dónde deben reemplazar la incoherencia por la consciencia y el desorden por el orden justo, el dharma. Pero la insistencia que pongo en que lleven una actitud activa que mantenga siempre al mental ocupado, no los debe inducir a error dándoles la impresión de que se trata de obstinarse en trabajar sin descanso. Hay una actividad justa que es la recreación en el sentido real de la palabra recreación: una *re-creación* de sí mismos. Si quieren jugar ajedrez, jueguen ajedrez; jueguen bien. Si quieren ir a ver una película cómica, vayan a ver una película cómica. Dense a sí mismos, a su cuerpo, a su emoción, a sus pensamientos, la recreación necesaria. Mientras lo necesiten no se sientan culpables −mientras lo hagan plenamente, conscientemente. *Sepan divertirse* y que esto no sea un desbordamiento sin control en el que se dejen llevar, una serie de reacciones mecánicas.

La meta es vivir felices, pero observen el resultado a su alrededor y en ustedes. ¿Por qué somos tan poco felices? Existe una ciencia de la felicidad. No estoy aquí para predicar el masoquismo o la moral aterradora de ciertos internados o instituciones de las que tal vez guarden un recuerdo de pesadilla, en alguna parte de su memoria consciente o inconsciente.

Dejen de distinguir las grandes acciones ejemplares, importantes o heroicas de las pequeñas acciones mediocres, terrenales. La acción es siempre la acción y toda acción es importante. Seguramente han escuchado decir que, en el budismo zen, la manera de llenar una taza de té o de colocar una flor en un florero, toma una grandeza sagrada. Ustedes actúan todo el día: abren una puerta, ponen pasta dentífrica en su cepillo de dientes, sacan las llaves del coche de su bolsillo para poder arrancar y cada acción puede ser consciente, de una manera total, completa. Comprométanse con cada acto. De nada sirve soñar con los gestos perfectos del maestro zen de tiro al arco y luego, a lo largo del día, llevar a cabo mediocremente acciones hechas a medias, y con las que no están completamente unificados. Sientan lo que es un gesto completo, en el que están completamente presentes. Háganlo o no lo hagan, pero no hablen sin convencimiento, no actúen a medias.

Si no pueden vivir en su totalidad y conscientemente esta acción o estas palabras, entonces no la hagan.

Si están los pequeños detalles, también están las grandes decisiones de nuestra vida, como la elección una profesión, el hecho de vivir en la ciudad o en el campo, de casarse. Esto también procede del *deliberate living*: vivir de forma deliberada, intencional, deseada, consciente, decidida. Swamiji empleaba a veces la palabra cálculo, *calculation*, lo cual no resulta sorprendente para alguien que en otra época fue un reconocido matemático.

***

Recuerdo una frase de Swamiji, pero ¿puedo aceptar una frase como ésta, o bien, pienso que de lo que dice el gurú puedo tomar una parte y desechar otra parte según me convenga y de acuerdo a mi fantasía? Esta frase de Swamiji decía: "*What you have to do, do it now*", "Lo que tenga que hacer, hágalo ahora". Ya conocemos el proverbio que dice: "No dejes para mañana lo que puedas hacer hoy", e ironizando: "No hagas hoy lo que podrías tampoco hacer mañana". Esta broma nos hace reír y uno se siente espiritual riendo sarcásticamente de este tipo de principio tan simple. Hay que decir que una pequeña parte de la enseñanza de Swamiji, aunque es una parte que no podemos descuidar, consistía en escuchar de boca de un gurú frases simples, conocidas, que se dicen a los niños en el proceso de una educación clásica, pero a las que Swamiji daba una gran importancia.

En primer lugar, debemos comprender que Swamiji no nos impone nada que no sea para nuestro bien. Si íbamos con Swamiji era porque lo buscábamos, porque queríamos, porque necesitábamos su ayuda, porque estábamos insatisfechos. Nuestras vidas no nos llevaban a la serenidad, a la paz del corazón y nos dirigíamos hacia un gurú. Por consiguiente, la situación no es la misma que aquella que conocieron en la escuela a la que los obligaban a ir, o con unos padres que la vida les impuso. Es posible que recházaramos las órdenes que recibíamos de nuestros padres o de los maestros de la escuela, pero si vamos voluntariamente con Swamiji ¿estamos o no dispuestos a recibir su enseñanza? Y créanme, si empezamos diciendo de una enseñanza: "Tomo lo que me interesa y dejo lo que me parece menos importante", el mental habrá ganado por completo. Porque no distinguimos lo que es importante de lo que no lo es, tratamos con un aire de superioridad ciertos aspectos de la enseñanza de Swamiji, pero esta enseñanza constituye un todo. La liberación sólo llega como la coronación de una vida satisfactoria, es decir, de una existencia que nosotros, por nosotros, personalmente, con respecto a nosotros mismos, consideramos como lograda.

¿Qué hace que una existencia sea lograda? El único juez somos nosotros. Ya no es lo que piensen los demás, es lo que nosotros pensamos de ella. Pero tal vez, para que sientan personalmente que su existencia es lograda, necesitan que otros piensen lo mismo. Necesitan de cierta aprobación por parte de los demás para sentirse verdaderamente satisfechos.

Deben comprender que el gurú no quiere nada en particular, que no los necesita, que no espera nada de ustedes. No tiene orgullo, ni preocupaciones propias de un padre o de una madre. Está ahí para guiar a los que quieren ser guiados. Si yo digo: "*What you have to do, do it now*", ¿lo escuchan como las palabras de un gurú? "Lo que tengan que hacer, háganlo ahora." Esta frase ya nunca me dejó en paz. La acepté con bastante facilidad y la puse en práctica con bastante fidelidad. Se las doy como un ejemplo de este aspecto de la reeducación. Lo que tengan que hacer, háganlo ahora. No lo dejen para mañana. Esta es una frase de gurú que no procede del sentido común ni de la buena voluntad sino del gran conocimiento, del conocimiento sagrado. Al poner en práctica esta frase, poco a poco y a través de los años, fui descubriendo su importancia, que en un principio no sospechaba. Yo pensaba que simplemente era una buena costumbre, como se suele decir. Pero es mucho más que eso.

Instrucciones de ese tipo tienen un valor realmente "esotérico", es decir, que nos conducen a nuestra transformación interior en el sentido más elevado. Ya conocen los principios: del conflicto a la reunificación, del derroche de energía a la transformación de la energía para volverla cada vez más sutil, de la ceguera del mental, que nos esconde la realidad, al mundo tal como es, de instante en instante.

Swamiji utilizaba no sólo los términos *deliberate living*, sino también *right living*, vida justa. En aquella ocasión me había hablado del budismo, que él conocía muy bien. El budismo es un camino que consta de ocho partes, y cada una de dichas partes va acompañada del calificativo que se traduce por justo y que Swamiji traducía por *perfect*. Y entre estas ocho actividades muy conocidas, que podrán encontrar en todos los libros que tratan sobre el budismo, se encuentra la palabra justa, la acción justa, los medios de subsistencia justos, que corresponden a las actividades ordinarias pero que conciernen a los candidatos a la sabiduría suprema. Los Upanishads dicen que la acción justa lleva a una vida purificada y a unas funciones purificadas, y, por consiguiente, a la visión justa y a la liberación. Aquí tocamos una verdad que he recalcado muchas veces. Sólo se accede a lo absoluto a través de lo relativo. Queriendo negar lo relativo le damos la espalda, y nunca nos deshacemos de él.

Cuando la existencia no es justa o no está purificada, no podemos estar en la verdad de lo relativo. Tampoco podemos ir al extremo de nuestra *buddhi*. Ya saben que la única función que está presente desde el principio y que los llevará al final del camino es la *buddhi*. Tienen desde el principio del camino, por muy contradictorios, perdidos, cambiantes o no unificados que estén, un mínimo de *buddhi*, es decir, de inteligencia objetiva, libre de emociones y de coloraciones personales. Al comienzo esta *buddhi* no va demasiado lejos y rápidamente da lugar al mental y a las opiniones. Esta *buddhi* debe ser lo que en sánscrito se denomina *sukshma* y *agra*, es decir, sutil y aguzada. Solamente una *buddhi* "sutil y aguzada", muy fina, les puede permitir ver y ya no "pensar". Esta *buddhi* ve el mundo relativo en su realidad y no de un modo ilusorio, los pone realmente en contacto con la superficie y desde la superficie acceden a la profundidad.

Yo creía que vivía en el mundo relativo y que tenía que abandonar el mundo relativo por el absoluto, pero, gracias a Swamiji, comprendí que ni siquiera vivía en el mundo relativo, que vivía en un mundo de mi fabricación dentro del mundo relativo, y que la meta era vivir por fin en el mundo relativo pues sólo entonces lo absoluto se revela ante mí al ya no haber impedimentos. Por otro lado, esta existencia deberá llevarlos poco a poco a erosionar los *vasanas*, las demandas, y deben sentirla como un logro. Lo que resulta más difícil de comprender son las condiciones que les permitirán a ustedes, para ustedes, hacer de su existencia un éxito que les satisfaga y con la que estén en paz, sin tener la impresión de que algo les falta, *full* es decir pleno, colmado, satisfecho, relajado.

Estas exigencias de vida purificada tienen que ver con el trabajo, la profesión, la alimentación, el sueño, las personas a las que frecuentamos, los encuentros o las conversaciones, las distracciones. Todos los aspectos de la existencia concreta están implicados. Les puedo dar indicaciones, principios, pero en la vida cotidiana será donde encontrarán ejemplos de su existencia, ejemplos del funcionamiento del mental, ejemplos de apegos, de atracción y rechazo para poderlos ver a plena luz y descubrir lo que aún no han descubierto, comprender lo que todavía no han comprendido y ver que, sin darse cuenta, estaban en el error.

Swamiji insistía sobre la regularidad, el hecho de evitar los excesos en materia de alimentación, en materia de las impresiones que uno recibe y en todas las actividades físicas y en no trabajar ni mucho ni demasiado poco. Vivir una vida consciente y deseada, una vida en la que siempre estemos activos implica no emprender ninguna acción sin la reflexión y la deliberación debidas, pero, una vez que estemos comprometidos con dicha acción hay que dejar completamente de "pensar". Solamente la certeza de que están prosiguiendo una línea justa los conducirá a la meta. Sean activos, física y mentalmente, todo el día. Un proverbio dice: "El ocio es el padre de todos los vicios". No nos parece que haya aquí una enseñanza que justifique el hecho de ir a la India pagando un precio tanto en incomodidades como en dinero. Swamiji nos contaba una historia, como un cuento de hadas, en la que un hombre pensaba que tenía demasiado que hacer e invocó a un genio quien le dijo: "Yo haré todo lo que me pidas, estaré a tu servicio de la mañana a la noche, pero es necesario que siempre me pidas algo, nunca debo permanecer inactivo, si no, tendré el derecho a devorarte". Este hombre acepta el pacto, como el pacto con el diablo que aparece en algunas de nuestras leyendas, y le da una orden al genio quien la ejecuta inmediatamente. Entonces le pide otra cosa más y el genio la ejecuta enseguida. Esto hace que al cabo de un tiempo este hombre empiece a vivir aterrorizado, pues tiene la impresión de que no va a conseguir tener ocupado al genio en una acción concreta y que éste lo va a devorar. Pues bien, ese genio, ese *bhuta*, es el mental. Si su mental está ocupado en una acción concreta, ustedes tienen la posibilidad de estar ahí, aquí y ahora, en la realidad. Pero si no están ocupados, recaen en su mundo de sueños, de miedos, de rumores internos, de proyectos, de imaginación. Ya no tienen contacto alguno con la realidad. Y el mental los devora, o devora lo que podemos llamar "el discípulo en nosotros".

Únicamente como ejercicio intencional, y en ciertos momentos, fuera de la corriente de la existencia, pueden, al contrario, permitir el libre juego del mental y ser conscientes de sus propios sueños, de sus fantasías, de sus ilusiones, ser verdaderamente conscientes de ellos, ser el testigo no identificado, para sacar una enseñanza en cuanto al conocimiento de sí mismos y de las profundidades de su psique. Sean activos física y mentalmente a lo largo de todo el día.

Swamiji utilizaba una frase muy importante: *"Live what you know and you will know more"*: "Viva lo que conoce y conocerá más". En primer lugar, hay que precisar que esta palabra *to know*, que traducimos normalmente por saber, se traduce mejor por "conocer" debido a que la palabra saber designa una acumulación de información que procede del tener (yo tengo mucha información en materia geográfica, matemática o histórica) mientras que "conocimiento" designa una función ya no del tener sino del ser. Uno conoce lo que es. Vivan lo que conocen y, gracias a esta puesta en práctica, conocerán más aún. Su conocimiento, es decir su experiencia, eso que verdaderamente les pertenece, crecerá. No olviden que también uno de los aspectos del camino consiste en desechar todo lo que no es de ustedes, opiniones y no certezas. Lo escucharon decir, lo leyeron, les interesó, les sedujo y lo tomaron como algo propio.

Desde su infancia, los padres, la familia, los educadores, las personas pensantes, todos han volcado sobre ustedes sus propias opiniones al extremo que ya no saben lo que les pertenece como propio, lo que es la expresión de su propia certeza y lo que son habladurías, imitaciones, que nunca intentaron realmente comprobar. Siempre hemos creído que era así, porque siempre nos lo dijeron. Un protestante es protestante, un católico es católico, un burgués tiene una ética de burgués, un obrero tiene una ética de obrero. Todo eso procede de opiniones y para desarraigar esas opiniones y reemplazarlas por certezas, no hay nada más que la prueba de la puesta en práctica y de la acción.

Actuando a partir de lo que conocen es como pueden conocer más, es decir, aumentar su experiencia y sus certezas. Y al actuar ven si se equivocan, lo cual es a menudo inevitable. Cuando se tiene el valor de lanzarse al mundo, a lo desconocido, aunque sea siendo guiado, nos equivocamos. Equivocarse forma parte no sólo del camino sino también de la enseñanza. Acepten de entrada la idea de que inevitablemente se equivocarán una vez más, de otro modo no tendrían la necesidad de estar aquí. Se equivocarán con respecto a sí mismos, emprenderán acciones que no les satisfarán, con las que no estarán unificados, ya sea antes, durante o después y de las que se arrepentirán. Hasta que llegue un día en que ya no se arrepentirán de nada. Su vida será lo que tenga que ser, poco interesante tal vez, en todo caso relativa, pero siempre estarán en paz consigo mismos. La acción es lo que les permite equivocarse realmente, netamente, claramente. El que no intenta nada, no tiene nada. El que nada arriesga no puede progresar. Esta es la prueba de la verdad: lo veo, el resultado está frente a mí, flagrante, indicándome que me equivoqué. *La acción hace que surjan las verdaderas preguntas.* Las verdaderas preguntas que se pueden hacer a un gurú siempre proceden de lo que hemos hecho, en el verdadero sentido de la palabra hacer. Lo que se hace "así por hacer", acción-reacción, los impulsos por los que somos llevados mecánicamente, nunca generan verdaderas preguntas. Por esto, la mayoría de las personas no experimentan la necesidad de buscar a un Sócrates, un Buda o a un gurú. Cuando digo "hacer" quiero decir actuar, en el verdadero sentido de la palabra y no solamente reaccionar. Una parte de la enseñanza nos muestra cómo tratar de actuar, llevar una vida consciente, decidida, con seguridad y no una serie de reacciones. Si no las verdaderas preguntas no surgirán jamás.

Esto es algo que con frecuencia no comprenden. Se imaginan que este camino puede seguirse fuera de la existencia que es "profana", y hacen sus estancias en India y sus estancias en el Bost. No se trata de eso. No hay otro camino que el de estas acciones que tienen que cumplir en cada una de las etapas de la vida. Cada minuto, cada situación es una oportunidad para poner la enseñanza en práctica. Si no practican, no pueden progresar y, ¿qué quiere decir "practicar"? Eso quiere decir vivir, existir, tratando de actuar conscientemente, según su propia comprensión, *y viendo cuales son los resultados.* ¿Cuál es el resultado? ¿Me acerca a mi meta? ¿Me lleva a la calma, a la paz, a la certeza o, al contrario, me arrastra? ¿Me siento cada vez más unificado o, al contrario, cada vez más en el conflicto? Sólo la vida concreta es un criterio real. El mental puede "pensar" indefinidamente, pensar en el futuro, pensar en los resultados, pensar en nuestro despertar, pensar en nuestra sabiduría. El mental lo puede inventar todo. Una de las maneras de controlar al mental es tenerlo ocupado en la acción para evitar que ese genio malvado venga a devorarlos cuando lo dejen desocupado.

***

Examinen cada detalle de los alimentos que absorben. ¿Son realmente nutritivos y equilibrados? ¿Es la mejor calidad de alimento que puedo obtener con un gasto determinado? ¿Hay algo que pueda considerarse como peligroso o nefasto pero que sigo tomando por costumbre? Si es así, déjenlo inmediatamente. Pero no crean que tomando alimentos "sátvicos", se convertirán en alguien "sátvico", sereno, armonioso, tranquilo. La pacificación o la excitación está en nosotros. Si somos de un temperamento excitado nos gustará comer un *tartare* de carne y si somos de un temperamento calmado preferiremos comer verduras, lo que en la India se llama alimento sátvico. De hecho, transformamos en nosotros mismos la comida que comemos y no nos convertimos en el alimento que ingerimos. Es una ilusión pensar que vamos a obtener resultados "espirituales" dependiendo del alimento que ingiramos. Si eso fuera verdad, los sufíes que comen carne nunca alcanzarían el estado de sabiduría y estarían condenados por siempre a ser violentos, mientras que todos los vegetarianos serían sabios. Ahora bien, muchos vegetarianos son violentos y agresivos. Tuve muchas conversaciones con Swamiji acerca de la alimentación. No basta con decir: haga una determinada dieta y ésta lo resolverá todo. Saber lo que uno tiene que comer o no comer, es una cuestión personal. Con relación a este tema les voy a citar una frase que me transmitió Jean Herbert y que viene del Sr. Schwaller de Lubicz, el esposo de Isha, autor de obras destacables como *Pois chiche* y *Her Bak*. "¿Cómo podría usted resumir en una frase la definición perfecta de un conejo?" –"Es un animal con orejas grandes– ¡Pues no, un burro también tiene las orejas grandes! Es un animal que tiene las patas traseras mucho más grandes que las delanteras – ¡y también el canguro! –¡Es un animal que come hierba y pequeños arbustos –¡la cabra también! –Es un animal que tiene la cola muy corta –¡hay otros animales que tienen la cola muy corta! –Pues entonces no veo qué definición se puede dar del conejo con una sola frase." –"Pues ésta: El conejo es un animal que transforma todo lo que come en conejo." Yo le conté esta historia a Swamiji y me citó un proverbio hindú: "El mismo cereal da las plumas multicolores al pavo y los músculos al toro". Ese cereal no ha dado nunca plumas multicolores al toro y nunca le ha dado enormes músculos a un pavo. Si usted se llama Christiane Dupont puede decir que transforma todo lo que come en Christiane Dupont. Esa es la verdad. Esta Cristiane Dupont incluye cierto número de vasanas, de samskaras, de huellas que la definen, y todo lo que come lo transforma en Christiane Dupont. Sin embargo, fuera de la ilusión que consiste en creer que basta con cambiar de dieta para alcanzar la sabiduría, la cuestión de la alimentación es extremadamente importante. Comer cualquier cosa forma parte de lo que Swamiji llamaba "el crimen contra el atman". Pero compréndanme bien: si la idea de las dietas mágicas, se trate de la dieta Carton, de la dieta Oshawa o de la dieta del ashram de un gurú famoso es un concepto falso, por otro lado, lo que es criminal es comer lo que sea, sin importar cómo, por costumbre, sin reflexionar.

El camino con Swamiji nos exigía cuestionar todos nuestros hábitos, nuestras opiniones, nuestros conceptos. Yo como de este modo porque siempre he comido de este modo, porque siempre lo he hecho así. ¿Y entonces? Tal vez sea justo, tal vez sea muy justo, pero tal vez sea falso. Las tradiciones degeneran, lo falso se mezcla con lo verdadero y en nombre del prestigio de la antigüedad, ya no se ve clara la diferencia. ¿Tengo que comer carne? ¿Una vez al día? ¿Una vez a la semana? ¿Nunca? ¿Tengo que disminuir mi ración de hidratos de carbono o aumentarla? ¿Qué alimentación me conviene según el trabajo que ejerzo?

Swamiji insistía mucho en que la manera en la que comemos es todavía más importante que lo que comemos. Tomen un plato de cereales Oshawa y cómanlos estando tensos, nerviosos, ansiosos, llenos de hostilidad o de rencor, les hará daño. Tomen un chucrut con salchichas, salchichón, jamón y tocino y cómanlo relajados, apaciguados, serenos y les sentará bien. Su estado interior y la consciencia de los alimentos que absorben son más importantes que lo que comen. Estamos fácilmente abiertos a escuchar el aspecto positivo, es decir: "Es muy bueno comer arroz integral". Pero lo que chocaba era el aspecto contrario de la enseñanza de Swamiji: ya no, esto es lo que les va a hacer bien, sino, esto es lo que les hace mal como discípulos y buscadores de la verdad. Esto *es indigno de un hombre*. Porque cuando Swamiji decía la palabra hombre, representaba realmente al hombre en la plenitud de su dignidad y de su posibilidad y ya no al hombre que no lleva a cabo aquello a lo que es llamado.

"Si hay algo en la alimentación que no sea favorable, déjelo de inmediato". Pueden evitar lo que no les conviene sin condenarlo como algo especialmente bueno o malo. Lo que no es un alimento para ustedes, puede ser un muy buen alimento para otro y a la inversa. Pero cada uno debe saber: ¿Qué como yo? ¿Por qué?

Swamiji también insistía mucho sobre una regla que encontré por todas partes: siempre se debe comer un poco menos de lo que se tiene ganas de comer y quedarse si no con hambre, al menos con la impresión de que podríamos haber comido un poco más. Si dejamos de comer sintiendo "no podría comer ni un bocado más", es un error, eso demuestra que ya hemos comido demasiado, que una parte de nuestra energía va a quedar inmovilizada por la digestión en lugar de estar disponible. Una verdad importante que olvidamos por completo es que no sólo la alimentación les proporciona fuerza, sino que también la digestión les quita energía. ¿Quién no ha tenido la experiencia de querer tomar una siesta después de comer? Nunca deberíamos sentir que nuestra energía vital está inmovilizada en la digestión. Siempre debemos tener esa impresión de ligereza y de que podríamos comer un poco más. Y ese es el verdadero ayuno. Por supuesto, si se está demasiado contaminado por lo que Swamiji denominaba *over deposits*, materia depositada en exceso en nosotros, un ayuno de ocho días, de 10 días, puede constituir una buena limpieza. Pero, como dicen todos los gurús, el verdadero ayuno consiste en comer poco.

Se puede decir lo mismo en lo que respecta al sueño. Una disciplina de sueño requiere que nos acostemos a una hora fija y que nos levantemos a una hora fija. Pero, todas estas reglas son tan sencillas que no vemos porque necesitamos a un gurú hindú para que nos las enseñe. Ahora bien, lo que hace tan difícil esta vida consciente, es el hecho de que no examinamos cuidadosamente con nuestra inteligencia y nuestra experiencia los principios con los que vivimos. Confunden lo que creen, lo que piensan, lo que afirman con aquello de lo que están seguros, y esto sucede casi en todos los ámbitos.

***

Estudien bien todas sus acciones. Pregúntense: ¿Por qué actúo de esta manera? ¿No habrá un mejor método? ¿Con el método que sigo alcanzaré realmente la meta que me propuse? ¿Actúo así únicamente porque siempre creí que había que hacerlo así? Háganse estas preguntas tanto como haga falta para ver exactamente por su propia experiencia cuál es la respuesta y sepan cambiar o modificar sus acciones y su método cada vez que sea necesario. Así, no solamente vivirán una existencia deliberada sino también una existencia activa y no pasiva, hecha de vigilancia y consciencia. Antes de comenzar un trabajo, cualquiera que sea, y mientras estén llevándolo a cabo, sean perfectamente conscientes de cuál es la meta para la que actúan. No hagan nada que no sientan como *necesario*. Una vez que la tarea se ha cumplido, vean si el objetivo inicial es el que se ha alcanzado.

Cuantas veces iniciamos y perseveramos en una acción sin estar plenamente conscientes de nuestra meta. El resultado no es en absoluto el que habíamos decidido en un principio, pero ni siquiera lo vemos. Nuestras existencias, que creemos más o menos justas, son de hecho completamente erróneas por falta de consciencia y porque somos arrastrados por el mental. Y esta es la razón por la que no alcanzamos la sabiduría y damos vueltas en el sueño sin poder despertarnos.

Todo debe ser examinado por la vigilancia, la consciencia y la *buddhi*. El gurú sólo puede retirar los velos que recubren sus ojos y que les impiden ver lo que es. El gurú pone una luz entre las manos del discípulo y con esta luz el discípulo debe ahora volver a este mundo de conflictos.

Lleguen al límite de sus posibilidades, ni más ni menos, y siempre estarán satisfechos, *felices*. Mientras se esté en el camino, en el plano del esfuerzo, en lo relativo no se puede experimentar *ananda* al menos que se sienta: "He hecho realmente lo que podía hacer". Si tratan de hacer más de lo que pueden, se equivocan. Llegarán a fatigarse, al agotamiento, a cometer errores y no podrán estar unificados. Una parte de ustedes rechaza: eso no es verdad, eso no es justo, no es lo que se me pide. Si hay exhortaciones morales en su inconsciente como: "Un hombre es capaz de..., cómo, ¿no te da vergüenza?, vamos, ten valor", que hablan en lugar de ustedes, se exigirán esfuerzos que no pueden realizar, y no se sentirán "a gusto". Al contrario, si no hacen el esfuerzo que pueden hacer, no se sentirán tampoco a gusto y no estarán completamente relajados.

Sin embargo, también he dicho que a veces hay que saber pedirse esfuerzos "heroicos". La cuestión de los esfuerzos intensos se debe a que somos increíblemente perezosos. Nuestra existencia está mal organizada, todo nos parece arduo, todo nos pesa, salvo cuando somos llevados por el entusiasmo. Ustedes derrochan una energía inmensa, totalmente desperdiciada, y a veces es necesario un sobresfuerzo, es decir, llegar realmente al límite de sus posibilidades. Nunca se ha dicho que el esfuerzo intenso tenga que agotarlos, forzar el corazón y llevarlos al hospital. Pero generalmente ustedes sitúan su esfuerzo máximo a un nivel muy limitado cuando, de hecho, podrían ir mucho más lejos. Es necesario en algunos casos comprender, verdaderamente, con qué reserva de energía cuentan y de qué son capaces. En esos momentos de sobresfuerzo, que sólo pueden ser excepcionales, pueden realizar grandes experiencias de aceptación, ya que sólo pueden llevarlo a cabo si dicen sí, sí a todo lo que en ustedes rechaza, para traspasarlo sin conflicto. Esta es una técnica de ascesis particular, sobre un punto preciso, en un momento preciso, pero eso no es lo que se debe aplicar en la existencia durante todo el día. Hagan exactamente lo que les incumbe. "*What you have to do, do it now*", háganlo ahora. Poco a poco, si viven de una manera justa, aprenderán a distinguir lo que se les pide realmente, hasta donde llegan su posibilidad, y a hacerlo. Y aprenderán también a saber lo que no se les pide. ¡Qué liberación! Hasta ahora creía que se me pedía hacer eso y estaba "atiborrado de problemas". No puedo hacerlo, por lo tanto, *eso no es lo que se me pide*. Esa es una de las mentiras más perniciosas del mental que se expresa en estos términos: "Tengo que hacerlo y no puedo", si no pueden no deben hacerlo, esta es la voz de la verdad. Es el karma, es así. Pónganlo todo en manos de Dios. Si no pueden ganar dinero para alimentar a sus hijos es que no tienen que hacerlo. Si tienen que hacerlo, es que pueden. A causa del mental, no realizan lo que pueden realizar y luego se reprochan de no realizar lo que no se les puede pedir porque es imposible.

***

Antes de comenzar un trabajo, es necesaria cierta planificación. Pero una vez que se haya hecho ese trabajo de preparación, hay que saber detenerse y ponerse a ejecutarlo, pues el mental es capaz de acaparar toda la energía para siempre preparar, preparar y nunca ejecutar. Estos son consejos simples; pero falta saber si estamos decididos a ponerlos en práctica o no. En la ejecución es donde reside la verdadera alegría, no en la preparación. Más vale pintar con un litro de pintura que especular acerca de lo que haremos con cincuenta litros. En la ejecución es donde siempre encontraremos el *ananda* del cumplimiento y el hecho de prever, de proyectar, nunca ha dado la verdadera satisfacción.

Cuanto más actúen de una manera consciente, mayor será su comprensión. Y el progreso consiste en comprender cada vez más, en reemplazar cada vez más las opiniones por certezas. La acción justa no es la frustración ni la complacencia, lo que en inglés se llama *to indulge* –una palabra que se escucha con frecuencia en los ashrams. Deben examinar conscientemente cada caso en particular, y decidir cuál será la acción que los dejará sin conflicto alguno, *tal como están situados hoy*, aquí y ahora. Pueden adoptar como tema central y permanente: evitar el conflicto. Eviten el conflicto, porque el conflicto es una pérdida de energía inmensa y ustedes tienen una necesidad absoluta de energía. Los verdaderos sentimientos, el valor, la perseverancia, la fe, la esperanza, la compasión, la caridad, la certeza, la confianza en sí mismo requieren de una alta calidad de energía. Todo lo que constituye un despilfarro de energía debe ser absolutamente apartado, por tanto, todo lo que nos pone en conflicto con nosotros mismos en nuestra vida cotidiana: tenía que enviar esta carta, no lo hice y por no perder cinco minutos en enviar mi carta, he estado toda la noche dándole vueltas al asunto: "Tenía que haberla enviado, tenía que haberla enviado. ¡Vaya! No quiero ni pensarlo". Derrochan mucha más energía de la que hubieran gastado bajando las escaleras, yendo al buzón de correos y volviendo a subir las escaleras.

La acción perfecta para ustedes hoy es la que desemboca en la satisfacción, *ananda*, la paz no emocional, en el momento, en el lugar y en las circunstancias en las cuales se encuentran. Es una verdad que pueden observar por ustedes mismos. Se encuentran todo el tiempo, siempre, en "condiciones y circunstancias", tal vez incluso circunstancias malas y quizás porque ustedes se metieron en ellas: gasté dinero de manera inconsiderada, me peleé con un compañero de trabajo, me puse en una situación difícil con mi director, me asocié con un incapaz y no sé cómo deshacerme de él. De acuerdo. Pero estén seguros de algo. Si, aquí y ahora, en esta circunstancia fastidiosa, y aunque esta situación sea difícil de arreglar, si han llevado a cabo la acción justa, limitada, momentánea, la que podían hacer hoy, entonces gozan de una sensación de paz, del sentimiento de *ananda*. Esta experiencia está a su alcance cualquiera que sea la circunstancia en la que se encuentren, y estoy diciendo bien, cualquiera que sea, sin excepción alguna.

Cierta acción les es requerida, a ustedes, hoy, aquí y ahora. Esta es una de las claves para vivir en paz. Dejan de desperdiciar energía, vuelven a tener confianza, y al día siguiente, otra vez llevan a cabo las acciones justas que les incumben para el día. Pueden imaginar que, si yo me pidiera hoy, en el Bost, responder todos los días a todo el correo que recibo, además de atender a todas las peticiones de entrevistas privadas de personas ajenas al Bost, no podría hacerlo. Por consiguiente, debería vivir en una perpetua inquietud y en un perpetuo sufrimiento al sentir mi incapacidad. Y si me pidiera responder con seis páginas a cada una de sus cartas no podría hacerlo, por lo cual la paz del corazón nunca sería posible. No existe un solo gurú que no sienta que sube en él la llamada desgarradora de la humanidad entera. ¿Entonces? Si no tuviera salida, él estaría en el sufrimiento, por lo tanto, no podría enseñar a los demás cómo liberarse del sufrimiento porque él mismo no habría salido de él. Cada uno para sí mismo, ahora, hoy, en las condiciones y circunstancias en las que están, *que ustedes son*, una acción justa les es posible y esta, deben llevarla a cabo –inmediatamente.

No puedo responder más que a cuatro cartas, pero estas cuatro cartas no las dejo para mañana. Cada día tiene su propia tarea. Cuando realmente ya no hay una sola carta sobre la mesa del despacho y descubro que tengo media hora, en ese momento puedo leer un libro, si tengo ganas. Esta manera justa de vivir los mantiene en una paz del corazón, cualesquiera que sean las condiciones y circunstancias. Lo importante es que estén unificados y que no exista ninguna energía que sea desperdiciada en el conflicto entre una voz que dice "debes hacer esto" y otra voz que dice: "no puedo hacerlo".

Comprendan bien esta frase de Swamiji: "La acción perfecta para usted es la que le conducirá a su *happiness*, a su alegría, a su satisfacción, en el instante, en el lugar y en las circunstancias en los que se encuentre justo ahora". En las circunstancias en las que se metieron, ahora están unificados. No establezcan ninguna regla. Se trata siempre de una cuestión de circunstancia particular y, sobre todo, nunca comparen con los demás. Cada persona es única, incomparable. Esto se aplica a cada uno de ustedes. Cada uno es perfecto en sí mismo. Sean ustedes mismos.

Cuanto más actúen, menos "pensarán"–en el mal sentido de la palabra pensar. La acción se sitúa exactamente en el presente y nada más, la frase que estoy diciendo, el gesto que estoy haciendo. Esta es la clave para un comportamiento *verídico y positivo*. Estas eran dos palabras de Swamiji: *truthful y positive*. Positivo es lo contrario de negativo: decir sí en lugar de decir no. Y *truthful*, ser fiel a la verdad, estar en la verdad. Ninguna acción debe nacer como una expresión de la reacción, ninguna acción debe ser impulsiva, ninguna acción debe imponerse en ustedes, ninguna acción debe ser exagerada, "pasarse", come se dice. Y toda palabra es una acción. Es necesario que cada acción sea positiva, calmada, deliberada y que la lleven a cabo en plena posesión de sí mismos. Las acciones excesivas no son más que reacciones.

Si tienen la más mínima confianza en mí, recuerden que yo fui como todos ustedes son ahora, con toda clase de dificultades, incluyendo las financieras, materiales, profesionales, sociales, etc. Pero un día las cosas cambiaron. El mundo siempre es el mundo, la vida siempre es la vida, las "contrariedades" son siempre contrariedades y los "problemas" siempre son problemas, pero "yo" ya no soy el mismo. Si tienen la menor prueba de que yo salí de los problemas de frustración y de fracaso de los que ustedes no han salido aún, les afirmo que "la vida justa" es una parte muy importante de la enseñanza de Swamiji. Los demás aspectos están también ahí y a veces hay que saber atracarse de pasteles sabiendo al mismo tiempo que eso no forma parte de una dieta normal. Pero todo debe ser hecho consciente y deliberadamente.

***

Durante años consideré, como muchos otros, que existían dos tipos de vías: los caminos en la vida y los caminos fuera de la vida. El camino fuera de la vida es el de un monje que se retira del mundo para entrar en un monasterio o el de un discípulo que recibe una iniciación y que ya no abandona el ashram de su gurú. Los caminos en la vida son los que se llevan al mismo tiempo que se vive en el mundo actual. Yo me preguntaba sobre todo si existían caminos en la vida que fueran tan eficaces como los caminos fuera de la vida. Mucho tiempo después descubrí cuán falsa era esa distinción. Sólo existe un camino, que se vive a través de la propia existencia. Ya sea que llevemos una existencia de monje o de padre de familia, el camino siempre está en la vida, simplemente que la vida no es la misma. Una vida de padre de familia lograda puede llevar a alguna parte y una vida de monje fracasada no lleva a ninguna parte, así de sencillo.

La cuestión no es distinguir entre un camino en la vida o fuera de la vida, si no que se trata de distinguir entre una existencia lograda y una existencia fracasada.

Si para ustedes tener una vida exitosa consiste en ser monje en un monasterio tibetano cerca de Darjeeling, sean monjes en un monasterio tibetano. Si para ustedes tener una existencia exitosa consiste en ser cirujano y pasar el día y a veces la noche operando en un quirófano, pues sean cirujanos. Si llevan una vida de monje zen o una vida de cirujano, llevan siempre una vida a través de su cuerpo, sus pensamientos, sus emociones, los deseos y los temores que se producen en ustedes, hasta que sea cumplido lo que tenga que cumplirse y sea descubierto lo que se tenga que descubrir. Cada uno, personalmente, debe simplemente lograr su vida. Arréglenselas para lograrla; que sean monjes o no, eso es secundario, lo esencial es esta palabra éxito.

La afirmación que se encuentra tanto en el Vedanta hindú como en el budismo zen, y en la que he insistido una y otra vez, es que la realización que se busca ya está presente puesto que está fuera del tiempo. Si la realización debiera ser creada a partir de cero como un efecto de causas diversas, ésta permanecería en el interior del tiempo, de la relatividad, del porvenir, y como todo lo que nace, también tendría una historia, peripecias y un día declinaría y desaparecería. Lo que es producido desaparece, lo que viene se va, eso es la ley absoluta. Por consiguiente, si hay una liberación definitiva o un despertar definitivo, sólo puede ser la plena realización de una consciencia, de una realidad, que ya está ahí, que escapa al tiempo, que escapa a la causalidad pero que todavía no ha sido descubierta. No voy a desarrollar ese tema en el que tantas veces he insistido. Un día, durante mis primeros encuentros con Swamiji, le decía que había comprendido bien que la verdad estaba en mí, la sabiduría estaba en mí, la paz estaba en mí. El me dio, lo recuerdo, una serie de puñetazos en el pecho insistiendo: *"No, you are peace"*, *"you are truth"*, usted *es* la paz, usted es la verdad –y no que la paz está en mí, la verdad está en mí– aunque aparentemente, tal como yo me siento, me vea perdido en mis contradicciones, mis mentiras, mi inseguridad, mis inquietudes, mis rebeldías. Esta paz, esta verdad, están ahí, ya, y lo que se llama liberación o despertar, es descubrirlo, definitivamente.

Y, sin embargo, acabo de decir que lo importante es tener una existencia lograda. Ahora bien, el logro de una existencia se desarrolla en el tiempo, en la sucesión de causas y de efectos, en la historia –y no en la eternidad. El camino es la reconciliación de ambos puntos de vista. Hay una realidad que ya está ahí en plenitud y hay un camino aparente que consiste en practicar cierto número de disciplinas espirituales que serán preparatorias para una revelación, para un despertar. Pero en realidad, las disciplinas espirituales en cuestión se confunden con su propia existencia. Eso tal vez les parezca muy simple, pero es un error que yo también cometí durante mucho tiempo y que veo cometer frecuentemente a mi alrededor: creer que se puede, aunque sea un poco, disociar la existencia de las técnicas de ascesis, las llamemos bakti yoga, raja yoga, hatha yoga, yoga tántrico, etc.

Si hablamos de karma yoga, yoga de la acción, se comprende mejor que dicho yoga se confunda con la existencia misma, pero el karma yoga no apasiona mucho a los europeos. Llevar a cabo todas las acciones que la existencia nos pide con un desinterés absoluto y como un servicio a Dios a través del prójimo, me pareció que no fascina tanto a los europeos quienes abren con mayor rapidez el oído cuando escuchan hablar de ascesis misteriosas de yoga o del tantrayana. Y, sin embargo, ¿quién puede negar que nos identificamos concretamente con esta existencia, con nuestro pasado –siempre activo en la profundidad–, con el futuro hacia el que tendemos y del que esperamos lo que aún no hemos recibido? El sentido del ego es la identificación con esta existencia que se desarrolla en el tiempo.

Lo que en principio nos parecían rastros de la moral de nuestra infancia o como santurronerías archiconocidas, cobraban con Swamiji una amplitud, una profundidad, una dignidad que me impresionaban tanto como los misterios del auténtico yoga y de la ascesis tibetana.

No existe una realización espiritual que pueda ser disociada de una realización en la existencia. Con esto, muchos de ustedes que me escuchan (y muchos que no están aquí) pueden sentir una herida casi desgarradora. Al ver su existencia tan decepcionante se tornan hacia el camino espiritual y es cruel afirmar, precisamente en ese momento, que el camino es esta existencia y que el éxito del camino es el éxito de su existencia. Puede surgir con eso una desesperación y un grito: "Pero eso no puede ser verdad. Cristo dijo: 'Tendrán tribulaciones en el mundo, pero tengan valor, yo he vencido al mundo'. Mi existencia sólo han sido pruebas, pero la realización espiritual es algo de otro orden. Existe el fracaso de la existencia profana y existe la promesa espiritual que es el consuelo de los que han sufrido demasiado. Una existencia dolorosamente fracasada puede tomar sentido gracias a una vida mística o una realización espiritual". Me adelanto al expresar esta reacción que puedo sentir o adivinar en muchos de los que me escuchan. El camino pide ante todo ver la verdad de frente, no dejarse llevar por las emociones y las opiniones. Contra la verdad no pueden hacer nada, con ella son todopoderosos. Antes de reaccionar traten de entender verdaderamente lo que dije, de ver en primer lugar si es verdad y, a continuación, ver qué les es posible. Guarden todos y todas, como una esperanza inextirpable, esta certeza de que el Reino de los Cielos *está* dentro de ustedes, que *ya* está en ustedes.

Ahora volvamos a esta verdad de un desarrollo en el tiempo. Algunas enseñanzas hablan de la destrucción del ego, de la renuncia al ego. No se preocupen por saber si estas enseñanzas son justas o no; tal vez lo sean, con un lenguaje que entienden más o menos. Preocúpense de saber lo que se nos pide en el camino que nos mostró Swami Prajñanpad. Su lenguaje, su modo de plantear las cosas eran un poco diferentes al de algunos maestros tradicionales hindúes. Al mismo tiempo que reconocía la irrealidad del sentido del ego que conecta arbitrariamente la pura consciencia del atman y los fenómenos, Swamiji decía también que, ya que el ego está ahí prácticamente, había que prestarle mucha atención y que el camino se presentaba como una realización del ego. Él tomaba a menudo la imagen de un puño cerrado que se abre poco a poco, que se abre, y se abre. Cuando ya está completamente abierto, ya no se puede ir más lejos. Se acabó. También había tomado con Swamiji la imagen de agacharme poniéndome en cuclillas sobre los talones, como se hace en la India, e incorporarme poco a poco, poco a poco. Cuando estoy completamente de pie, se acabó. Es esta realización, este desarrollo pleno, lo que yo llamo lograr su existencia de monje trapense, lograr su existencia de ermitaño tibetano o lograr su existencia de cirujano padre de familia.

O esto querría decir que ya están maduros para la renuncia total a todo, para volverse, como en India, un sannyasin, para no tener más demanda que la de la liberación. Si quieren saber cómo es esta demanda tal como fue concretamente vivida por ciertos hindúes, lean *Peregrinaje de un yogui* de Swami Ramdas. Conocí en persona a Swami Ramdas durante dos estancias con él. Y les puedo decir que el hombre que escribió tales recuerdos de su vida de sannyasin, los vivió efectivamente y que ese testimonio puede ser tomado en serio. ¿Pero quién es capaz de dejarlo todo, todo, todo, todo y recorrer los caminos de la India, sin ni siquiera mendigar, esperando que Dios ponga en nuestro camino a la persona que nos dará algo para comer, dejándose conscientemente llevar de aquí para allá como una hoja seca llevada por el viento, –hágase la voluntad de Dios– y viendo la voluntad de Dios o de Ram en el más mínimo acontecimiento de la existencia, ya sea doloroso o cruel? Aunque, en lugar de rechazar un testimonio como el de Ramdas diciendo que se trata de un parásito o de una carga inútil para la sociedad hindú, encuentren en él una grandeza o una belleza que respetan, ¿es ése el éxito de su propia existencia? Claramente no. Entonces regresen a su propia verdad. No hagan intervenir un sueño que vendría a inmiscuirse inútilmente en los hechos mismos.

***

¿En qué consiste «lograr una existencia»? En primer lugar, se trata de lograr cada uno su existencia. Sin embargo, las influencias que se grabaron en ustedes sin que se dieran cuenta, los hábitos mentales que adoptaron desde la infancia hacen que ya no sepan en qué consiste lograr su existencia y en qué consiste compararla con una existencia que no es la suya, creando así todo tipo de decepciones, de frustraciones, de celos. Para empezar, hay que hacer un trabajo particular que tiene que ver con una sadhana técnica, y que consiste en reencontrarse a sí mismo, en la medida en que uno se ha vuelto extraño de sí mismo, y en comprender cuál es realmente su propia necesidad. Aquí intervienen dos expresiones muy conocidas en sánscrito: dharma y svadharma. El dharma es la ley, en todos los sentidos de la palabra ley; es lo que hace que las cosas sean lo que son. Lo que hace que las cosas sean lo que son, en efecto, son las leyes universales que las ciencias descubren en su ámbito respectivo. Y además del dharma general común al hombre, cada ser humano tiene su propio svadharma, que es único, que le pertenece. El dharma de un ciruelo es dar ciruelas, no producir naranjas o mandarinas. Y con mucha frecuencia las personas pierden de vista su svadharma, ya no saben a qué están llamados, ya no están en su lugar real, en su línea de desarrollo real. Habrá que llevar a cabo todo un trabajo para diferenciar lo que en ustedes es ilusorio o neurótico, de lo que realmente son ustedes.

Cuantas existencias han sido no-realizadas, fracasadas porque fueron llevadas día a día sin toma de consciencia, sin visión, sin un conocimiento de sí mismo. Esta necesidad de plenitud, de lograr su vida en su conjunto los debe llevar, tengan veinte o cincuenta años, a plantearse ciertas preguntas: ¿Qué ha pasado hasta ahora? ¿por qué me siento frustrado y no colmado? ¿cómo he llegado a esto? ¿y cómo voy a seguir actuando? ¿a qué corresponde lo que yo siento como fracasos? ¿Por qué esos fracasos están ahí? Y finalmente, ¿a qué vida, a qué logro estoy destinado?

Escúchenme bien, yo digo "lograr su existencia" y en eso soy categórico. Pero no dije que lograr su existencia consistiera en ser famoso, en ganar mucho dinero, en casarse y tener hijos, en viajar. Tampoco dije lograr su existencia hoy. Confirmé que un desarrollo se produce en el tiempo. Poder decir al momento de morir "he logrado mi existencia" y, si es posible, poderlo decir cinco, diez, quince años antes de morir, ¿por qué no? Si pueden sentir realmente "he logrado mi existencia" quince años antes de morir, esto quiere decir que ya vivieron la primera muerte, la muerte del ego. Para ustedes la historia terminó, lo que tenía que hacerse se hizo, lo que tenía que cumplirse se cumplió. Están situados fuera de la historia, fuera del tiempo. No hay nada más que el instante, y el instante siguiente, y la impresión de que, para ustedes, en el sentido más profundo de la palabra ustedes, el tiempo se ha detenido. Lo demás se refiere a la cadena de causas y efectos con las que ya no se identifican, de las que son el testigo, y que se aplican a las diferentes envolturas del atman, pero que ya no se aplican a la consciencia misma.

No juzguen sus existencias. Y, sobre todo, no decidan lo que será mañana en función de lo que es hoy y no decidan que su existencia no puede ser un éxito porque hasta ahora no tienen ese sentimiento de realización. No lo digo como una vana consolación, nada demuestra que lo que hoy se les presenta como una acumulación de pruebas no les parecerá un día como bendiciones, y que esta acumulación de sufrimientos es lo que un día les hará decir: "Finalmente qué magnífica existencia tuve, que existencia lograda"–a condición por supuesto de que surja algo que para algunos de ustedes todavía no ha surgido.

Vean que su sadhana implica dos demandas. Una es el desarrollo de este conocimiento de sí mismo que permite poner orden en los deseos, en los miedos, sacar a la luz la información del inconsciente y deshacerse de todo lo que fue acumulado patológicamente, al punto de ya no saber lo que hace falta realizar o no para alcanzar ese sentimiento profundo de éxito. Este es un trabajo de toma de consciencia y de comprensión. Y además hay otro aspecto que tampoco puede ser negado y que es el aspecto concreto, realista: ¿En qué consiste mi existencia en el sentido más común de la palabra? ¿qué me aporta? ¿a dónde me conduce? ¿qué plenitud interior me ha aportado? ¿qué plenitud interior puedo esperar? ¿debo seguir viviendo como lo he hecho hasta ahora? ¿debo vivir de otro modo? Este es un aspecto de la enseñanza que tratamos de evitar, porque hace intervenir esta noción del dharma y porque hay una parte de nosotros que lo rechaza. Pude conocer en Oriente algunos medios sociales, algunas familias para quienes el respeto al dharma, es decir a la Ley, era una evidencia. El occidental moderno lo considera como una opresión de la que quiere liberarse o emanciparse. Se libera la mujer, se libera el arte, todo se libera. Todo debe llegar a ser permitido, todo debe llegar a ser libre, no más obligaciones, ya no más restricciones, y esto se produce dentro de una ignorancia cada vez más profunda.

No hablo del dharma desde el punto de vista "moral", sino desde un punto de vista científico, que es el verdadero punto de vista hindú. El dharma consiste en no tomar una curva a 130 km/h cuando están mojadas las carreteras. Es preciso que entiendan esta noción tan importante del dharma, no como una obligación sino como una ayuda. ¿Creen que un piloto de carreras va a pasar por alto cierto número de leyes físicas referentes al desplazamiento de un cuerpo a una velocidad dada? ¿Creen que un piloto de avión pueda despreciar impunemente las leyes? ¡Por supuesto que no! ¿Creen que si desprecian las leyes de la alimentación podrán mantenerse en buena salud?

Pero ustedes ya no saben reconocer estas leyes. Las reconocemos en el campo científico y gracias a eso se consiguen las proezas técnicas. Pero en lo que se refiere a la dirección de su propia existencia, se ven empujados a vivirlas en un mundo en el que las leyes son reemplazadas por opiniones, opiniones religiosas, opiniones anti-religiosas, opiniones del Dr. Smith que prevalecen durante quince años y del Dr. Johnson que prevalecen durante los quince años siguientes, opiniones dondequiera que miremos. Cada uno tiene sus opiniones sin tener un conocimiento real y se deja influenciar por las opiniones de una u otra persona. Yo no sé si las ciencias humanas merecen llamarse ciencias, pero si las aplicaciones concretas de las ciencias físicas y químicas dan resultados brillantes, la aplicación concreta de las ciencias humanas, sociología y psicología, dan resultados que no son nada convincentes. Observen cómo viven los occidentales modernos, con toda la condescendencia hacia esos desgraciados chinos, magrebíes y demás orientales que, sin embargo, todavía poseían el verdadero conocimiento de las leyes que hacen que las existencias sean un éxito o un fracaso.

***

Con el dharma ustedes se vuelven todopoderosos y contra el dharma no pueden nada. Si manejaran un coche, no les pasaría por la cabeza decir: "A mí me importan un carajo las leyes; ciento treinta kilómetros por hora, una curva en ángulo recto y ya verán". Ya sabemos lo que pasaría. Pero, en el mundo en el que tienen que realizar sus existencias y en el mundo del cual son un producto, las leyes que hacen que una vida sea lograda, las mandamos al carajo. Es una moral de cura, una moral burguesa, es opresión de la mujer, es fascismo. Hace cinco mil años que la verdad es reconocida y transmitida en el interior del judaísmo, del islam, del budismo, del hinduismo y del cristianismo. Y aunque haya sido mal entendida, aunque haya sido deformada, aunque haya servido a ciertos grupos de interés para explotar a otros sectores de la sociedad, las leyes no pierden su valor porque fueron violadas o traicionadas. Antes de que un físico descubra una ley, ésta ya existe. Y si un día ya no quedase ni un solo hombre de ciencia para formular las leyes sobre la superficie del planeta, las leyes siempre seguirán existiendo. Lo mismo sucede con todas las demás leyes. Y lo que nosotros llamamos hinduismo –es interesante reflexionar en ello– se llama *sanatana*-dharma, la ley eterna, que permanecería aunque no quedara ni un solo hombre sobre la tierra. No siempre hemos entendido así la palabra religión y, sin embargo, así es como deberíamos comprenderla.

Una existencia sólo puede ser lograda si es llevada a cabo en conformidad con el dharma y nunca violándolo, y el camino consiste, entre otras cosas, en estudiar y reconocer dicho dharma, es decir esas leyes. No pueden negar impunemente este aspecto de la enseñanza, bajo el pretexto de que no les interesa y de que lo que les interesa es el acceso a estados de consciencia trascendentes. ¿En qué consiste su existencia? Miren: ¿Dónde está conforme a las leyes y dónde viola y ha violado hasta ahora el dharma? ¿Y cómo van a conocer el dharma, si están inevitablemente perdidos por todas las influencias contradictorias que los han marcado? Es importante que reflexionen sobre ello. El mundo moderno es lo que se llama *adharma*, privado de dharma, y sólo Dios sabe si este mundo *adharma* fue previsto y descrito con anterioridad por las escrituras hindúes, como el Bhagavad Gita, la más famosa y la más divulgada de todas. La raíz misma de la palabra dharma significa soportar, sostener, mantener y ustedes ya no saben qué puede sostener, soportar, mantener su existencia.

Mientras esta realización de la existencia no se haya completado, mientras el puño cerrado no haya sido totalmente abierto, no podrán establecerse de forma definitiva en el atman. Como seres atrapados en el tiempo, en la causalidad, en la limitación sentirán que algo sigue inacabado. La liberación se expresa en términos de "lo que debía ser realizado ya se ha realizado, se acabó". Y este "se acabó" representa de una manera muy exacta la muerte a sí mismo de la que tanto se habla y de la que nos preguntamos de qué puede tratarse. La historia de un individuo llamado Jean Pierre Dupont se terminó. Jean Pierre Dupont puede abandonar el escenario, ha hecho lo que tenía que hacer, recibido lo que tenía que recibir. Para los demás existe todavía un Jean Pierre Dupont que todavía sigue envejeciendo, pero, desde el punto de vista de Jean Pierre Dupont se acabó. Queda para los demás un nombre, una forma. Para la consciencia interior del que fue Jean Pierre Dupont, la forma subsiste todavía, pero el sentimiento profundo, que no es una emoción, que no es un grito de triunfo, es la vía de este desenlace. Todo se ha cumplido.

Aunque algunos podrían considerarlo como una obra maestra de megalomanía y paranoia, existe un texto de gran belleza que se llama el *Canto de Victoria de Buda* de cuando alcanzó la iluminación: "Ninguna iluminación puede superar a la mía, ningún ser ha ido más lejos de lo que yo he ido, ninguna posibilidad es más grande que la que yo he logrado". Es un orgullo demencial o es algo sublime, depende de cómo lo entiendan.

Realmente, hasta que cada uno pueda llegar por sí mismo a asumir el *Canto de Victoria de Buda*, no puede producirse esta realización y este establecimiento en el atman. Pero cada uno tiene su propio *svadharma*. No se pide a una genciana que sea tan alta como un cedro ni a un cerezo que produzca frutos del tamaño de un melón.

Les ruego que eliminen las voces mentirosas que les enseñaron a comparar y a ya no reconocer su verdadera necesidad interior, porque desde su infancia fueron impregnados de comparaciones. Es cierto que, si se piden tener el mismo éxito en el cine que Belmondo y en los negocios que Marcel Dassault, morirán totalmente insatisfechos. Regresen a sí mismos: "¿va mi existencia en contra de las leyes?" en caso afirmativo el fracaso está garantizado. O "¿está mi existencia sostenida por el dharma?" en cuyo caso el éxito está asegurado, el de ustedes, no a los ojos del mundo, sino a sus propios ojos. No necesitan la opinión de los demás para sentir: he hecho lo que sentía en mí que tenía que hacer, aunque el mundo entero les considerara –perdonen la expresión– como un ser despreciable. Si en su fuero interno, ustedes saben que lo han logrado, la opinión del mundo ya no existe para ustedes.

En los días, en los meses venideros, pregúntense qué conocimiento tienen de las leyes reales y cómo las ponen en práctica. ¿En qué consiste mi existencia? En primer lugar, existir físicamente: ¿cómo respiro? ¿cómo como? ¿cómo duermo? ¿en conformidad con el dharma o violando el dharma? No existe ninguna actividad que pueda llevarse a cabo fuera del marco de las leyes justas. ¿Cómo ejerzo mi profesión? ¿En conformidad con el dharma? ¿Cómo ejerzo mi actividad sexual? ¿En conformidad con el dharma? ¿Cómo ejerzo mi actividad como marido, padre, madre, hijo, director, empleado, colaborador, técnico? ¿En conformidad con el dharma? Ustedes son los que están implicados y concernidos. No entiendan el dharma como un conjunto de obligaciones morales que los asustan; el dharma es su sostén, es su apoyo, la raíz misma de la palabra lo dice.

Swamiji pertenecía a un linaje hindú que se basaba en un texto llamado *Yoga Vashishta Ramayana*. Más que ningún otro texto, éste está consagrado al dharma. Y eso es todavía más sobrecogedor en Swami Prajñanpad porque, como ya lo he dicho en repetidas ocasiones, era un científico. Incluso obtuvo una distinción como el estudiante más brillante en ciencias de Calcuta. Swamiji fue el equivalente a un profesor de física y química en una facultad y con este mismo espíritu científico vivió e interpretó el Vedanta hindú y el dharma. Y si en ciertos aspectos Swamiji parecía un moralista, era únicamente como hombre de ciencia. No existía para Swamiji una moral no científica y yo sé bien lo severo que podía ser con respecto a esta moral no científica.

Pero cuando una existencia ha sido llevada en contradicción con el dharma, se han adoptado ciertos hábitos. Los hábitos, ustedes lo saben, son una segunda naturaleza y una rectificación se vuelve necesaria. La fuerza de la inercia siempre está en acción permitiendo que las cosas sigan en la misma línea y una vida llevada violando el dharma, no puede someterse a él en un instante. Se establecen ciertas actitudes internas, emocionales y mentales que provocan que perciban el dharma —que de hecho es su única esperanza— como si fuera su enemigo. Yo pasé por esa misma situación y, debido a que Swamiji era la encarnación del dharma, Swamiji era mi enemigo —me va a impedir que haga esto, me va a obligar a hacer aquello– y estas dos frases son las que el hombre moderno se niega a oír, más que cualquier otro. No admito que me impidan hacer lo que quiero y no admito que me obliguen a hacer lo que no quiero. Eso es lo que hoy en día llamamos libertad. Deben comprender que el dharma viene a socorrerlos. Ya no permitimos que nos den un consejo. El peor de los conductores se molesta si el vencedor del rally de Montecarlo le dice: "Debería haber frenado antes y acelerar ahora en lugar de tomar la curva como lo hizo". Nunca oculté que toda una parte de mí tuvo miedo a Swamiji. Y pues sí, Swamiji, con mucha paciencia, acabó por impedir que tomara las curvas a ciento treinta kilómetros por hora bajo la lluvia. Así es como hay que entenderlo. Pueden decirse también que, si hasta ahora sus existencias no les dan esta impresión de realización, tal vez sea porque no las han llevado hábilmente y que las leyes justas pueden ayudarlos. Y al mismo tiempo deben entender que a una parte de ustedes le costará mucho reconocer dichas leyes justas y que, sin embargo, disculpen la expresión que voy a emplear, tendrán que pasar por el aro. Si quieren llegar a algo en el plano espiritual, simplemente tienen que llegar a algo. *Su realización espiritual nunca será la coronación de una vida fracasada*. Y una vida fracasada es una vida que no fue llevada en conformidad con el dharma.

Les ruego que no confundan el dharma con la moral. Es necesario que surja un interés nuevo en ustedes, más fuerte que todos sus rechazos. Si se trata realmente de una cuestión de éxito en mi vida, es decir de mi vida espiritual, me interesa profundamente y si hay que pasar por el aro estoy de acuerdo en pasar por él. "Pasar por el aro", significa poner orden en sus existencias. ¡Ah! Sólo Dios sabe que la palabra orden tiene mala prensa hoy día, que tiene un tinte "fascista". Sin embargo, orden es una traducción de la palabra dharma. Orden y, en vez de desorden, yo diría no-orden. Esta verdad del orden está ahí para ayudarlos, el orden en cualquier sentido que puedan darle a esta palabra y en todas las aplicaciones que puedan encontrarle, desde el hecho de no poner en el mismo cajón un frasco de miel sin su tapa, dos pares de calcetines y una carpeta con su declaración fiscal, hasta, y en un sentido más sutil, la manera en que llevan a cabo toda su existencia.

***

Pero, y quiero decirlo en la misma reunión: la moral es casi siempre una prisión. Cristo dijo: "Las prostitutas los precederán en el Reino de los Cielos" y numerosas citas orientales, musulmanas, hindúes y budistas, tienen que ver con este tema. Un hombre virtuoso tras su muerte es enviado al infierno mientras que la prostituta que él despreció es acogida en el cielo. El sabio virtuoso se sorprende: "¿Cómo? ¡Ella violó el dharma y yo lo respeté!" y el guardián de las Puertas, el equivalente a San Pedro en las alegorías cristianas, responde: "Toda tu vida fuiste orgulloso, despectivo, centrado en tu ego virtuoso, mientras que ella vivió siempre en la humildad, convencida de que era inferior debido al oficio que ejercía. Y su corazón siempre estuvo más cerca de Dios que el tuyo".

Eso es verdad, no niego todas las parábolas y alegorías consagradas a este tema y que, en los Evangelios, Cristo no es indulgente ni con los fariseos ni con los saduceos que, sin embargo, representaban a los justos de la época, los que seguían fielmente la ley judaica. ¿Entonces? Esto representa una magnífica excusa para dar la espalda al dharma. Una cierta moral es una prisión, eso es verdad. No traduzcan nunca dharma por moral sino por orden o ley. Y el orden no puede ser una prisión y la sumisión a las leyes eternas no puede ser una prisión. En todos los campos hay leyes y, en todos los campos, la realización es el fruto del conocimiento de las leyes y del sometimiento a las leyes. Nunca verán a un científico o a un técnico tirando las leyes por la borda: tratan de conocerlas cada vez mejor. Aplicar las leyes, ponerlas en acción, eso quiere decir someterse a ellas. A través de esta sumisión a las leyes se puede ir más allá de las leyes.

Si observan su existencia, si hacen el balance de lo que pueden considerar como éxito o fracaso, realización o no-realización, hagan dicho balance en función del dharma. ¿En qué me equivoqué? No obtuve a mis cuarenta años la satisfacción con la que soñaba a los veinte, ¿qué sucedió? ¿y dónde puedo corregir mis errores? ¿Qué voy a hacer para dar sentido a mi existencia tal como se presenta hoy?, en lugar de darle vueltas al pasado, lo cual es una actitud eminentemente anti-científica.

Recibirán ayuda. Nunca hablo a un auditorio, sino a una persona, a un ser humano, y a otro ser humano, y a otro ser humano del que puedo comprender las necesidades y el porvenir, del mismo modo que, gracias a Swamiji, yo comprendí mis propias necesidades y viví mi propio destino. Observen a su alrededor, con actitud abierta, científica, sin juicios, vean las existencias de los demás, las de aquellos con los que tienen relación, a los que conocen un poco. Vean si están satisfechos o no, si experimentan en su corazón este sentimiento: "mi existencia ha sido un éxito" o si tienen en el fondo de su corazón esta emoción: "mi existencia ha sido un fracaso" y observen qué ocurrió. Observen cuantos seres humanos están sufriendo ahora de insatisfacción, de frustración, que no dejaron de violar el dharma, que no dejaron de dar la espalda a las leyes justas, que no dejaron de equivocarse. Eso no es un juicio, simplemente es una constatación. Ciertas cadenas de causas y efectos actuaron desde su nacimiento, a través de las influencias del mundo, exiliándolos del verdadero dharma.

Existe en la India una expresión extraña que significa "matar al Sí-mismo" o "el crimen contra el Sí-mismo". Digo extraña expresión porque difícilmente podemos imaginar cómo se puede matar al *atman* que por definición es eterno, incorruptible e indestructible. Y, sin embargo, los hindúes siempre han sabido jugar muy sutilmente con el hecho de que la palabra atman que significa la realidad supra-personal, trascendente, y también significa la realidad más personal. *Atman* significa Sí-mismo. En español a veces se escribe con mayúscula este Sí-mismo y a veces con minúscula. En sánscrito no se utilizan las mayúsculas y hay una sola palabra *atman* para expresar: nosotros mismos, ustedes mismos. ¿Pero qué es exactamente este ustedes mismos? Y, a veces, atman es empleado en un sentido y a veces es tomado en otro ligeramente diferente, pero siempre se trata de ustedes. No paran de cometer este crimen contra el Sí-mismo y a este respecto, la sociedad en la que crecimos es una sociedad criminal en la que el Sí-mismo, es decir, la verdad más profunda de un ser humano es asesinada por las ideas en boga hoy en día.

No digo que sea fácil, porque la confusión es extrema, pero el que tenga una ambición espiritual real, ya sea que se nutra de Ramana Maharshi o de los textos tibetanos, que practique la meditación, que vaya a ver a los gurús, o que esté dispuesto a consagrar parte de su tiempo, de su energía y de su dinero a la realización de esta ambición, no tiene ninguna posibilidad de alcanzar la meta si su vida está en contradicción con el dharma.

Pienso en unos cuantos seres que tienen hoy sesenta, setenta y cinco años, que conozco desde hace veinticinco años, y que ya estaban comprometidos con lo que consideraban como el camino cuando los conocí, y veo claramente que su "calma" está pegada sobre un fondo de insatisfacción. Y veo que este fracaso es debido al hecho de que nunca vieron de frente esta verdad imperativa del dharma. Basaron su existencia en la mitad de la verdad: "La moral es una servidumbre, nos la imponen desde afuera, la moral no es la expresión de nuestro ser. Lo que importa no es la moral sino el despertar de la consciencia". Y dicho despertar de la consciencia, lo buscaron despreciando cordialmente la moral. Pero, despreciando cordialmente la moral, desprecian cordialmente también el dharma y esto no perdona.

Es necesario que sientan el camino como el filo de la navaja entre dos peligros. Uno es la seguridad que da una moral con la que uno tiene la consciencia tranquila, con la que uno se siente protegido, que se vuelve como una superstición, –si no me salgo del camino recto, no tendré ninguna desgracia– lo cual es el estatus del esclavo lleno de miedo. Y es necesario que eviten también caer en el barranco que se encuentra del otro lado de su sendero: "La moral es para la muchedumbre, yo estoy más allá de la moral, más allá del bien y del mal" –y en realidad están más allá de las leyes. ¡Sigan tomando las curvas a 130 kilómetros por hora en carretera mojada y verán!

Sería deshonesto de mi parte si mintiera a este respecto para halagarlos y evitar reacciones que conozco. Será preciso que vean poco a poco, que cambien su comprensión, porque nada puede ser llevado a cabo si nos basamos en certitudes a medias o en opiniones, y cuando tengan la certeza, les resultará normal ponerla en práctica. Una vez que uno comprendió lo que tiene que hacer por su propio bien ¿cómo podría seguir haciendo lo contrario? Se pueden enunciar algunas verdades generales con respecto a esto, pero después cada existencia se convierte en un caso particular.

Una gran parte del camino de Swamiji consistía en esclarecer bajo su luz nuestras existencias en lo que tenían de más concreto, de más íntimo, tanto exterior como interiormente. Exterior e interior no son más que uno, lo exterior reacciona sobre lo interior y lo interior se expresa en el exterior. ¿Cómo vivo mi integración en la colectividad humana y en la colectividad universal? ¿Violando las leyes o actuando en conformidad con ellas? Y poco a poco, no sin sufrimiento, pongo en orden mi existencia, corrijo malos hábitos, disipo las ilusiones.

En el momento esto parece cruel: el paso intermedio entre la mentira en la que uno duerme beatamente y la verdad es siempre difícil. La verdad nunca es dolorosa, pero la destrucción de la mentira sí lo es. Si baso mi existencia en la ignorancia de las leyes, o la sumisión a leyes falsas en las que creo, y debo reconocer el error, esto constituye una prueba. Ciertamente, nunca se dijo que el camino iba a ser siempre un camino de rosas. Ninguna enseñanza honesta que haya demostrado su autoridad, ya sea el budismo zen, el tantrayana tibetano o el Vedanta hindú, dijo que uno podía seguir siendo el mismo y realizar la gran transformación al mismo tiempo.

Si ustedes son monjes, logren su vida como monjes, si viven en el mundo exterior, logren su vida en el mundo. Y créanme, el camino se confunde mucho más de lo que piensan, de lo que sienten, con la existencia. Ser guiado en el camino es ser guiado en la verdad concreta de su propia existencia. Conocer las leyes del camino es conocer las leyes de la existencia. Y sólo Dios sabe que tratamos de dividir en dos partes: seguir viviendo como le conviene a nuestro ego y a eso añadirle técnicas, ejercicios, lecturas, opiniones. Con Swamiji redescubrí la esencia del budismo como una ciencia y no como una moral, como leyes y no como mandatos: palabras justas, acciones justas, medios de existencia justos, y no solamente meditaciones justas y samadhis justos. Redescubrí los *yama* y *niyama* del célebre yoga de Patanjali que, en efecto, a primera vista parecen principios morales muy conocidos: no mentir, no robar, nunca hacer el mal.

Resultaba difícil escucharlo. Swamiji utilizaba dos palabras en inglés: *individual* y *person*. Yo utilizo su vocabulario, no digo que sea mejor que otro, pero era el suyo. *An individual*, un individuo no toma en cuenta el dharma. Es un adulto que sigue siendo infantil. Un niño está sometido a cierto número de leyes fisiológicas como comer y orinar, pero no se somete conscientemente al dharma. *An individual* es un adulto infantil. Y *a person*, una persona es el ser humano que reconoce el dharma, que reconoce su dharma de padre si es padre, su dharma de hijo si es hijo, su dharma de jefe si es jefe, su dharma de carpintero si es carpintero, su propio dharma: ¿qué llevo en mí y que quiero lograr?

Los abetos cumplen su dharma, los pájaros cumplen su dharma. El hombre puede ir más allá del dharma, alcanzar el plano de la libertad absoluta, más allá de todos los dharmas. Pero la contra parte es que el hombre también puede violar por completo el dharma. Esta distinción entre un individuo y una persona en el lenguaje de Swamiji, es muy importante. El individuo gritaba tan fuerte dentro de nosotros que era muy doloroso escucharlo. El individuo es "yo", la voz del niño dentro de nosotros. Pero la persona es capaz de reconocer al otro y sentir: para mis hijos yo soy un padre, para mi mujer yo soy un esposo, para mis padres soy un hijo.

Un día Swamiji me dijo una frase inmensa. Se insertó en mi propio destino personal, pues el camino de Swamiji nunca estaba fuera del aquí y del ahora y del caso personal de cada uno, nunca en lo general, siempre en lo particular. Y les pido que entiendan bien que una charla como la de hoy permanece en lo general, si no van a comparar en lugar de sentir que tienen que llevar a cabo su propia existencia. Sin embargo, ciertas verdades pueden ser expresadas objetivamente, y Swamiji dijo esta frase que para mí fue algo inmenso y con la que viví dolorosamente. Yo había iniciado un proceso de divorcio. Un día Swamiji me miró y dejó caer ocho palabras que me sacudieron –me sacudieron tanto ya que, desde hacía un año, él había entrado con una paciencia infinita en mi juego, en todas las vicisitudes de mis emociones, de mis demandas y de mis reacciones– dijo: "*An individual divorces, a father does not divorce*". "Un individuo se divorcia, un padre no se divorcia". No era soportable escuchar eso, aquel día, en aquellas condiciones y, sin embargo, lo escuché y comencé a sentir el contenido de la palabra dharma. Ojalá ustedes puedan sentirlo también.

VII

INTERPRETAR SU PAPEL

Voy a leerles un extracto del *Yoga Vashista* que se encuentra en los *Études sur Ramana Maharshi*[6] publicado por Jean Herbert. Yo no conseguí identificar este pasaje en mis traducciones inglesas del *Yoga Vashista*, pero estos versículos son remarcables.

Estos son:

1. Estable en el estado de plenitud que brilla cuando has renunciado a los deseos y sereno en el estado de aquel que al estar vivo es libre, actúa e interpreta tu papel en el mundo ¡oh Raghava!

2. Interiormente libre de todo deseo, sin pasión ni apego, pero exteriormente activo en todo sentido, actúa e interpreta tu papel en el mundo, ¡oh Raghava!

3. De noble conducta y pleno de ternura benevolente, conformándote en el exterior a las convenciones, pero en el interior liberado de ellas, actúa e interpreta tu papel en el mundo, ¡oh Raghava!

4. Percibiendo la evanescencia de todas las etapas y experiencias de la vida, permanece resueltamente en el estado trascendente sublime y actúa e interpreta tu papel en el mundo, ¡oh Raghava!

5. Sin ningún apego en el fondo de ti, pero actuando en apariencia como quien está apegado; no quemado en tu interior sino lleno de ardor en el exterior, actúa e interpreta tu papel en el mundo, ¡oh Raghava!

---

6. Estudios sobre Ramana Maharshi

6. Exteriormente celoso en la acción, pero libre de todo celo en tu corazón, activo en el exterior, pero apacible en el interior, actúa e interpreta tu papel en el mundo, ¡oh Raghava!

7. Conociendo la esencia de todo ser, interpreta tu papel como quieras, ¡oh Raghava!

8. Libre de todo egoísmo, con el pensamiento en reposo, luminoso en el firmamento del espíritu, por siempre sin mancha, actúa e interpreta tu papel en el mundo, ¡oh Raghava!

9. Liberado de las múltiples pasiones, ecuánime ante los pensamientos que pasan y exteriormente entregado a las tareas que están en tu naturaleza, camina a través de la vida, ¡oh Raghava!

Este texto los introduce a una noción esencial: desempeñar un papel, interpretar su papel, hacerlo bien pero libremente, establecidos en el Sí-mismo que no actúa.

¿Es posible entrever un sentido en esta afirmación de que el ego no existe, aunque este nos parezca ser lo más cierto en nosotros? Podrán reflexionar mucho sobre esta noción de ego y, no porque esta palabra se repita mucho a lo largo del día en los ashrams y a lo largo de las páginas de los libros, comprenderán rápidamente lo que es este ahamkar.

Entre la consciencia pura por un lado y todos los fenómenos por el otro, interviene una extraña conexión que se puede considerar como "patológica", aunque sea el estatus general de la humanidad, y esta extraña conexión es el ego. Tal vez puedan empezar a entrever esta inexistencia del ego al reflexionar un poco en el arte del actor. Aunque nunca hayan tenido la oportunidad de interpretar un papel de cierta importancia en una obra, y sobre todo de interpretarlo varias veces seguidas, lo cual es poco frecuente para un aficionado, deben poder seguir el hilo de lo que les voy a decir.

El comediante –también es llamado en español e inglés *actor*. Esta palabra significa "el que actúa" y corresponde de cierta manera al *doer*. Si consideramos al teatro como una actividad moderna derivada de la *Comedia dell' Arte* italiana y si en la escuela aprendimos que la Iglesia en otra época condenaba a los actores y, a su muerte, los enterraban deprisa y corriendo, no hay que olvidar que el teatro nació mucho antes de Molière y que, en civilizaciones diferentes a la nuestra, existió un teatro que siempre era religioso. En la India se interpretaban episodios del *Mahabharatha* o de la vida e infancia de Krishna o episodios del *Ramayana*. Y el ejemplo del actor que interpreta un papel dentro de una historia ha sido frecuentemente utilizado por los sabios para explicar los mecanismos del hombre normal en las condiciones ordinarias de la existencia.

Tienen que imaginarse a un actor de teatro interpretando un papel importante y permaneciendo casi todo el tiempo en escena durante los cinco (o tres) actos de la obra, un personaje que tiene una psicología y una historia, es decir un verdadero papel. Este actor, o esta actriz, (si quieren pueden pensar en el nombre de algún actor conocido) durante el día es un hombre como todo el mundo. Los actores extravagantes, los "monstruos sagrados" han desaparecido poco a poco para dar lugar a seres tal vez menos geniales, pero más razonables. Digamos que este actor se llama –voy a inventar un nombre para no mencionar ningún actor en particular– Pierre Delaville, él tiene como todo el mundo un ego constituido a partir de su inconsciente, de sus *samskaras*, de sus *vasanas* y de su identificación con su cuerpo físico y con los demás *koshas*, vital, emocional, mental. Y además tiene sus problemas del momento. Está feliz un día, preocupado al otro si recibió una mala noticia en la mañana. Su estatus no tiene nada de diferente al de cualquier otra persona.

Pero cuando se prepara para entrar en escena para interpretar un papel que ensayó durante días y días, impregnándose de él, descubriendo sus motores psicológicos, sus mecanismos secretos, el actor provisionalmente deja su ego de lado. Y según una expresión muy conocida, "entra en la piel del personaje", es decir que se encuentra con un personaje que conoce bien. Interpreta Poliucto o interpreta al doctor Knock, un ser humano que ya no es él. Es cierto que, si este actor se llama Delaville, entonces Poliucto o Knock son diferentes a él.

Por consiguiente, el actor deja en los bastidores su propio ego y, provisionalmente, se convierte en otra persona –un personaje que conoce cada vez mejor a medida que estudia la obra y la ensaya. Es en el transcurso de los ensayos donde el actor descubre este personaje, se familiariza con él y comienza a sentirlo vivir en él. Ha sido guiado y aconsejado por un director de escena y está sometido al texto del autor. Por tanto, el actor dejó su ego en bastidores. Pero no puede identificarse con el personaje que interpreta como se hace de manera ordinaria. Fundamentalmente, hablando de ustedes, Bernard "sabe" que es Bernard, Daniel "sabe" que es Daniel. Debería incluso decir que Bernard Davray sabe que es Bernard Davray, Daniel Morineau sabe que es Daniel Morineau. Pero el actor que interpreta a Scapin sabe muy bien que él no es Scapin.

Mientras que está en escena, el actor se encuentra en una situación muy particular. Por un lado, se ha deshecho de su ego que provisionalmente fue eliminado e, incluso si tuvo una mala noticia ese mismo día, su emoción desaparecerá al cabo de unos minutos. Su personaje infeliz se quedó en los bastidores. Por otro lado, se encuentra con la emoción particular del Dr. Knock, de Ruy Blas o de Cyrano.

Yo tuve en mi juventud la oportunidad de interpretar un papel importante en una obra que presentamos un buen número de veces y que me permitió hacer muchas observaciones que fui aclarando poco a poco.

El actor se deja llevar por la acción y las réplicas; si sabe bien su texto, si no teme a quedarse en blanco, se encuentra en una seguridad absoluta. Está sostenido por la puesta en escena, sabe lo que tiene que decir y hacer, instante tras instante. Un día la inspiración puede permitirle añadir un gesto que no estaba previsto o modificar una entonación y, si tiene éxito, la adoptará; e incluso ésta podría un día convertirse en una tradición si otros actores interpretan el papel después de él. Durante el tiempo en que interpreta el papel, este actor está en un estado que ha suscitado mucha curiosidad (y desde hace mucho tiempo), pero que no ha sido completamente resuelto; él está momentáneamente libre del ego, por el hecho de que está libre de su propio ego y no está identificado con el personaje que interpreta. El actor vive segundo a segundo; no tiene preocupación alguna por el futuro: hasta las doce menos cuarto de la noche todo está escrito; él se deja llevar. Él está plenamente, al 100%, aquí y ahora; sabe que en un minuto, una emoción particular va a emerger dentro de él, que la vibración de su voz va a cambiar; lo sabe en su interior pero aún no es el momento. Y el milagro vuelve a producirse cada noche; salvo en casos muy excepcionales, en tal o cual réplica sentirá, sin identificarse con ella, cierta emoción que únicamente pertenece al personaje. Su voz va a descender en lo grave o va a subir a un tono agudo, va a modificarse. Incluso va a tener lugar en él todo un mecanismo físico, *pero con el que está totalmente de acuerdo*. Va a dar la réplica que tiene que dar, a hacer el juego escénico. No hay ningún conflicto en el actor; él es siempre uno, plenamente uno, con lo que sucede en él, con la acción, con la situación —y esto sucede segundo a segundo.

Resulta que, en ciertos aspectos, él está muy cerca de la situación del sabio, que actúa completamente desapegado. En condiciones normales pueden muy bien suponer el profundo desapego y serenidad del actor que interpreta con gran sinceridad, pero que sabe en el fondo de sí mismo que morirá al final de la obra como el Duque de Reichstadt en *L'Aiglon y* que se levantará algunos segundos después para saludar al público cada vez que el telón se levante. ¡Qué seguridad! ¡Qué libertad! ¡Qué posibilidad de estar aquí y ahora! ¡Y qué no-identificación! Esto es lo que hace que sea fascinante el oficio de actor. Ser *jivanmukta* tres horas al día de 21h a medianoche, ¡es algo extraordinario! Por consiguiente, el actor está en un plano de consciencia libre. Está verdaderamente en la posición del "testigo". Si interpreta muy bien su papel, el "testigo" será totalmente puro; no será, como lo llamé en su momento, Paul Delaville dándose cuenta de que interpreta a Orestes. Paul Delaville ha desaparecido completamente; únicamente permanece la consciencia o el testigo y Orestes tal como fue descrito en la antigüedad, y sobre todo, tal como Racine lo concibió y le dio vida en su *Andrómaca*. El testigo —y Orestes. Ahora imaginen que debido a una aberración mental que reconocerán de inmediato como algo patológico, un actor crea realmente que es el personaje que está interpretando. Esto es prácticamente imposible. Pero lo que sí ha sucedido es que los actores queden tan marcados por el papel, aunado a tener una psique débil, al término de las tomas de la película o cuando salen de la escena ya no sepan si son ellos o si son el personaje. Se cita el caso de un actor francés de antes de la guerra quien, por haber desempeñado el papel de Napoleón, creía de algún modo ser Napoleón y a quien se le consideró como alguien mentalmente perturbado.

Imaginen pues que el actor que interpreta a un SS alemán en una película sobre la Ocupación se cree verdaderamente un SS todo el tiempo, se identifica con Paul Delaville. ¿Qué ocurriría? A otro actor le dan un papel de miembro de la resistencia. Cuando se encuentren cara a cara en el bar del estudio de filmación, se peleará con él, o lo amenazará, o se escapará. Vean lo absurdo de la situación. O imaginen en una obra moderna a un actor que interpretase el papel de un criminal y que viera en la penumbra de la sala (que se distingue más o menos a pesar de los proyectores) a dos agentes uniformados: él se ocultaría en los bastidores, temiendo ser arrestado. Pueden concebir todas las desaventuras, todas igual de insensatas, de un actor que creyera que verdaderamente es el personaje que está interpretando.

Por otro lado, él se debatiría en sus sufrimientos; en lugar de ser uno con la desesperación que interpreta y que tal vez haga llorar verdaderamente a los espectadores, él sufriría por sufrir, entraría en conflicto, es decir que se producirían perturbaciones emocionales intensas en él. Según un texto famoso (en todo caso famoso para todos los que se interesan en este oficio) llamado *La paradoja de un actor* de Diderot se plantean muchas preguntas sobre el estado de consciencia del actor que interpreta un papel. Y un investigador, André Villiers, escribió una tesis de doctorado sobre este tema que me interesó mucho. Realizó varios análisis clínicos a actores eminentes antes de su entrada en escena, y saliendo de escena con la finalidad de medir las posibles perturbaciones en su sistema sanguíneo, endócrino, etc. Estas perturbaciones son a menudo importantes, pero nunca han impedido a un actor ejercer su trabajo con alegría.

Algunos actores, que no son verdaderos artistas, consiguen expresar sus propias emociones a través de un papel y, por consiguiente, mezclan sus propios gritos con los del personaje. Sus músculos se contraen, su voz se ahoga, su diafragma se bloquea, nunca serán grandes artistas. Un verdadero actor, si interpreta a Edipo, es capaz de dar gritos desgarradores durante media hora, todas las noches, sin fatigar sus cuerdas vocales; ahora bien, si alguien grita porque está identificado con su sufrimiento, sus cuerdas vocales se contraerán, respirará mal y rápidamente se quedará afónico. Hablo de un verdadero actor, que domina su "instrumento" y no de esas personas de las que hay tantas en el teatro, que no tienen una técnica y que no pueden interpretar más que un solo personaje, siempre el mismo: el que les corresponde. Existe algo en el oficio de actor que se llama "el repertorio"; normalmente el mismo actor no puede interpretar a Scapino, a Pirro y a los Pequeños Marqueses; pero un auténtico actor tiene un repertorio relativamente amplio y puede interpretar tipos de personajes muy diferentes –sin hablar de lo que se llama los papeles de composición.

Observen bien que un actor, al ser uno con la situación, uno con ciertas manifestaciones fisiológicas inevitables, puede tener una fatiga física debido a que utiliza su cuerpo –el papel de Cyrano no es un papel descansado, por ejemplo– pero no hay fatiga emocional[7] aunque haya expresado emociones intensas, ya que la fatiga emocional proviene del conflicto y del rechazo, del rechazo a sufrir.

El actor tal vez interprete a un personaje que está en conflicto con su situación, el papel de un hombre que no acepta la traición de una mujer, que no acepta el fracaso de la causa con la que está comprometido, que tiene emociones porque rechaza que lo que es sea, pero el actor no rechaza nada en absoluto, por lo tanto, es uno con la situación, uno con las emociones que expresa y esto le permite economizar mucha energía con respecto al hombre normal que viviría estas mismas emociones. De otro modo ¡los grandes actores tendrían un infarto al miocardio después de quince representaciones! Todo esto lo pueden comprender bien.

El actor no tiene todas las perturbaciones de alguien que, realmente, en las condiciones ordinarias de la vida, experimentara emociones tan terribles, es decir que todas las noches se volviese loco por haber sufrido demasiado a causa de las traiciones amorosas o que todas las noches viese morir a su esposa. Se dan cuenta del desgaste nervioso que esto representaría para un ser ordinario.

---

7. No pretendo dar aquí una descripción del oficio de actor en todas las modalidades de su realidad concreta. El actor tiene a veces sus propias emociones, la más común: el miedo escénico o el miedo a quedarse en blanco, o a un error de su compañero en escena. Reacciones decepcionantes del público pueden hacer sentir muy mal al actor. Para las necesidades de mi comparación le doy al oficio de actor una imagen un poco ideal. Y, sobre todo, los actores y actrices difieren unos de otros y lo que es cierto para uno lo es menos para otros [N. del A.].

Aunque el actor tenga problemas graves ese día porque el inspector de hacienda le reclamó una cantidad enorme de impuestos atrasados o porque está destrozado por un abandono amoroso, e incluso si no está totalmente a gusto en el momento en que entra en escena, al cabo de unos minutos su ego habrá desaparecido. Y si por azar la emoción regresa por un segundo durante su interpretación, se traducirá en un momento de malestar en el que recaerá en el nivel ordinario; pero llevado por el personaje que tiene sus propias emociones que vivir dependiendo de la intriga, de nuevo estará situado en el papel, por tanto, de nuevo liberado provisionalmente de su propio ego. Esto es lo que constituye el estado de gracia del actor, que puede interpretar un papel trágico con esa extraordinaria impresión de libertad y vivir exactamente en el instante.

***

¡Y he aquí que el actor cree ser el personaje que interpreta! Efectivamente es atroz si uno verdaderamente cree que es Orestes, desgarrado por su pasión amorosa, traicionado por Hermione quien le pide que mate a Pirro y luego lo trata de monstruo y que, para acabar, ¡se vuelve loco y le da un síncope en escena! Y al mismo tiempo, ven claramente lo que esto tiene de patológico. ¿Por qué tendría que existir esta extraña conexión, esta extraña confusión entre el personaje y el actor que provoca que Paul Delaville se crea Orestes o Napoleón... o cualquier otro héroe?

El ego, estado de consciencia en el que vive la casi totalidad de la humanidad, es de hecho tan anormal como que un actor creyera ser realmente el personaje que interpreta. Entre el testigo que no es ni hombre ni mujer, ni feliz ni triste, ni glorioso ni rechazado por la sociedad, ni libre ni prisionero, que no es *nada* —entre la pura consciencia que no es nada y las cadenas de causas y efectos del mundo fenoménico en el nivel de los diferentes *koshas* interviene una extraña y patológica confusión: el ego. Esto es lo que permite decir que el ego no existe, que no tiene ninguna realidad, que simplemente es una ilusión, tan anormal como si el actor se tomara por el papel que interpreta.

Debido a que este ego no existe, es posible alcanzar un día el estado-sin-ego en el que ese fenómeno parásito, inútil e irreal habrá desaparecido. Por un lado, permanece el testigo que está absolutamente en paz, la consciencia, el *atman* inmutable que no puede ser afectado por nada, que no es atraído ni rechazado por nada, que no está limitado por nada, engrandecido por nada, disminuido por nada —y del otro lado, ciertos fenómenos que son cambiantes y transformables, es decir, perecederos al nivel de los tres "cuerpos" o de los cinco "recubrimientos del Sí-mismo" (*koshas*). Físicamente se producen ciertas sensaciones y movimientos en el cuerpo: el cuerpo se levanta, el cuerpo se sienta según las condiciones y circunstancias en las que se encuentra; en el nivel de *pranamayakosha* aparece el hambre, la sed, después de comer surge un bienestar, se producen la fatiga o el agotamiento, regresan la vitalidad y el vigor; en el nivel del mental, de *manomaya kosha* se producen pensamientos, percepciones, el reconocimiento de ciertas impresiones, la toma de consciencia (dando a esta palabra su sentido más ordinario) de lo que está ocurriendo; al nivel de *vijnanamaya kosha*, la inteligencia puede funcionar con la visión objetiva del mundo fenoménico. Pero todos estos "recubrimientos" son como el lecho de un río donde el agua fluye sin parar; son líneas de fuerza según las cuales ciertas causas producen ciertos efectos que se convierten en causas para otros efectos o en las que se desarrollan cadenas de acciones y reacciones.

Es muy cierto que estos mecanismos son extremadamente complejos; que una parte de su origen o de sus raíces está en el inconsciente, también es cierto. Pero realmente no se trata más que de fenómenos y fenómenos que son producidos, causados, que tienen una historia, un principio, un fin a plazo más o menos corto. Sabemos que nuestro cuerpo se transforma instante tras instante ya que envejecemos instante tras instante y, al cabo de siete años, todas nuestras células habrán sido renovadas. Vean como sus pensamientos se suceden unos a otros, sus emociones se suceden. Tenemos la certeza de que un día nuestro cuerpo físico será separado de *pranamaya kosha* y que este cuerpo que fue compuesto será descompuesto. Hay un personaje descrito en nuestro documento de identidad y los demás papeles de nuestro estado civil, cuya historia comienza en el momento del nacimiento, que es rubio o moreno, que tiene una determinada estatura física medida con la talla, una profesión, un origen social, una educación. Este personaje puede ser fotografiado y lo reconocemos cuando nos vemos en el espejo. Está constituido por el conjunto de los tres cuerpos y por el conjunto de los cinco *koshas*. Y además, los demás, nuestra familia, nuestros amigos, le dan un nombre: "Arnaud Desjardins", por ejemplo. Pero Arnaud Desjardins es un personaje que tiene una historia, como la historia de Orestes a lo largo de los cinco actos de *Andrómaca*. En el primer acto, éste llega preocupado, pero con cierta esperanza porque piensa que aún tiene una oportunidad con Hermione y al final de la tragedia se vuelve loco y se desmaya en el escenario. Pues bien, el personaje llamado Arnaud Desjardins tiene una historia que está constituida por todas estas cadenas de causas y efectos en acción, que produjeron el nacimiento de este personaje bajo la forma de un bebé, y algún día, este personaje desaparecerá con la muerte; será incinerado o metido en un féretro y si ese féretro se abre años más tarde, ya no quedará nada reconocible.

¿Por qué entre la consciencia –el testigo– y el personaje llamado "Arnaud Desjardins" tendría que haber necesariamente esta conexión tan extraña, el ego, como la que existiría entre un actor y el papel que interpreta mientras está en escena? ¡Les estoy diciendo algo realmente sorprendente! ¡Por supuesto que nuestra mentalidad y nuestra psicología occidentales no están basadas en esto! Hemos dado a este ego un valor sublime con el título de "eminente dignidad de la persona humana" u otras fórmulas tan aduladoras como esa. En Occidente estamos cada vez más encerrados en una cultura para la que el fundamento del budismo y del hinduismo, es decir la posibilidad de alcanzar el estado-sin-ego, resulta incomprensible. Esto es lo que constituye el total malentendido entre los occidentales que nunca han salido de su contexto cultural y el hinduismo o el budismo en los que pretenden interesarse. Innumerables occidentales han consagrado su vida al hinduismo y al budismo a lo largo de sus estancias en los ashrams, la práctica del yoga, la meditación y nunca vislumbraron lo que podría ser la desaparición del ego. Cabe decir también que cuando ustedes leen los grandes testimonios de Ramdas, de Ramana Maharshi o de otros jivanmuktas hindúes, les parecen maravillosos, milagrosos, extraordinarios, pero no comprenden mucho más lo que puede ser este egoless state.

Si este ego está presente se producen ciertos fenómenos y si este ego no está, ciertos fenómenos ya no pueden producirse. Regresen al ejemplo del actor que se cree verdaderamente Orestes. No cabe duda que sería atroz para él y que no actuaría muchas noches seguidas antes de volverse loco en serio. Y ahora regresen al ejemplo del ser humano. Un ser humano, en el que no existiera ya esta conexión del ego, conocería por un lado la consciencia que es inmutable –por otro lado, los fenómenos y nada entre ambos. Pero cuando el ego está presente, esta especie de locura que se produce en el actor identificado se apodera del ser humano que sufre, que se resiste, que rechaza, que se divide contra sí mismo, en el que todas sus funciones comienzan a estar cada vez más perturbadas, que ya no ve el mundo tal como es, que reacciona en lugar de actuar y que, en lugar de ser un actor, un actuante, no es más que una marioneta.

La misma historia puede ser contada por actores conscientes, responsables que están ahí para desempeñar su papel con la presencia del testigo en ellos –o por marionetas en las que no existe ni consciencia, ni testigo, ni responsabilidad y a quienes una voluntad externa les maneja los hilos. Es toda la diferencia entre un ser verdaderamente consciente y un ser que, como una marioneta, es movido por las reacciones que surgen en él al nivel de los diferentes *koshas* al contacto con el exterior –desde el primer contacto con el exterior que es el nacimiento. A partir de ahí ya no hay más que cadenas de causas y efectos o cadenas de acciones y reacciones que se suceden.

Traten de imaginar la diferencia de funcionamiento entre un ser en el que todavía existe ese ego y un ser en el que ese ego desapareció; pueden ver que las emociones sólo pueden proceder del ego que, al intervenir entre la consciencia y los fenómenos, toma los fenómenos de manera subjetiva y personal –como si estas cadenas de causas y efectos se produjeran especialmente para él o en su contra; cuando en realidad las cosas suceden porque no pueden no suceder, porque, como dijo Buda: "Al pasar esto, se produce aquello"; las condiciones se reúnen y cierto acontecimiento se produce.

Lo que es seguro es que el comportamiento del actor que se identifica con el papel no será el mismo que el del actor sano que no se identifica con el papel. Del mismo modo el comportamiento de un ser humano en el que el ego está todavía presente para desear, para apegarse, para apasionarse o, al contrario, para rechazar y enloquecer, y el comportamiento de un ser humano cuyo ego ha desaparecido serán totalmente diferentes.

Ahora dirán: "Sí, pero el actor se siente seguro sobre el escenario porque el papel está escrito, la puesta en escena ya está ahí y sabe que todo eso no es verdad". Pues sí, pero la situación del *jivanmukta* es que primero sabe que todo eso "no es verdad", ya que existe una consciencia que nunca más se deja afectar, que puede decir como Sócrates: "Los jueces del tribunal pueden matarme, pero no pueden perjudicarme". Por otro lado, está también la indicación clara de la réplica que debe ser dicha a cada instante y del juego escénico que debe ser llevado a cabo a cada instante. Esto es lo que los hindúes llaman *spontaneity*. Esta palabra inglesa no debe ser malinterpretada. Si simplemente decimos de alguien que es impulsivo y que no tiene ningún dominio de sí que es espontáneo, no es esa la espontaneidad hacia la que apuntan todas las enseñanzas hindúes y budistas. Los esfuerzos de *sadhana* desembocan algún día en el estado-sin-esfuerzo —o la espontaneidad.

Les recuerdo ahora una verdad que he dicho a menudo. Si les preguntan: "¿Cuál es la capital de Italia?", responderán: "Es Roma". Han respondido con total espontaneidad, su respuesta es exacta y no les exigió ningún esfuerzo. Si les preguntan: "¿Cuál es la ciudad más bonita de Italia?" no sabrán bajo qué criterio será correcta o no su respuesta y, por otro lado, exigirá de ustedes un esfuerzo, un sentido de responsabilidad: tengo que responder, tengo que decidir cuál es la ciudad más bonita de Italia. ¿Acaso es Siena? ¿Florencia? ¿Venecia? ¿Nápoles? ¿Cuál... es?

Si el ego, que todo lo toma de manera personal ha desaparecido, se impone la acción justa, segundo tras segundo —sin discusión posible. Y eso es la "espontaneidad". Puedo tomar la comparación del actor que estudió un papel clásico en el conservatorio y que desde entonces no lo ha interpretado y que, tomado de improviso, debe reemplazar al titular del papel, y que interpreta casi todo su papel con un cuarto de segundo de desfase por el apuntador que, prácticamente, le lee todo el papel sin parar. Las réplicas le son dictadas. Yo fui testigo de ello en la *Comédie-Française*, inmediatamente después de la Liberación y de las "depuraciones" de los "colaboracionistas". Se puede decir que quien está libre de la interferencia desafortunada del ego vive como si sus réplicas le fueran dictadas instante tras instante por un apuntador. Algunos dirán que él es capaz de hacer la voluntad de Dios: "Tiene el corazón tan purificado para sentir la voluntad de Dios y eso que usted llama el apuntador, es Dios en nosotros". ¿Por qué no?

Es cierto que, así como para el actor, también en el estado de libertad existe la posibilidad de vivir en el aquí y en el ahora, sin preocuparse de lo que suceda en el minuto siguiente, sin preocuparse de lo que suceda al día siguiente. Si la réplica lo pide, un actor en una obra puede decir: "Iremos mañana a Venecia". Bien. El telón desciende; el telón sube en el acto siguiente; el decorado representa un cuarto de hotel en Venecia con vista sobre la plaza San Marcos. El actor dice: "Mañana nos iremos a Venecia", el prevé el futuro, pero en el momento en el que lo dice, está absolutamente relajado interiormente. ¿Por qué un ser humano que se ha librado del ego no podría también prever el futuro, estando al mismo tiempo perfectamente instalado en el aquí y el ahora?

Pueden llevar lejos esta analogía entre el ser liberado del ego y el actor sobre el escenario. Muchas similitudes son posibles y el lenguaje que utilizaríamos sería casi idéntico: la impresión de ser llevado por la situación. Si el ego ya no está presente para volver todo difícil, la "programación" (si me atrevo a utilizar esta palabra) se hace instantáneamente, la respuesta dada por la "computadora" se produce instantáneamente y es esta instantaneidad lo que produce la espontaneidad –en lo relativo, aquí y ahora, teniendo en cuenta todas las limitaciones que pueda tener un ser desprovisto de ego. No porque estemos desprovistos de ego se tiene forzosamente la inteligencia científica de Einstein y la eficiencia práctica de un hombre de negocios, el sentido artístico de un gran músico y la gracia de un bailarín, etc. Teniendo en cuenta los medios que están a disposición de un ser humano, *en lo relativo*, y no ya en nombre de un ideal absoluto que se tiene como referencia, la acción justa se impone como una evidencia. Por consiguiente, no hay ni división, ni arrepentimiento ni remordimiento, *cualesquiera que sean las conse-*

cuencias. Esto es lo que debía ser hecho, esto ha sido llevado a cabo, vienen las consecuencias, son aceptadas sin ninguna dificultad, sin ninguna reticencia, como formando parte también del papel que debe ser interpretado.

Voy a repetir lo que dije en *En busca del Sí-mismo*[8] pero que tal vez se les escapó: si somos realmente uno con la realidad, con la marcha del universo –o si lo prefieren con la voluntad de Dios–, si nuestra consciencia ya no es egocéntrica sino cosmo-céntrica, es decir que en lugar de confundirnos con un pequeño individuo perdido en la inmensidad somos uno con la totalidad, entonces nos encontramos en la situación del autor-actor que interpreta un papel en una obra de la cual escribió todos los papeles. Cuando ya no hay ego, el sentido de la individualidad separada desaparece; por consiguiente, hay una comunión perfecta con la totalidad y hay un acuerdo perfecto con todo lo que cada uno pueda decir a cada instante. Lo que uno "quiere" es lo que sucede. Si alguien me tacha de "¡estúpido!" estoy absolutamente de acuerdo porque reconozco que hay cadenas de causas y efectos en acción, que lo que es ES y no puede ser de otro modo. Estoy al 100% de acuerdo con que esta persona me trate de "¡estúpido!"–así como si yo hubiera escrito una obra de teatro en la que yo mismo pusiera en boca de mi compañero el tachar de "¡estúpido!" al personaje que yo interpreto. Yo escogí a un actor que conozco para que interprete a mi adversario, escogí para mí otro papel y cuando me dice en escena "¡estúpido!", yo estoy totalmente de acuerdo, ya que yo soy el que escribió esa prestigiosa réplica.

Pues bien, Swamiji me hizo observar el hecho de que quien está liberado del ego se encuentra en la situación del autor-actor que interpreta un papel en una obra de la que escribió todos los papeles, porque está absolutamente de acuerdo con lo que sucede cada segundo, al 100% y sin ninguna intervención posible del mental. Cuando empecé a descubrir al hinduismo, me sorprendí, aunque sin comprender verdaderamente el sentido de esta frase, al ver que un gran Swami del siglo XIX que se llamaba Swami Ramtirtha decía: "La oración, hágase tu voluntad no es la verdad última; la verdad última es: mi voluntad es hecha". Cuando nuestra voluntad

---

8. *En busca del Sí-mismo, vol. 1, El Adhyatma yoga,* Hara Press, 2015.

está completamente fusionada con la voluntad divina o con la marcha general del universo, se hace nuestra voluntad todo el tiempo. Y este es el sentido de esta frase de Swami Ramtirtha. Es cierto que, cuando Sacha Guitry interpretaba una obra de la que había escrito los tres actos, podía sentir a cada segundo, a cada réplica y a cada cambio de escena: "mi voluntad es hecha", ya que él era el autor de la obra. Si el ego desapareció, existe la consciencia que no tiene nada que ver con el ego, existen los fenómenos y hay un acuerdo perfecto con los fenómenos. Puedo decir: "mi voluntad es hecha" ya que no tengo otra voluntad que la de la marcha general del universo. Si soy uno al 100% con el dolor de cabeza, uno al 100% con una pérdida financiera, ya no estoy implicado como ego, estoy de acuerdo. Lo que está ahí por definición lo quiero, simplemente porque está ahí.

Tal vez ahora vislumbren un poco mejor lo que puede significar esta desaparición del ego. ¿Y cuál es lo opuesto al estado-sin-ego? Es la identificación con el nombre y la forma –en sánscrito eso se llama *"nama rupa"*: forma física, forma sutil o forma mental, sensaciones, emociones, pensamientos. Todo lo que tiene una forma y que puede ser nombrado, puede ser objeto de identificación. La verdad suprema es que esencialmente no soy esas realidades cambiantes, compuestas y perecederas. Lo que soy verdadera e inmutablemente fuera de toda historia o de todo acontecer es eso que no tiene comienzo ni fin, ni límite, es el *atman*.

Observen cómo se identifican con ciertos funcionamientos. Las primeras identificaciones, las más burdas de todas, tienen que ver con lo que ni siquiera es nuestro nombre y nuestro cuerpo físico, sino un objeto que nos pertenece. Por ejemplo, cuando preguntamos –aquí estamos en esta bella sociedad de consumo– "¿Dónde estás estacionado?". Y el otro responde: "Estoy estacionado en la calle de Medicis", lo que quiere decir que su choche está estacionado en la calle de Medicis. Es una identificación responder: "*Yo* estoy estacionado en la calle de Medicis", cuando esta persona está aquí en esta sala. Vean esta especie de monstruosidad con la que uno se identifica con su coche. O mejor aún, como dicen algunos que llevan el refinamiento mucho más lejos, "¡Gasto sólo once litros cada cien kilómetros!".

Inmediatamente, a partir de este nivel de identificación tan aberrante pero tan común, viene la identificación con el cuerpo físico. Si alguien dice: "Arnaud, ¿dónde estás?", y yo respondo: "Estoy en la sala grande". ¿Qué está en la sala grande?, en realidad, el cuerpo físico. Si estoy en la sala grande, pero por el poder del recuerdo, de la evocación o de la visualización estoy reviviendo una escena que sucedió hace tres años en otro lugar, mi cuerpo físico tal vez esté en la sala grande, pero mi cuerpo sutil ya no está en la sala grande; está ahí donde sucede la escena que estoy recordando.

El ego es esa serie de identificaciones sucesivas en las que decimos "yo" a propósito de cada fenómeno que concierne a uno de los cuerpos (*sharir*) o de los *koshas* (recubrimientos del Sí-mismo). Por eso les parece más justo a muchos sabios hindúes, como Swami Ramdas o como Swamiji, hablar de sí mismos en tercera persona. El hecho de decir "yo" es muy característico de esta extraña aberración del ego y esto puede inducirnos muy fácilmente en error si se emplea ese pronombre para describir funcionamientos que están libres del ego (a menos que verdaderamente se llegue a estar de acuerdo en que se trata del "yo" puro, del "*aham*" sánscrito y no del ego). En lugar de decir "yo estoy aquí" se debería decir "este cuerpo físico está aquí". El sabio que habla de sí mismo en tercera persona y se refiere a sí mismo como "Swamiji" o "Ramdas" demuestra su desapego con relación al papel que interpreta.

De hecho, me quedé sorprendido al ver a algunos famosos o grandes estrellas también utilizar en la intimidad esta tercera persona para hablar del personaje que los hace famosos y no de ellos mismos. No se identifican completamente con el personaje del que habla el público o acerca del que escriben los periodistas de *France-Dimanche*. No se identifican más de lo que un patrón se identifica con su fábrica si no es neurótico; reconoce que la fábrica le es útil, sin embargo, sabe que no es él quien "humea" aunque las chimeneas de la fábrica humeen.

Sin duda, el lenguaje en tercera persona apunta hacia ese estado-sin-ego y antiguamente en los monasterios los monjes hablaban de ellos mismos en tercera persona, utilizando expresiones como "este servidor de Dios" o "este humilde pecador". Esto ayuda también a comprender mejor la inanidad de esta identificación con el ego. Un hindú, aunque no sea un sabio, no dirá "estoy enfermo" sino más bien "este cuerpo está enfermo" o "hay un vivo dolor en este dedo del pie", una expresión que demuestra la no-identificación.

Pero si imperturbablemente se dice: "yo tengo dolor" porque hay un dolor en alguna parte, esto muestra que efectivamente "yo" tiene un dolor. Si el "yo" ya no representa el *aham* sánscrito, es decir el *atman*, sino que representa al ego, efectivamente si hay un dolor en el dedo del pie, yo tengo dolor. Si hay una perturbación al nivel de *pranamaya kosha*, yo estoy enfermo, y yo estoy completamente enfermo y yo estoy totalmente enfermo, en lugar de que la enfermedad esté al nivel de *pranamaya kosha* y un *atman* que no está ni enfermo ni en buena salud, que está más allá de esta dualidad como consciencia suprema o como testigo. La consciencia es siempre algo no afectado por las dualidades; sólo el ego puede ser afectado por las dualidades. Si ya no hay ego, ya no hay dualidad –únicamente hay acontecimientos. Ya no hay apreciación favorable-desfavorable, buena o mala, pues sólo el ego puede interpretar de esa manera puesto que todo es neutral.

El actor que interpreta un papel no tiene este sentimiento de dualidad; él está de acuerdo. A partir del momento en que el papel es bueno e importante, el actor está de acuerdo en interpretarlo, ya sea un papel trágico o un papel glorioso. Que triunfe al final de la obra o que muera no constituye una diferencia para él. Del mismo modo, si el ego desapareció, la dualidad desapareció. Hay hechos, hay acontecimientos, pero no hay una persona individualizada para calificarlo como bueno o malo. Hay esta consciencia sin futuro, sin historia, para la cual toda historia ha terminado, que está instalada en el "aquí y ahora" permanente, en el "eterno presente". Esta consciencia no está afectada por los éxitos ni disminuida por los fracasos, ni gratificada por el amor, ni herida por el odio. Es tan libre como la del actor en el interior de cualquier personaje. Y después, están los fenómenos, las palabras, los gestos, las acciones. Ya no son reacciones, son acciones que responden libremente, espontáneamente, con toda certeza en lo relativo a lo que pide el instante –lo que yo llamé hace un momento "interpretar el papel de apuntador": esto es lo que se debe hacer, esto es lo que debe hacerse... La duda dio lugar a la certeza.

***

En el lenguaje del camino que seguimos aquí empleamos la expresión "interpretar un papel" al referirnos a personas que no son actores de oficio. La enseñanza del Yoga Vasistha no está dirigida a un actor, se dirige a Rama, un príncipe exiliado en la selva que se encuentra con un sabio. Y la enseñanza del *Ramayana*, en general, y la del Yoga Vasistha, en particular, es: cómo interpretar un papel, cómo un verdadero príncipe debe interpretar su papel de príncipe, cómo un verdadero padre debe interpretar su papel de padre, cómo un verdadero hijo debe interpretar su papel de hijo.

¿Cómo una verdadera anfitriona que tiene invitados debe interpretar su papel de anfitriona? ¿Cómo una vendedora de una tienda debe interpretar su papel de vendedora? Prácticamente, cada instante tienen un papel que interpretar.

Si somos una anfitriona y tenemos invitados, desde el momento en que el primer invitado llega hasta el momento en que el último se va, tenemos que interpretar el papel de anfitriona de la casa. Si somos realmente capaces de interpretar este papel, el control que se nos pide de nosotros mismos y de nuestras emociones nos resultará fácil, pues vamos en cierta medida a encontrarnos en la situación de un actor. El papel de una anfitriona es muy preciso. Consiste en ofrecer en primer lugar los aperitivos, después sonreír y hablar a unos y otros para que nadie se sienta abandonado; también consiste en hacer que se sienten los invitados en la mesa. Consiste también en recibir, es decir ocuparse de los demás. Bien, esta dama interpreta su papel de anfitriona, de ocho a doce de la noche. A las doce cuando el último invitado se haya ido, durante cinco minutos interpretará su papel de madre, es decir que irá a la habitación de los niños a ver si duermen tranquilamente, si hay alguno que se haya destapado o, al contrario, que esté sudando y al que tenga que quitarle una cobija. Luego interpretará su papel de esposa y este papel tiene muchas facetas. Tal vez su marido esté cansado o tenga algunos problemas profesionales y esa noche, su papel de esposa no le pedirá interpretar el papel de amante sino más bien el de la amiga que escucha los comentarios del marido, feliz de tener alguien a quien hablarle durante cinco minutos de una situación que le perturba. Si el marido está enfermo, la esposa en parte se convierte en enfermera.

Si observan bien verán que en cada instante la existencia les pide interpretar un papel. Un momento, es el papel de la esposa, luego la esposa-enfermera, la esposa-amiga, la esposa-amante, la esposa-maternal. Si además de casada, ejerce una profesión y recibe clientes en su negocio, tiene que hacer el papel de vendedora que recibe al cliente, que le sugiere qué artículos pueden convenirle y le guía en sus compras. En cada instante tienen un papel que interpretar.

Y ahí encontramos la diferencia entre lo que Swamiji llamaba *an individual and a person*; "el individuo" no conoce más que un solo papel: "yo". Entonces quiere imponerlo en toda ocasión, si está triste quiere imponer su tristeza a todo el mundo, si está feliz quiere imponer su alegría a todos —sería capaz de contar chistes el día de un entierro, simplemente porque "se le antoja". El que se vuelve "una persona" es el que, poco a poco, acepta interpretar todo el tiempo el papel que exige la situación. Entonces ese papel le guía, le lleva y él se encuentra en una situación parecida a la del actor, es decir que su propio ego todo el tiempo es dejado en los bastidores. Ahora interpreto el papel de la anfitriona; ahora interpreto el papel de la comerciante, ahora interpreto el papel de la esposa maternal, ahora interpreto el papel de la esposa-amante; ahora voy a ver a mi padre al hospital y a desempeñar el papel de hija, ahora mi amiga que fue abandonada por su amante viene a verme bastante triste y desempeño el papel de la amiga. Entonces ¿dónde está el ego? Un buen día será puesto definitivamente en bastidores.

Esta posibilidad de desempeñar un papel es la posibilidad de rebasar al ego. Pero durante mucho tiempo tenemos la impresión de que estos papeles, que corresponden a las diferentes facetas del dharma, son obligaciones. Y frecuentemente vemos la palabra sánscrita *dharma* traducida al inglés por *duty* o en español por "deber". Recuerden que Swamiji hizo que me diera cuenta de lo erróneo de esta traducción. El dharma nunca es un deber, es un privilegio, es un derecho. Créanme, es un privilegio para un actor tener un papel de Orestes o Poliucto. ¡Es mucho más interesante que tener el papel del tercer guardián mudo que está cinco minutos en escena al final del cuarto acto! Tienen el privilegio de tener todo el tiempo un papel y, si se fijan bien, papeles siempre son magníficos. Este privilegio de tener papeles sucesivos es la posibilidad para escapar del ego; ser verdaderamente una madre, una verdadera esposa-amiga, una verdadera esposa-amante, una verdadera esposa-enfermera cuando el marido tiene fiebre; ser verdaderamente una vendedora en su negocio; ser una verdadera amiga con su amiga desconsolada. En cada ocasión se trata de un privilegio.

Es un privilegio ser padre –no es un "deber" ser padre y tener que ocuparse de sus hijos. Es un deber si somos egoístas y si somos un "individuo", pero si estamos en el proceso de convertirnos en una "persona", entonces nos damos cuenta de que se trata de un derecho, *el derecho de ser*.

Éste es un gran camino para quienes están convencidos de que el camino se realiza mucho más a través del cumplimiento perfecto de estos papeles que de meditaciones extraordinarias.

Esta palabra "deber", o *duty* en inglés, que utilizamos en el sentido de una obligación más o menos apremiante, nos induce a error. Ya no vemos que no es un deber para un profesor el enseñar, es un derecho: el profesor tiene el derecho de enseñar. No es un deber para un médico el curar, es un derecho; este médico tiene el derecho de curar. Una madre, por consiguiente, tiene el derecho de ocuparse de sus hijos. Y efectivamente, ese es el sentido de la palabra "dharma" que etimológicamente significa: lo que sostiene, lo que mantiene, lo que hace que las cosas sean lo que son. Un profesor que no enseña no es un profesor; tal vez sea un catedrático en letras, pero ya no es un profesor. Un médico que no cura ya no es un médico; tal vez sea doctor en medicina, pero ya no es un doctor. Una madre que no se ocupa de sus hijos no es una madre; tal vez sea una progenitora, porque de ella nació un niño en la sala de partos, pero no es una madre.

Si ya no tienen dharma, si tan sólo son individuos llevados por sus impulsos, sus reacciones, sus antojos (tengo ganas de tener ese barco, lo compro; pido prestado, no lo devuelvo; tengo ganas de verme con Nicole, la llamo por teléfono; ya no tengo ganas de ir a esa cita, la cancelo –únicamente un individuo) están esquivando el dharma, es evidente. ¿Pero entonces, qué son? Ya no son nada. Ya no son ni padre, ni hijo, ni amigo, ni director –¡ya no son nada! Todos estos dharmas son los que les sostienen, los que les hacen ser. Y si se saltan todos los dharmas, lo que sostiene o mantiene ya no existe y ya no son nada –ya no son.

El dharma, bajo sus diferentes rostros, es lo que nos da el derecho a ser –SER. Si no, eso no se llama ser. Eso se llama existir, o comportarse como una máquina o como una marioneta. Eso no puede llamarse "ser".

Del mismo modo que un actor que se identifica realmente con el papel tendría un comportamiento aberrante, así mismo cuando el ego está presente y nos identificamos con un nombre y una forma, hay un comportamiento egoísta, hecho de emociones, funcionando sólo según la dualidad, la atracción y la repulsión. Cuando el ego ha desaparecido, el comportamiento es totalmente diferente. Los diferentes *koshas* siguen ahí; y *manomaya kosha* (el recubrimiento del Sí-mismo hecho de mental) por supuesto sigue ahí como un funcionamiento que ve las cosas con relación a mí, lo cual constituye su definición; pero en relación a mí de un modo no-egoísta, es decir en relación a mí expresándome en tercera persona. Sí, si el mental ha sido "destruido" (*manonasha*) el funcionamiento de *manomaya kosha* puede ir acompañado del lenguaje en tercera persona. Un sabio puede decir: "Para este cuerpo físico que tiene tendencia a la artritis y al reumatismo, una estancia en un clima cálido y seco será beneficioso". Pero el ego ya no interviene. Cuando Swamiji decía: "Tendrán que cuidar del cuerpo de Swamiji", eso quería decir: si llevan a Swamiji a Francia, no pueden enviarlo de regreso a la India enfermo al cabo de seis meses. Con respeto a los discípulos hindúes esto no hubiera sido justo. Aunque admitamos que Swamiji era alguien absolutamente "muerto a sí mismo", los franceses estaban obligados a devolver a Swamiji en buen estado a los discípulos de la India –lo cual se hizo, por cierto, porque el clima francés del verano es menos pesado que el clima de India. Si Swamiji dijo: "Tendrán que cuidar del cuerpo de Swamiji", ahí hay efectivamente un pensamiento que se refiere a Swamiji y que no es algo puramente abstracto, pero como es totalmente impersonal y sin emoción, puede decirse que éste es el funcionamiento de *manomaya kosha* cuando el mental ha sido destruido.

No se equivoquen, mientras seamos impulsados por el ego, por las emociones, la atracción y la repulsión, es difícil comprender adecuadamente lo que yo llamo: "interpretar el papel de apuntador" o "ser llevado por la obra misma y tener todo el tiempo la impresión de saber lo que se tiene que decir y hacer". Puede tratarse tal vez de una acción aparentemente "mediocre", pero se sabe que es eso lo que tiene que ser hecho, por consiguiente, no hay que discutir. No hay que buscar cosas admirables. Hay: esto debe ser hecho. Si es algo aparentemente admirable, debe hacerse; si es algo aparentemente mediocre, debe hacerse. Cuando el ego ha desaparecido, la réplica y el juego escénico siempre se revelan como evidentes. ¿Cuál es la capital de Italia? Roma. Se terminó. La acción ya no es la expresión de los gustos personales, de las elecciones subjetivas, de los temores o de las ambiciones sino una respuesta a la necesidad del instante.

Lo absoluto no está en ningún otro lado más que en lo relativo y si distinguen lo absoluto de lo relativo, entonces lo absoluto ya no es absoluto ¡ya que aquí se acaba lo absoluto y empieza lo relativo! "En lo relativo" quiere decir una acción en relación, en la dependencia de numerosos elementos. Ustedes tienen una imagen ideal de sí mismos, depositada en ustedes a través de la educación, de la imitación de sus héroes, de la identificación con un padre, o con un tío al que admiraban y, sobre todo, por las exigencias extravagantes que les fueron impuestas cuando eran niños, como que tenían que ser los más guapos, los mejores alumnos, los más dóciles, los más silenciosos cuando era necesario callarse, los mejores conversadores cuando había que hablar, etc. y tomaron la costumbre de compararse. Según estos criterios absolutamente falsos, siempre tendrían que llevar a cabo acciones de super-hombre y eso no tiene sentido alguno porque no les es posible. Esta no-verdad debe desaparecer completamente para que puedan descubrir lo que para ustedes es la acción perfecta.

En lo relativo quiere decir *aquí, ahora,* teniendo en cuenta lo que yo soy. Si estoy muy cansado, no se me pide que me comporte como alguien desbordante de energía. Si estoy limitado intelectualmente, no puedo conducirme como si fuera un antiguo alumno en ingeniería superior o administración del Estado con un coeficiente intelectual excepcional. Si estoy enfermo, no se me pide que actúe como si estuviera sano. Lo relativo tiene en cuenta los acontecimientos, los elementos de cada situación y, entre estos elementos, está lo que yo soy: mis dones, mis deficiencias, mis capacidades, mis límites, límites intelectuales, límites energéticos, etc. Eso debe ser algo completamente aceptado; solamente el ego puede no aceptar lo que es, deplorar el no ser más guapo, aún más fuerte, aún más dinámico, aún más inteligente, aún más brillante, aún más eficaz... Si yo quiero tener la santidad de San Vicente de Paul, la divina mirada de Ramana Maharshi, el potencial sobrehumano de Gurdjieff, el encanto irresistible de Ramdas, la fuerza intelectual y la cultura científica y sánscrita de Swamiji, ¡soy como la rana que quiere ser tan grande como el buey! Es inevitable, pero es muy común y está muy generalizado. Entonces ya no hay liberación, ya no hay rebasamiento del ego, ya no queda más que el largo sufrimiento de compararse con alguien que es más bello, más inteligente, más fuerte, etc.

En lo relativo, quiere decir que si debo interpretar el papel de presidente de la República, interpreto el papel de presidente de la República, pero si debo interpretar el papel de jardinero del jardín de la Presidencia, interpreto el papel de jardinero. Si debo interpretar el papel de Einstein, interpreto el papel de Einstein, y si debo interpretar el papel de un hombre que nunca consiguió ir más allá del bachillerato, interpreto el papel de un hombre que nunca pudo llegar a la facultad. ¿Sólo los intelectuales, los grandes artistas o los fenómenos de la naturaleza pueden ser *jivanmukta*? No. Cualquier ser puede ser perfecto dentro de su "mediocridad". ¡Cuando comprendí esto, de repente me sentí totalmente aliviado! ¡Me instalo definitivamente en mi verdad en lugar de sufrir por ello y compararme! Soy lo que soy. El *atman* no es mediocre, ni inteligente, ni tonto —¡el *atman* no tiene coeficiente intelectual! Por supuesto, la desaparición del ego permite evitar todos los funcionamientos desfavorables, y como la naturaleza hace bastante bien las cosas, la ausencia del ego da resultados superiores a la cacofonía de las emociones. Es cierto que Ramdas no daba la impresión de la fuerza insostenible que al parecer transmitía Gurdjieff. Ramdas no daba una impresión de debilidad, pero tenía algo de ligero, de etéreo casi, y un encanto al que todos éramos sensibles. Si no, si todos estuvieran obligados a tener todas las cualidades imaginables, todo *jivanmukta* sería idéntico al otro. Si son perfectos en lo relativo, entonces están en lo absoluto aquí y ahora. Si son realmente perfectos en lo relativo, están en lo absoluto; sólo existe lo relativo aceptado tal como es, sin que el mental cree un segundo, sublime tal vez, pero totalmente ilusorio. Si un japonés emocionado, perturbado, me abordara en la calle y me hablara en japonés, por más que yo estuviese pleno de compasión por su perturbación, no se me puede pedir que le hable en japonés, lengua de la que no hablo ni una palabra. ¿Qué se me puede pedir? Sacar un papel y una pluma de mi bolsillo, si tengo, y ofrecérselos para ver si hace un dibujo. Ser perfecto en lo relativo, esto no puede querer decir que tenga que responder en japonés a un pobre hombre que se dirija a mí en esa lengua. Si veo morir a alguien al borde de la carretera, no se me puede pedir que actúe con la misma eficacia que un doctor. Si veo un granero en llamas y no tengo ni un extintor a mi alcance, no se me puede pedir que apague el incendio solamente con mi buena voluntad. Sólo el ego, a través de sus continuas comparaciones con otra posible situación, se alborota y siempre deja escapar la perfección del instante en lo relativo —es decir, lo absoluto. No hay extintor, no existe ninguna posibilidad de apagar ese incendio. Voy a pie, tardaré unos minutos en llegar a la primera casa en la que hay un teléfono, eso es lo que yo puedo hacer en lo relativo. Pues bien, voy a ser perfecto en lo relativo dejando que se queme esta casa ya que no tengo ninguna posibilidad de ningún tipo de intervenir. Pero eso no me impedirá dormir en la noche porque sabré que hice lo que tenía que hacer y que lo demás no me incumbía. De esta manera gastamos mucho menos energía de manera estéril que lamentándonos por realidades por las que nada podemos hacer. Dios es el autor de la obra en la que tengo un papel. Pero puedo interpretar perfectamente el papel que Él escogió para mí.

Insisto en estas palabras "en lo relativo", y sobre esta aceptación total, sin reservas de lo que sentimos que son nuestras limitaciones físicas, intelectuales, artísticas, etc. –limitaciones de las que sufren porque se comparan.

Es necesario mucho tiempo para curarse o liberarse de ello; ustedes se comparan con otra cosa: con un ideal, con una imagen, con una irrealidad ilusoria, extravagante y que sólo puede ser causa de sufrimiento. Convénzanse de una vez por todas que humanamente ningún sabio ha reunido todas las cualidades que el ego quisiera poseer para ser siempre el más fuerte, el más guapo y el más admirado. Todo en nosotros tiene un límite, todo tiene una medida, salvo la paz y el amor. Cristo dijo: "Yo les prometo la paz que supera toda comprensión". Esta paz puede ser alcanzada, incluso para alguien limitado en sus dotes intelectuales, incluso para alguien limitado en su talento artístico, incluso para alguien limitado en su capacidad física. Esto es lo que es común a todos los sabios, los más eruditos y los más ignorantes –todos. Y el amor, el amor infinito. Recuerden los dos poderes milagrosos que tenía Swamiji: *Infinite love and infinite patience*. Sientan eso que en ustedes puede traspasar, ir más allá de todos los límites, de todas las limitaciones, todas las finitudes y sientan eso que en ustedes seguirá siendo siempre limitado. Ya no intenten compararse; no busquen esa imagen halagadora para el ego con la que tendrían todo lo que es admirable y admirado. Busquen el despojarse de todo, el desnudarse, la simplicidad, la verdad sabiendo que al fin de cuentas, se les dará lo ilimitado, lo infinito; el infinito de la paz, de la paz que nada puede perturbar y el infinito del amor. Desde luego, después de haber escuchado lo que dije esta tarde pueden plantearse esta pregunta: "¿Qué sucede cuando el ego desaparece, ya que usted insiste tanto en que, una vez desaparecido el ego, todas las limitaciones subsisten y usted mismo empleó la palabra mediocridad?". Pues sí, ¿qué sucede cuando el ego desapareció? Que esa paz se vuelve infinita; ese amor se vuelve infinito. Esta sí es la única constante que encontré de un modo absoluto en todos aquellos que he reconocido como sabios: algunos roshis de monasterios zen en Japón, algunos pirs sufíes, algunos maestros tibetanos, algunos hindúes célebres o totalmente desconocidos e incluso monjes anónimos del cristianismo: con relación a ellos mismos, la paz infinita y con relación a los demás, el amor infinito. Y todo lo demás sólo tiene importancia, tanta importancia, para el ego.

Si el ego ya no está presente, el papel que ustedes tienen asignado es perfecto; si el ego todavía está presente, el papel que se les asignó nunca los satisface.

Pero dense cuenta de que no empleé la palabra "debilidades"; usé la palabra "límites" (o limitaciones). Vean la diferencia. Sus propias limitaciones no podrán ser superadas. Por el contrario, lo que causa que actualmente no sean realmente ustedes mismos, eso puede ser superado. Están llamados a ser, en lo relativo, en la manifestación, en la expresión —ustedes mismo; esencialmente, fundamentalmente están llamados a descubrir una sola cosa: lo que ya es su esencia, la identidad Suprema —lo llamen *atman*, Reino de los Cielos o naturaleza de Buda. En lo relativo, en el mundo de los fenómenos, están llamados a ser ustedes mismos, es decir que Patrice no está llamado a ser Gyalwa Karmapa, no está llamado a ser Kangyur Rimpoché, no está llamado a ser Swami Ramdas ni Khalifa Sahib-E-Charikar o Swami Prajñanpad. Patrice está llamado a ser Patrice, eso es todo. Es el papel que les fue asignado, pero este papel, que es lo que es, hay que interpretarlo bien. No he dicho que haya que ser un mal actor y reír estúpidamente en escena cuando se interpreta una obra triste. El papel que se les asignó hay que interpretarlo bien. Las "debilidades" son lo que hace que ustedes no sean realmente ustedes mismos, que no sean lo que están llamados a ser, destinados a ser —en lo relativo y lo que les impide interpretar perfectamente bien *su* papel. Es exacto que sobre el camino, mientras uno está dentro de la dualidad, se siente la necesidad de hacer un esfuerzo y hay debilidades que pueden ser superadas, si no, la palabra "esfuerzo", que es el sentido real de la palabra "sadhana", no tendría ningún sentido. Pero estas debilidades no son las de ustedes; al contrario, son ellas las que les impiden ser ustedes mismos. A medida que las superen, se volverán ustedes mismos hasta que sientan: "Eso es, adhiero perfectamente con el papel que se me asignó". Ya no se comparan interiormente; ya no son un "extranjero" en relación con ustedes mismos, es decir un "alienado": se han convertido en ustedes mismos, eso es todo.

A partir de ahí la existencia se muestra para ustedes como ese papel o esa obra, con la seguridad perfecta del actor en el escenario. Pero mientras no se hayan convertido en ustedes mismos, no podrán tener esa seguridad, no podrán tener esa paz permanente; no podrán tampoco oír al apuntador, sentir a cada instante: eso es lo que debe hacerse, eso es todo. Llevo a cabo la acción, pero los resultados de la acción, las consecuencias de la acción, están en manos de la providencia; son aceptadas de antemano. Eliminen lo que les impide ser completamente ustedes mismos; eliminen lo que les impide estar perfectamente conformes con el papel, lo que les impide oír la voz del apuntador. Pero no traten de convertirse, cueste lo que cueste, en alguien más brillante, más prestigioso, más resplandeciente, más impresionante para los demás y todo lo que el ego quisiera ser. Pero esta confusión dura cierto tiempo, todos lo sabemos, pues hemos pasado por esa experiencia.

Hay una parte de nosotros que es verdaderamente pura, sincera, desinteresada, que busca la verdad, la realidad y que busca la paz y el amor que rebasan al ego —y el ego y el mental siempre están presentes, tratando de encontrar su pequeño beneficio y se preguntan qué les va a aportar a ellos la sadhana.

"¡Oh si la sadhana pudiera darme más peso, más autoridad, más prestigio, más presencia para impresionar a los demás!"... "¡Oh, si la sadhana pudiera hacerme más guapo, más seductor, más eficaz con las personas!"... ¡Y venga! ¡Allá va de nuevo la letanía!

Recuerden la frase de los Evangelios: "Busquen primero el Reino de Dios y su justicia y todas estas cosas se les darán por añadidura". Pero ustedes no buscan en absoluto "primero el Reino de Dios y su justicia", ¡buscan todo lo demás y quisieran que el Reino de Dios les fuera dado por añadidura!... El ego siempre invierte la perspectiva. Todo lo demás les será añadido, todo lo que les resulte necesario a ustedes, no a otro, para sentirse en plenitud. Esta promesa, estén seguros, será cumplida. He hablado de "límites" o de "limitaciones" *en el mundo fenoménico que es aquel donde todo es medido*. Pero pueden superar sus "debilidades".

En el universo, todo tiene una medida, el universo físico, el universo sutil —todo tiene una medida. Lo que no tiene medida es esta paz más allá de toda comprensión y este amor infinito.

VIII

EL PRECIO DE LA LIBERTAD

Quisiera hablar de un aspecto del camino del que no siempre se habla, el de las dificultades inherentes al camino. Y no hablo de ellas para asustarlos diciéndoles lo que les espera de terrible sino, al contrario, para dar ánimo y tranquilizar a aquellos que se comprometieron verdaderamente con la vía y que afrontan estas dificultades inevitables.

Hay que decir que hoy en día el promedio de los seres humanos es menos valeroso que en épocas anteriores en todos los aspectos, físico y emocionalmente. La vida está organizada para que nos resulte lo más fácil posible. En cuanto sufren tienen a su alcance unos cuantos analgésicos. Si están enfermos, los antibióticos curan en tres días lo que antes necesitaba tres semanas. Y los que tienen una vida algo difícil y que se comprometen con una vía llamada "espiritual" quisieran que esta vía resultase tan rápidamente eficaz como la medicina y que se pudieran tomar analgésicos cada vez que resultase dolorosa. Pero la verdad nos obliga a decir que éste no es el caso, que nunca lo ha sido y que, en lo que concierne a un camino de transformación interior, nunca lo será.

Se pueden utilizar técnicas de meditación como estupefacientes para el mental o la emoción, pero los estupefacientes nunca serán los que nos lleven al despertar.

Realmente, si se tienen ojos para leer lo que está escrito en los textos y oídos para escuchar lo que ha sido afirmado por todas partes, esta exigencia no tiene nada de nuevo. Recuerden las palabras de Cristo: "El que quiera seguirme, que abandone todo y que tome su cruz", y recuerden también del mito cristiano de la muerte en el deshonor y el abandono, la agonía en el Monte de los Olivos, el calvario, el descenso a los infiernos antes de la resurrección. Sin buscar en el esoterismo hindú, sabemos que el cristianismo está fundamentado sobre esta verdad: la Pasión.

Si miran al budismo tibetano ven enseguida que el tantrismo presenta tanto divinidades con rostros terribles o "feroces", como divinidades con el rostro apacible. Aunque no seamos especialistas en tantrayana, se puede comprender que el simbolismo de los guardianes del mandala o de las divinidades terroríficas se aplica directamente al camino interior.

La palabra griega "metamorfosis" aparece muchas veces en los Evangelios. Metamorfosearse es ir más allá de la forma actual. Esta imagen de la metamorfosis es muy alentadora cuando nos imaginamos a una oruga que vimos deslizarse con dificultad sobre las hojas y que levanta el vuelo como una mariposa; pero no se olviden de la crisálida, en la que la oruga no se reconoce más en tanto que oruga, y que aún no es una mariposa. ¿Quién nos dice que, si la oruga tuviera la más mínima consciencia de sí misma, esta etapa no sería aterradora para ella?

En este movimiento moderno que consiste en tratar de tenerlo todo a bajo costo, y de subir en teleférico a la Aguja del Mediodía en el Montblanc, hay muchos anuncios publicitando enseñanzas que prometen la liberación en seis meses a razón de veinte minutos de meditación por día. Esto tiene poco que ver con las enseñanzas tradicionales sobrias y rigurosas que fueron transmitidas en el budismo tibetano o zen y en los ashrams hindúes alejados de los grandes circuitos del turismo esotérico y que nada le deben a la moda actual del hinduismo o a los medios de comunicación.

La tradición espiritual de la humanidad es unánime y clara en lo referente a estas pruebas interiores, a estos momentos de desasosiego que le esperan al candidato a la liberación y que son inherentes al camino mismo. Hay una imagen que tal vez puedan considerar: si alguien no está bien y necesitó una operación quirúrgica y si vamos a visitarlo a la clínica una hora después de que haya despertado de la anestesia, lo veremos mucho peor en comparación a cómo lo vimos la víspera. Un juicio superficial nos podría hacer decir que su estado se ha agravado y que esta operación fue un desastre, pero sabemos bien que gracias a esta operación y a esos días que tal vez fueron dolorosos, la curación está asegurada.

Esta es una verdad que todavía les cuesta entender. Su vida no es lo que quisieran, tienen sufrimientos, dificultades, problemas y esperan que el camino los va a liberar de ellos. Eso es cierto, la meta última del camino es la desaparición total de todo sufrimiento. ¿Pero cómo llegar a eso?

Ningún gurú hindú, ningún maestro zen, ningún sabio tibetano a través de los siglos ha prometido nunca que esto sería un camino de pétalos de rosas. Todos han dicho que hay pruebas que pasar, momentos de muerte a sí mismo, en los que uno no se reconoce más. Incluso existe una iniciación tibetana en la que el maestro le pregunta al discípulo: "¿Estás preparado a aceptar el riesgo de la muerte? ¿Estás dispuesto a enfrentar el riesgo de la locura? –Bien. Entonces yo acepto el riesgo de conducirte a la liberación".

Vemos como algo normal que alguien pueda fracturarse la pierna esquiando, que alguien pueda matarse en la montaña o ahogarse navegando, que incluso ocurran accidentes en una cirugía. Pero, en lo que se refiere al camino, pocos buscadores espirituales están dispuestos a aceptar que van a encontrarse con ciertos riesgos y, en todo caso, al encuentro de un gran número de pruebas y de crisis, en el sentido etimológico de crisis, es decir: una revolución que hace que las cosas ya no van a ser como eran.

***

Voy a leerles dos extractos de textos sobre este tema de fuentes totalmente diferentes. Uno lo tomo de un libro que tuvo una repercusión merecida en su aparición y que acaba de ser reeditado: *Ensayos sobre la experiencia liberadora* del Dr. Roger Godel. El doctor Godel fue un sabio occidental. Conocía muy bien la antigüedad griega y vivió junto a Ramana Maharshi y Sri Krishna Menon –dos maestros del Advaita Vedanta en el sur de la India. En este libro *Ensayos sobre la experiencia liberadora* él utiliza un lenguaje diferente al mío, pero que expresa bien lo que quiero decirles:

"Mientras la energía vigilante se aleja de las estructuras superficiales del yo para alcanzar regiones mucho más centrales, el equilibrio de la psique amenaza con romperse. En el inconsciente los arquetipos, provistos de una relativa pero poderosa autonomía, fisuran el ambiente. ¿Va a sufrir la personalidad el suplicio del desmembramiento? Las tendencias esquizofrénicas estallan. Dejan presentir la muerte del ego, su disociación en primer lugar. Extraños pánicos desbordan la consciencia. Expresados en símbolos, construyen un psico-drama donde se llevan a cabo terribles oposiciones. La realización del ser es lo que está en juego o al menos su redención a través de un nuevo nacimiento.

Créanlo, no se trata de palabras vanas; es una experiencia agonizante en la que el ego al hundirse conserva todavía la suficiente cohesión para sentirse engullido. En el horizonte de este océano tumultuoso, no aparece otra cosa que fuerzas de aniquilamiento. Ningún islote, ningún resto de naufragio, ninguna forma a la que aferrarse emerge fuera de las aguas primordiales. Por esta razón la psique, para sobrevivir y aspirar a alcanzar la otra orilla, debe armarse de una fuerza viril a toda prueba. Una sed de absoluto la posee o el atisbo de una primera iluminación, conocimiento velado del Grial.

Así, cuando la energía psíquica que hemos llamado "vigilia" se esfuerza en abandonar el yo para replegarse en ciertos territorios profundos del campo axial, el mundo del ego, privado de sostén, parece zozobrar en un cataclismo ¿Está la psique amenazada por una crisis fatal? Un observador incapaz de ver más allá de las tormentas que agitan la superficie, así lo afirmaría. Y, sin embargo, esta revolución es un preludio de un nuevo equilibrio y una renovación. Los arquetipos serán a su vez despojados de toda autonomía que hacen que su poder sea tan peligroso; se orientarán sobre el polo central del que emanaban.

Esta conversión transfigura su fisonomía que pasa de ser maléfica a benéfica. Los mitos y místicos de todas las religiones conocen bien la ambivalencia de las grandes imágenes arquetípicas, su doble cara que genera de un lado el pavor, del otro la bendición y la paz suprema. La energía psíquica, polarizada hacia el centro, encuentra fatalmente en algún punto de su peregrinación, figuras de terror en los alrededores de la Tierra Prometida. Están ahí para impedir el paso. Gorgonas, monstruos, dragones forman un cerco de espanto alrededor del árbol de la Vida. Nadie lo atraviesa si no ha integrado dentro de sí el poder liberador de la muerte. El héroe mítico, como el místico, ha pasado las aguas fúnebres y ha triunfado sobre los monstruos. Al término de ese combate contra el miedo al aniquilamiento, cuando cae el último vestigio del yo, una plenitud de vida le invade. Pero esta última transfiguración en la luz ya no es el fruto de la lucha; no se adquiere. Para el que busca la liberación, ni el uso de la fuerza ni la tensión más sostenida de la voluntad servirán de ayuda alguna. Tampoco existe ningún itinerario que encamine al ego de su plano relativo hacia el centro de la consciencia pura, pues toda actividad de la mente que surja de lo relativo permanecerá encerrada en la relatividad. Sin embargo, el yo posee el poder de disipar los errores que él mismo engendró. Tan pronto como esas falsas perspectivas hayan sido corregidas, la iluminación se revela por su propia virtud en el silencio y en la absoluta quietud. El viejo hombre, sus demonios y sus dioses, están muertos para siempre" (páginas 134-135).

Y ahora un pequeño libro en inglés que voy a traducir al momento de irlo leyendo, escrito por un maestro zen que conocí cuando estuve en Japón: Zenkei Shibayama Roshi, abad del monasterio de Nanzenji; un libro que se llama *A flower does not talk (Una flor no habla)*. Ahí encontramos algunas aclaraciones extremadamente firmes del Roshi Shibayama que es considerado como uno de los más grandes maestros Rinzai de nuestro siglo. Él se rebela muy rudamente contra cierta visión del zen, muy extendida sobre la superficie del planeta, en la que se dice que como el Maestro Zen vive en el no-actuar y en el no-esfuerzo, miles de occidentales han imaginado que el zen es una vía fácil en la que se alcanza la iluminación simplemente escuchando un día cómo un bambú golpea contra otro —o bien colocando algunas flores en un florero.

Así se expresa el Roshi Shibayama:
"No es fácil para nadie romper en un instante las cadenas de la ignorancia. Es necesaria una voluntad muy poderosa y una búsque-

da absolutamente total de la verdad y del verdadero Sí-mismo. En el zen es necesaria una dura ascesis y nunca ha existido un medio fácil que aporte resultados instantáneos. El verdadero discípulo se compromete con una demanda religiosa extremadamente intensa; continúa con una búsqueda y una disciplina duras y sostenidas por una voluntad extremadamente fuerte, que serán seguidas de una crisis espiritual y la impresión de caer al abismo. Sólo entonces llegará el momento del despertar. En la ascesis del zen, lo que es más importante es pasar a través de la "gran duda" y tener la impresión de haber llegado al último extremo. Es una vía dura y es del todo inútil buscar un atajo fácil.

Recientemente hubo todo un grupo de personas que habló de la iluminación instantánea y otros que incluso pretendieron que se podía alcanzar el satori a través de las drogas. Pueden decir todo lo que quieran, eso no tiene nada que ver con el verdadero zen.

Insisto en decir que no ha habido ni un solo caso en toda la historia del zen en que alguien haya obtenido la iluminación sin haber atravesado un duro y difícil proceso de ascesis.

Cada uno tendrá que enfrentar su nulidad y su incapacidad totales; deberá ver de frente terribles contradicciones y pasar a través de todos los sufrimientos que llamamos el karma inevitable. Deberá descender profundamente al interior de sí mismo, ir más allá del último extremo de sí mismo y desesperar del sí mismo, como alguien que no tuviera la mínima oportunidad de ser salvado. Lo que se llama encontrar el vacío dentro de uno mismo procede de esta experiencia que es la más dolorosa de todas, de este abismo de desesperación y agonía que es el único que les derrumbará, en cuerpo y alma, delante del absoluto. El zen ha hablado siempre de la gran duda y de la gran muerte."

No soy yo quien lo dice sino uno de los más grandes maestros zen contemporáneos.

Swamiji tenía un lenguaje tan claro como estos textos del doctor Godel o del roshi Shibayama que representan dos tradiciones totalmente diferentes. Él me dijo: *"You will have to pay the full price"*, "Tendrá que pagar el precio completo hasta el último centavo". Y dijo a otro discípulo: *"You will have to pay with your very life"*; "Tendrá que pagar con su vida misma" (o: tendrá que pagar con su vida). Por supuesto que esto no quiere decir suicidarse; quiere decir pagar con todo lo que constituye nuestra vida actual.

Las alas no crecen sobre el dorso de la oruga. La naturaleza nos lo enseña y nos muestra la transformación, la superación de la forma. Todos ustedes deben hacerse a la idea que si quieren la transformación, deberán pasar por esta etapa que en el mundo animal corresponde a la crisálida. No trato de aterrorizarlos con los sufrimientos que los esperan sino, al contrario, animar a los que están realmente comprometidos con el camino y que ven que antes de ganar, tienen mucho que perder. Una esperanza vana e ilusoria del ego es que podrá ganar sin perder nada. Si tienen un vaso lleno de agua, no lo podrán llenar de vino antes de haber tirado el agua que está dentro.

Ya en el primer libro que escribí, *Ashrams,* citaba estas palabras de Ma Anandamayi: "¿Cómo pueden juzgar? A menudo tienen la impresión de que alguien que se ha comprometido con el camino se volvió más agresivo y más egoísta de lo que era antes; ¿Cómo saben que algunas tendencias indeseables, que estaban cuidadosamente ocultas, no han subido a la superficie con el fin de poder disiparse?".

Pueden comprobarlo, no encontrarán ninguna tradición seria, aparte de las extravagancias modernas, ya sea que provenga del cristianismo, del hinduismo, del budismo o del sufismo, que no describa con mucho detalle esta experiencia a través de la cual han pasado tantos discípulos, buscadores de lo absoluto y místicos. Y las palabras utilizadas una y otra vez son siempre parecidas: la travesía del desierto, la agonía, la impresión de perder todo aquello a lo que se estaba habituado y todos los puntos de apoyo propios, y el deber continuar aún más lejos. El texto del Dr. Godel es muy expresivo a este respecto. Y no son las expresiones personales del doctor. Él era un médico, un hombre equilibrado, del que no hay sospecha de que tuviera un espíritu mórbido y que estuvo profundamente influenciado por Ramana Maharshi, un sabio al que a nadie se le ocurrió cuestionar jamás. El Dr. Godel quiso ver un poco más lejos que la superficie de aquellos que vienen a pasar tres días al ashram del

Maharshi para pedir su bendición y que regresan extasiados frente a la serenidad del sabio. Nos habla de los discípulos avanzados, los que están verdadera y profundamente comprometidos con este camino de muerte y resurrección.

***

No se sabe de nadie a quien se le haya obligado a comprometerse con el camino interior de la meditación y del despertar. Es la única actividad a la que no se puede obligar a nadie. Se puede "convertir" a la fuerza a alguien con la amenaza de quemarlo vivo, pero no se le puede obligar a la fuerza a comprometerse en este camino interior de extinción del ego y de liberación. Nunca se ha considerado que la verdadera experiencia deba ser para una gran multitud. A este respecto el Occidente actual, debido a su interés por el hinduismo y el budismo, vive sobre un inmenso malentendido contra el que se alza el Roshi Shibayama: querer resultados sin pagar el precio; querer la gloriosa libertad de los maestros zen, los estados de consciencia de los yoguis tibetanos, la serenidad sin límite del *jivanmukta* hindú, *cuantitativamente*. Todo es para todo el mundo, ésta es una de las características de nuestra época. Está muy bien en lo que respecta a las vacaciones pagadas: qué bueno que todo el mundo pueda pasar un mes de vacaciones a la orilla del mar en lugar de dar vueltas en un barrio industrial de las periferias. Está muy bien que la salud esté a disposición de todos gracias a la seguridad social. Pero en lo que se refiere a la gran experiencia, no es así y nunca lo será. Digo bien —lo experimenté en carne propia y lo he observado con mucha frecuencia a mi alrededor desde hace veinticinco años— la casi totalidad de los occidentales cuya biblioteca está llena de obras de Evans Wentz sobre el tantrismo tibetano, y traducciones de Shankaracharya, Huei Neng y Huang Po no ven y no valoran la necesidad de esta serie de crisis inevitables y las cuales no nos toman por sorpresa pues todas las tradiciones o los testimonios de los místicos son perfectamente claros y explícitos.

¿No es deshonesto, para tener más discípulos, hacer creer que será un camino fácil, cómodo, que resolverá a buen precio todos los problemas? Nunca se ha obligado a nadie a comprometerse con este camino. Pero el que quiere morir para renacer debe comprender bien que antes de renacer hay que morir. El que quiere transformarse debe comprender bien que su forma actual, la manera en la que se siente ser, en la que se concibe y en la que concibe al mundo a su alrededor, deberá desaparecer antes de que otra realidad se revele. Sería demasiado fácil si lo nuevo comenzara a revelarse antes de que nosotros hayamos perdido lo antiguo. Antes de llenar el vaso de vino hay que vaciarlo del agua y antes de convertirse en mariposa hay que ser crisálida. La oruga habrá desaparecido totalmente antes de que la mariposa comience a aparecer. Y todos tenemos de una u otra manera que pasar por esta meta-morfosis, esta trans-formación.

***

Muy probablemente conozcan una frase zen que dice: "Antes de la iluminación, las montañas son montañas y los ríos son ríos; en el momento de la iluminación las montañas ya no son montañas y los ríos ya no son ríos; después de la iluminación, las montañas son de nuevo montañas y los ríos son de nuevo ríos". Hay una manera de entenderlo que es puramente aduladora y tranquilizadora: antes de la iluminación las montañas son montañas, esa es la visión ordinaria; en el momento de la iluminación, las montañas ya no son montañas, es decir que ya no percibo más que una masa inmensa de energía y de luz, en un estado supra-mental y supra-consciente, trascendiendo toda la realidad fenoménica. Y, a continuación, regreso a la realidad que veo como la expresión de lo último y las montañas son de nuevo montañas y los ríos son de nuevo ríos. Dicho de otro modo, nos imaginamos el momento en que las montañas ya no son montañas y los ríos no son ya ríos como una experiencia maravillosa de supra-consciencia. En verdad, el sentido real de esta frase es: "las montañas ya no son montañas y los ríos ya no son ríos" significa que ya no somos nosotros mismos, ya nada de nuestro universo habitual es nuestro universo habitual, nuestros puntos de referencia han desaparecido, nuestros hábitos mentales han sido removidos, ya no sabemos quiénes somos, ya no sabemos dónde estamos, ya no sabemos a dónde vamos.

Por eso se afirma por todas partes la necesidad de un gurú, un guía que pueda acompañarnos hasta el umbral de las grandes transformaciones interiores que tendremos que vivir solos, armados de la enseñanza que recibimos, de las experiencias que ya tuvimos, de las convicciones que ya adquirimos. Cuando todavía no estamos establecidos en la plenitud, llega inevitablemente un momento en que el mundo ordinario, el mundo de la dualidad, el mundo del ego del que tratamos de liberarnos, tambalea y vacila. Llega un momento en el que es necesario perderlo todo o, si lo prefieren, darlo todo, salvo, por supuesto, la esencia misma, el "yo" puro, el testigo, la consciencia última.

Algunos que tuvieron la posibilidad de encontrar de manera precisa recuerdos de "vidas anteriores" en el transcurso de su ascesis, se han acercado mucho de esta experiencia de muerte a sí mismo que podría, si estuviera mal conducida, llevar fácilmente a la esquizofrenia: ya no saber si se es una joven hindú o una madre de familia francesa, si se es un blanco o un africano, una mujer sin hijos o una madre de familia. Por otra parte, ustedes lo saben, esta experiencia ha interesado altamente a los diferentes psiquiatras que han venido a visitarnos al Bost, atraídos por el aspecto "tradicional" y vedántico de nuestro proceso.

¿Entonces, cuál es el denominador común? Únicamente la pura consciencia de ser. Saben que, en la anamnesis de vidas anteriores, es posible que una mujer se encuentre con experiencias de hombre y que un hombre se encuentre con experiencias de mujer. Este hecho está confirmado por las investigaciones llevadas con el rigor de la ciencia moderna por el doctor americano Ian Stevenson. Él publicó un libro objetivo sobre casos de encarnaciones sucesivas verificables y llega a la conclusión que encontrarse con recuerdos de otro sexo es una experiencia de lo más difícil. Resulta seguramente terrible para quienes tienen un brote espontáneo de estos recuerdos fuera del conjunto de una ascesis guiada y basada en la comprensión intelectual de una doctrina coherente.

***

¿Qué puede significar la expresión tan repetida de "muerte del ego" o "desaparición del ego"? ¿Qué puede significar "ir más allá de la dualidad" para alguien cuya consciencia está basada únicamente sobre la dualidad? ¿Qué puede significar "ir más allá de la causa y del efecto" para alguien cuya consciencia sólo está constituida por el juego de causas y efectos?

Piensen en todas las leyendas y mitos incluyendo algunos cuentos de hadas que narran cómo el héroe en busca del Santo Grial o en busca de la bella princesa debe afrontar una serie de pruebas. Todas las civilizaciones tradicionales expresaron, ya sea con un lenguaje realista o con un lenguaje simbólico, la verdad a la que me estoy refiriendo. Y para el que se ha comprometido con el camino de su propia transformación y que es sensible a este lenguaje, estos mitos son de una extremada riqueza. Dicen en particular que los dragones y los monstruos se disipan como si no hubieran sido más que una ilusión, a condición de que el héroe los afronte sin temor y conozca la palabra o el mantra que los exorciza.

Otros mitos dicen que estos dragones, desde el momento en que son subyugados por el héroe, lejos de ser sus enemigos se vuelven sus servidores. Hay en ello una gran verdad: cada miedo, cada terror que llevamos dentro de nosotros, si es visto sin ningún temor y es enteramente asumido, en lugar de ser un obstáculo, se convierte en una fuerza nueva. La energía antes empleada en el miedo y en la necesidad de negarlo, se encuentra finalmente disponible. Lo que era una debilidad se transforma en fuerza. Algunos de ustedes pueden ya sentirlo como su experiencia personal. El caballero se acerca a la meta rodeado de un ejército de dragones que están a su servicio para aumentar su fuerza.

También saben que en el mito del Génesis se dice que una vez que Adán y Eva fueron expulsados del Paraíso, ángeles armados de espadas flameantes defendieron el acceso del árbol de la Vida. Si quieren reintegrar el paraíso del que Adán y Eva fueron expulsados, tendrán que afrontar a estos ángeles armados de espadas que nos recuerdan a los guardianes del umbral en el simbolismo del budismo.

A cada uno le corresponde saber ¿qué busco yo? La verdadera espiritualidad nunca envió folletos por correo para reclutar seguidores –nada más lejos. Muchos maestros hindúes, tibetanos, sufíes o maestros zen de la gran tradición, al contrario, hacían todo lo posible para dificultar que alguien se les acercara y sometían a los candidatos a duras pruebas, quedándose sólo con los que mostraban la determinación y el valor necesarios. Conocí a un maestro sufí en Afganistán que lanzaba piedras a los que se le acercaban y que además ¡tenía muy buena puntería! Hay en esto un símbolo que nos lanza un desafío: ¿qué vienen a hacer?, ¿qué quieren realmente? La mayoría de los maestros tibetanos se instalaban en lugares de acceso difícil y a menudo era necesario emprender un viaje peligroso para encontrarlos. Hoy esperamos que la publicidad de un ashram nos prometa que tiene una buena calefacción en invierno y que se come bien.

No porque esta clase de ideas se haya extendido por todas partes la verdad cambiará en lo más mínimo. La verdad está ahí y siempre estará ahí. Una frase terrible –de la que no valoré en absoluto el sentido en su momento– fue lo primero que escuché de boca de Swamiji: "*What do you want?*", "¿Qué quiere usted?". ¿Se quiere comprometer en una aventura que toda la historia de la humanidad presenta como la más grande, la única que conduce a la perfección más allá de todo temor y de todo sufrimiento, *pero que, como todo lo que tiene un valor inmenso, debe ser pagada muy caro?* ¿O bien, quiere ese sueño cada vez más generalizado en el que, sin tener que atravesar esta crisis de muerte y resurrección, se nos prometen no sé qué poderes milagrosos, sabiduría, consciencia supra-normal y otras maravillas?

No porque la mentira esté tan bien establecida y por todas partes sea repetida por personas que tratan de tranquilizarse, que la verdad pueda ser cambiada.

Pueden admitir una religión que de un sentido a la vida de una multitud y aporte la luz a una sociedad entera. Pero, en el interior de dicha religión, el esoterismo ha tenido que ver solamente con una pequeña minoría de "héroes", la palabra sánscrita "*vir*", que dio lugar a "viril". Cada vez que el camino se volvía difícil, me decía esta frase Swamiji: "*The way is not for the coward but for the hero*", "La vía no es para el cobarde sino para el héroe". Ahora me toca escoger.

Si practican disciplinas espirituales, tendrán sin duda resultados en el interior de la multiplicidad y del ego. Nadie puede negar que la práctica regular de los asanas del hatha-yoga y de los ejercicios respiratorios accesibles aporten un beneficio real y, a veces, la impresión de que una existencia se está transformando. Nadie puede negar que el hecho de participar en ceremonias, en ritos, en liturgias también aporta beneficios interiores valiosos. No pongo en duda el valor de lo que se ha llamado "exoterismo", es decir "enseñanza exterior", al contrario. Quien se abra a sentimientos de amor, de perdón, de comprensión, de compasión, de caridad progresa sin duda en el camino que le hará, a él, cada vez más feliz y hará que disminuya el sufrimiento a su alrededor. Pero no estoy hablando ahora de las religiones, hinduismo, budismo, islam, judaísmo o cristianismo. Hablo de la enseñanza interior o esotérica que indica cuál es su razón de ser y su meta: ir más allá de la consciencia ordinaria para realizar la consciencia esencial, más allá del mental —es decir, más allá de todo lo que conocen. Si esta realización es realmente el descubrimiento de la beatitud, de la eternidad, de la inmortalidad ¿qué impide que ésta sea la actividad esencial a la que se consagre la casi totalidad de los seres humanos? La experiencia y la realidad relativa muestran que importantes dificultades nos esperan: es la regla del juego. Si quieren jugar tenis sin red y sin líneas blancas, será mucho más fácil, pero ya no será tenis. Todos los grandes mitos nos muestran que se trata de la aventura humana del más alto nivel, a la que se le concedía mucho más valor en otras épocas que en la actualidad, y que es realmente una inmensa aventura. ¿Si no, por qué se habrían elaborado epopeyas enteras únicamente para describir en forma simbólica lo que el Dr. Godel llama "la peregrinación hacia el centro", es decir, el camino interior de un hombre —de cada hombre? Es el sentido último de la encarnación en la tierra. Pero de todos los millares de occidentales que llegan a la India cada verano en chárteres llenos, de todos los miles de occidentales que en la ciudad de París asisten a la ceremonia del Gorro Negro de S.S. Karmapa, ¿cuántos están dispuestos a vivir esta experiencia de muerte y resurrección sobre la que los textos son, sin embargo, tan claros? Recuerden la frase del Gita: "De mil hombres uno me busca; y de mil que me buscan, uno me encuentra".

Se deben situar en la intersección de dos lenguajes: el que dice a cada hombre que "cada hombre es llamado por su nombre" y que estas promesas pueden ser posibles para él –no sea cobarde, no sea temeroso– y el lenguaje que dice: estas promesas no se realizarán a un precio bajo. Pero los occidentales no pueden escuchar este lenguaje y quieren a toda costa pensar que la iluminación es para todo el mundo y a buen precio, mientras que, en los demás aspectos, saben perfectamente que nada se obtiene sin pagar el precio. Nunca se ha considerado que un americano cualquiera escogido en la calle fuera capaz de embarcarse hacia la luna y regresar de ahí. Ya habrán oído hablar, aunque sea un poco, de las selecciones fantásticas y de los entrenamientos no menos fantásticos que son empleados por la NASA para entrenar a los navegantes del espacio. Nadar seis horas de crol todos los días para ganar una décima de segundo, no es como ir a la piscina una media hora por semana. Sólo basta mirar a nuestro alrededor para saber que todo se paga y que, para muchas cosas, los occidentales son capaces de pagar un precio. Pero en lo que respecta a la espiritualidad, quieren que todo les sea dado y que el camino consista en estar cada día mejor a partir de la nulidad, la mediocridad y el sufrimiento hasta alcanzar la sabiduría suprema.

Este "estar cada día mejor" es imposible. Deben oír y oír de nuevo: "como héroes". Bien, tendré pruebas que atravesar, estoy de acuerdo en atravesarlas. Los candidatos que se presentan para ser navegantes del espacio saben que no se van a contentar con ver películas y escuchar conferencias y que el entrenamiento será mucho más duro. Hombres que quieran superar sus límites los hay hoy en día pero, sin duda alguna, menos que en otras épocas. La mayoría de los monjes de hoy ya no pueden soportar la disciplina que se vivía justo antes de la última guerra. Pero, en ciertos monasterios zen en el Japón, vi mantenerse sin falla la terrible ascesis a la que hace alusión el Roshi Shibayama.

El camino en el que pueden comprometerse tiene como mínimo el prestigio de la antigüedad y ha sido probado durante tres mil años, cuando no cuatro mil. Ya es una seguridad no comprometerse con una invención moderna o una improvisación sin fundamentos.

***

¿Por qué hablo así ahora y no lo hice desde los primeros días del Bost? Es porque, sin cierta experiencia personal, este tipo de lenguaje no se puede escuchar. El que se cree calificado para comprometerse con un camino espiritual es como un niño que quisiera a toda costa emprender una excursión difícil. Le dicen: "Esto va a ser agotador para ti" – "Sí, sí" –"Hará mucho frío"– ¡Sí, sí!". Y después, cuando le empiezan a doler los pies, llora. No se había percatado en lo más mínimo de lo que le estaban hablando.

O bien uno se asusta inmediatamente, o bien piensa "estoy de acuerdo" porque no comprende de qué se trata. Eso sólo son palabras. Retomen el texto del Dr. Godel que les leí hace un rato, escrito por un hombre que tenía todas las cualidades para ser autoridad en este tema. ¿Cómo pueden escuchar estas palabras: amenaza de esquizofrenia y desmembramiento? O bien piensan: "¡Me largo inmediatamente de aquí!" o bien consideran que están calificados y dicen "sí" sin haber entendido realmente.

Desde hace cinco años que el Bost existe, sé perfectamente que algunos de ustedes se comprometieron en el verdadero camino. Y este verdadero camino que va más allá del ego, más allá del mental, yo mismo lo busqué por mucho tiempo. Veía a seres que manifiestamente habían pasado por esa muerte y resurrección, pero no veía dónde estaba, para mí, la puerta real y franqueable que me introduciría a esta muerte y resurrección. Año tras año, los resultados que obtenía, aunque reales a su nivel, me mantenían del otro lado de la barrera que separa al ego del no-ego y al mental del no-mental. Yo me flexibilizaba sobre un punto, me ampliaba sobre un punto, ganaba en otro, pero los años pasaban y empezaba a comprender cada vez mejor que era necesaria una crisis decisiva para que todo cambiara completa y radicalmente, en lugar de modificaciones en el interior del mundo del mental. Ahora sé que sin Swamiji esto no se hubiera producido. Y sé perfectamente también que muchos buscadores espirituales, cuya exigencia profunda no es lo suficientemente intensa, no tendrán esta energía de la desesperación que los conducirá hacia una enseñanza susceptible de llevarlos a esta crisis, a este estatus de crisálida entre la oruga y la mariposa.

Resulta que la enseñanza de Swamiji tiene la posibilidad de llevarlos muy rápido hacia la verdad si se pone verdaderamente en práctica. A veces algunos se van porque rechazan, y algunos o algunas que estaban entre los más entusiastas en los comienzos del Bost, se fueron, rechazando el Bost con todo su ser, porque sintieron que su mental era cuestionado. Esta enseñanza de Swamiji no permite soñar por mucho tiempo. Pueden soñar siguiendo ciertas enseñanzas y conseguir adornar el mental con las virtudes de esta enseñanza o las bellas frases que transmite –pero no aquí. Rápidamente las máscaras caen, los sueños se rompen y se ven sumergidos en su propia realidad. Esta realidad, exprésenla en términos de dragones y arquetipos, o en términos de miedos y de deseos imposibles de asumir. Exprésenla en el lenguaje científico del Vedanta y del yoga o en el lenguaje de los grandes mitos. Su realidad es una jungla. Este es un bosque lleno de zarzas y de fieras que debe atravesar el príncipe azul antes de alcanzar el castillo donde duerme la bella durmiente (uno de los cuentos de hadas más directamente simbólicos con respecto a la búsqueda). Los guardianes del umbral están dentro de ustedes, los monstruos están en ustedes, los abismos están en ustedes; todo lo que describen los mitos y las alegorías está en cada uno de ustedes.

¿Van a tratar de permanecer en la superficie y soñar con la muerte y la resurrección? ¿O van a dejar lo más pronto posible la superficie, descender a la profundidad y pasar por el "itinerario hacia el centro" que describe el Dr. Godel y en el que las estructuras mentales dualistas ordinarias se tambalean y vacilan por todos lados?

Las formas pueden cambiar. Piensen en la ascesis tibetana de adoración de las divinidades tántricas terroríficas y en el rito de Tcheu en el que el discípulo *vive* intensamente el hecho de entregarse a sí mismo para ser devorado. Las modalidades de la experiencia cambian, pero la experiencia de muerte y resurrección siempre está ahí. No pueden seguir siendo orugas y a la vez convertirse en mariposas. Por supuesto, la mariposa crece a partir de la oruga; hay un hilo continuo entre la oruga y la mariposa, pero es un hilo tan fino que sólo él subsiste de una a otra. Y todo lo demás es cuestionado. Realmente es una renovación; todas las cosas son renovadas, hechas de nuevo.

Antes de la iluminación las montañas son montañas, después de la iluminación, las montañas son montañas renovadas; y entre ambas está la crisis en que las montañas ya no son montañas, y los ríos ya no son ríos –y donde Arnaud Desjardins ya no es Arnaud Desjardins, Alain Bayod ya no es Alain Bayod, Marie Mehnert ya no es Marie Mehnert. Esta etapa de crisálida puede presentarse de una vez; puede también presentarse en varias ocasiones, en crisis sucesivas. Las modalidades cambian un poco en el interior de las leyes generales. Cada camino es un camino particular; el camino de cada uno es un camino único; el yoga de Marie-Françoise no se llama ni bhakti-yoga ni raja-yoga, se llama el "Marie-Françoise yoga".

El camino no se dirige a una pequeña parte de ustedes, la totalidad de su ser está implicada. El deporte se dirige a su cuerpo, la religión ordinaria se dirige a su corazón, los estudios científicos se dirigen a su cabeza, el acto sexual se dirige a sus órganos genitales pero el camino concierne la totalidad de ustedes mismos: cabeza, corazón, cuerpo, energía sexual y, en la profundidad, consciente, subconsciente, inconsciente; y este inconsciente, lo saben cada vez mejor, es aún mucho más vasto, más rico y más importante de lo que osan afirmar los psicólogos modernos.

No digo esto ahora para perturbarlos, pero no intento atraer candidatos al Bost y los que no tengan un deseo real de seguir este camino, inevitablemente, o se aburrirán o se asustarán y huirán. Hablo para los que se han comprometido con este camino y a los que el Bost trae perturbaciones nuevas; para los que se sienten progresar en ciertos aspectos, que ven las señales esperanzadoras pero que también comprenden que, si quieren ir más lejos, deben comprometerse decididamente con la novedad, y no seguir dando vueltas a las mismas costumbres emocionales y mentales, y en el mismo terreno conocido. El viaje hacia el centro de sí mismo, hacia la "caverna del corazón" es un viaje de exploración. Hay que abandonar nuestra casita ordinaria, la de los pensamientos, de las emociones, de las sensaciones habituales, la de la consciencia del ego (yo, tal como me conozco y tal como me repito indefinidamente) para ir hacia lo desconocido y hacia lo nuevo, hacia paisajes de nuestro interior que nunca hemos visitado. Es inevitable. Algunos y algunas de ustedes se han comprometido con esta exploración interior y están cara a cara con estos dragones, estos guardianes del umbral, estas fuerzas descritas como terroríficas en los textos tradicionales. Pueden confiar que si la literatura ascética, oriental y occidental, desde hace tres mil años es unánime, debe ser verdad. ¿Y por qué precisamente ustedes serían la excepción a esta regla?

No sólo no hay que preocuparse, si no que, si se tiene un alma de "héroe", hay que alegrarse y decirse: "después de todo, yo lo quise, aquí estoy". La verdadera actitud del discípulo es la que es expresada en esta frase de Cristo: "Padre, aparta de mí este cáliz si es posible, pero hágase según tu voluntad". Hay efectivamente una parte de ustedes que tiene miedo, como la oruga debe tener miedo al sentir que se convierte en crisálida y hay otra parte de ustedes –el caballero– que en la profundidad está movida por esta necesidad: "no puedo dejar de seguir en este camino". Entonces, vayan con todo su ánimo. Láncense con valor, láncense como héroes, penetren en estas tierras desconocidas de la consciencia en el interior de ustedes; pierdan sus puntos de apoyo habituales; afronten valientemente los periodos en los que ya no se reconocen, en los que ya no se comprenden, –y vayan hacia delante, vayan hacia delante. Si la consciencia real está ahí como testigo, si está ahí como vigilancia, pueden continuar, no corren ningún riesgo. ¿Qué muere en esta crisis? ¿Qué se resquebraja por todas partes? El mental. Pero ustedes aspiran a manonasha, la destrucción del mental. ¿Qué se resquebraja por todas partes, qué es lo que muere? El ego. Pero ustedes aspiran a ir más allá del ego. ¿Qué muere? La experiencia de ustedes mismos y de la vida en la dualidad. Pero aspiran a ir más allá de la dualidad y a descubrir el uno o la no-dualidad. ¿Y qué es lo que no muere? El atman, el testigo. De todas maneras, su cuerpo físico y todo lo que está ligado a ese cuerpo físico, todos los samskaras de esta existencia, serán puestos en tela de juicio en el momento de la muerte de dicho cuerpo físico. ¿Qué debe ser afrontado en el más allá, en un bardo tibetano o en un purgatorio católico, una vez que se haya roto el punto de apoyo de este cuerpo físico?

Apóyense en esta verdad: puedo perderlo todo porque lo esencial no puede ser perdido; y cuando lo haya perdido todo, seré libre –libre de todas las identificaciones, de todos los apegos, de todas las limitaciones, de todas las formas. "Transformación" quiere decir ir más allá no solamente de una forma sino de todas las formas.

***

Llega un momento (así es cómo puedo describir mi propia experiencia) en el que uno se compromete con un camino que se estrecha cada vez más. Tal vez sea comparable a ese "ojo de la aguja" del que habla Cristo; es evidente que un camello no puede pasar por el ojo de una aguja y que un individuo rico no puede alcanzar el Reino de los Cielos; ¿pero de qué riquezas se trata? De todas las riquezas interiores –las riquezas del ego con las que la consciencia pura en nosotros está emperifollada y sobrecargada. Estas riquezas son las que deben ser abandonadas: las riquezas emocionales, las riquezas mentales, las riquezas intelectuales, todas las riquezas en lo relativo –las riquezas de los diferentes *koshas* o "recubrimientos del Sí-mismo".

El camino parece estrecharse cada vez más; hay que perder más, hay que perder más, para ser cada vez más pobre, estar cada vez más desnudo, hasta poder pasar no por el ojo de una aguja, sino por un punto, el punto geométrico que no tiene dimensión alguna. La única realidad que permanece es la consciencia, despojada de todos sus recubrimientos. Si van hasta el final, en el momento en que lo hayan dado todo, la realidad se revela, el despertar se produce, el ego ha perdido su magia y su poder, se acabó: ¡ya son libres! Pero no pueden guardar nada...

Si quieren ir en esta vida hasta el final –y la realización última, es el hasta el final– habrá que soltarlo todo –TODO.

En el lenguaje cristiano se dice que Dios es muy exigente, que lo exige todo. Lo que constituye el camino, exterior e interiormente, es este "soltarlo todo" o "darlo todo" –verdaderamente, no de dientes para afuera, sino desde el fondo del corazón, desde el fondo del cuerpo, desde el fondo del inconsciente. También es una ilusión creer: "¡Oh, la libertad es interior, la servidumbre es sólo una identificación de la consciencia, por lo tanto, suelto todo interiormente; los idiotas creen que la renuncia es aislarse en un monasterio!". Dicho de otro modo, conservo mi apego al dinero, mi apego al sexo, mi apego al triunfo –"Todo esto es un juego libre en el mundo fenoménico". He escuchado muchas veces hablar así. Y conocí a muchos hombres y mujeres cuya vida es un combate agotador contra las dificultades, los problemas, los obstáculos y que están completamente insertos en todas las fuentes de atracción, de rechazo y de conflicto. No sueltan nada e interpretan "esotéricamente" este abandono. Cuando todo ha sido abandonado, todo les puede ser devuelto. Pueden decir de Ma Anandamayi que le volvieron a dar la gloria, que tuvo medios financieros inmensos (aunque siguiera viviendo en una minúscula habitación sin ninguna comodidad), que ministros vinieron a prosternarse delante de ella y que no se ve a qué renunció. Cuando hayan renunciado realmente a todo, lo que se les vuelve a dar ya no les concierne. Pero no confundan esta palabra "renunciar". Como decía en *En busca del Sí-mismo*, Swamiji respondió un día: "Swamiji nunca renunció al mundo, el mundo renunció a Swamiji". ¿Cómo harán para que el mundo renuncie a ustedes? Algo se les pide. El mundo no renunciará solo y no se encontrarán un día totalmente libres sin haber movido ni un dedo para ir hacia esa libertad. Es todo un camino. Escuchen con su corazón resonar en ustedes la pregunta: "¿Qué es lo que quiero?".

***

Escogí el testimonio de Roshi Shibayama y del Dr. Godel; podría haber escogido de otros autores. No cierren los ojos y los oídos a la realidad de estas enseñanzas, a sus promesas trascendentes, "divinas" —y a sus exigencias.

"¿Qué quiero?" –¿simplemente la religión? No la encontrarán mayormente en el Bost; no tenemos ceremonias, ni cultos, ni mitología, ni liturgia. "¿Qué quiero?" –Pero sepan que debido a la fuerza misma del camino de Swamiji, el Bost los lleva rápidamente a una transformación que poco a poco les conducirá, de manera realista y firme –y si es necesario, progresiva– hacia esta crisis decisiva y definitiva de la que el mental y el ego no regresan.

Me dirijo a aquellos y aquellas de ustedes para los que todo empieza a ser cuestionado. Los *vasanas* levantan la cabeza al mismo tiempo; miles de deseos que hubieran necesitado miles de existencias para manifestarse, reclaman todos al mismo tiempo: quiero ser cumplido. Y ya no se reconocen a sí mismos porque su rutina cambió completamente. ¿Qué son todas estas demandas que tan cuidadosamente yo había conseguido reprimir? Se hubieran manifestado más tarde. ¿Y esos miedos que se levantan todos al mismo tiempo simplemente porque han sido sacudidos de arriba abajo? Si levantan una piedra en el desierto, los escorpiones que estaban bajo la piedra se ponen a correr en todas direcciones.

En lo más profundo de ustedes, el ego, el mental son cuestionados. Lo que habían considerado como su propia vida, su alma, su ser, su realidad, todo es puesto en tela de juicio. Bien. Ustedes lo quisieron. Más allá de los sufrimientos, con una inmensa esperanza y una alegría apacible, sientan que es una gracia y un privilegio el estar inmersos en esta transformación interior. No han venido a buscar la paz sino la espada que va a zanjar entre lo real y lo irreal, entre el ego y el atman, entre lo impermanente y lo eterno.

¿Cuáles son las armas del caballero para atravesar el bosque misterioso en el que nadie se atreve a entrar? Recuerden los cuentos de hadas. El caballero escucha hablar de un bosque de zarzas, de árboles y de lianas en el que viven no solamente animales salvajes sino dragones misteriosos. Solamente un viejo, antes de morir, le revela: "En el fondo de este bosque donde nadie osa aventurarse hay un castillo y en ese castillo duerme una bella princesa que espera el beso de amor que la despierte". Este tema del beso de amor o de las nupcias místicas se encuentra tanto en la literatura religiosa como en los mitos. El caballero quiere, como héroe, aventurarse. Y mil voces le dicen: "No vayas, no se te ocurra ir. Es demasiado peligroso".

Este relato les concierne a todos. El caballero decide aventurarse, el viejo, que esperaba descubrir antes de morir al héroe al que pudiera transmitirle el secreto, le confía: "Te voy a dar el secreto". Es un mantra, o la señal de la cruz, o "En el nombre del Padre, del Hijo y del Espíritu Santo" en la mitología de la cultura cristiana. Pero estos mitos se encuentran en todas las tradiciones. El caballero tiene dos armas en las manos: un mantra y una espada, la espada de la discriminación que zanja entre lo destructible y lo indestructible, lo falso y lo verdadero, lo irreal y lo real. El mantra, *aum* o *amén*, es siempre la expresión de la ausencia de temor: he puesto mi confianza en Dios, o en la verdad. Es Dios quien me protege. Esta ausencia de temor nace de su convicción intelectual. Se comprometen en el interior de un mundo de formas de consciencia, no hay más que formas de su consciencia y la consciencia pura está libre de todas esas formas. Si se asustan, serán devorados. Si se atreven a enfrentar al dragón, o bien ese dragón se disipa —desaparece aquel que se mostraba tan terrorífico— o bien se recuesta a sus pies y se pone a su servicio. A veces el caballero llega a la meta montado en el lomo del más terrorífico de los dragones. También a veces el caballero va sobre su caballo. Este símbolo del caballo es algo muy claro: es la unidad entre la naturaleza verdaderamente humana y la naturaleza animal; símbolo que ha encontrado su plenitud en el Centauro, completamente hombre y, al mismo tiempo, completamente caballo. Ustedes son el caballero. En ciertos temas orientales, el sabio desnudo, en harapos, pobre llega cabalgando sobre un tigre, el animal más noble y más impresionante de toda Asia.

¿Cuál es su espada en este combate interior con las formas propias de su consciencia? ¿cuál es su espada y cuál es su mantra? Le hago la pregunta a cada uno de ustedes. "Ah... yo no sé..." ¿Cómo, no saben? ¡Pero entonces no están comprometidos con el camino! ¡O tienen todas las probabilidades de darse media vuelta y largarse cada vez que todo se ponga algo difícil! ¿Cuál es su espada y cuál es su mantra? ¿Aquí y ahora? ¿Sí a lo que es? ¿Todo es neutral? ¿El otro es diferente? ¿Uno sin un segundo? ¿Aum? ¿Ver en lugar de pensar? ¿Cuál es la frase de Swamiji que, para ustedes, resume toda la enseñanza, que basta con que se acuerden de ella con una convicción total y siéndole fiel, para que los dragones se echen a sus pies y que lo que parecía tan terrible pierda todo su poder y se convierta al contrario en un aliado?

¿Y qué espada tienen ustedes?

Si han recibido sus armas, podrán atravesar esa selva, alcanzar el castillo interior y realizar en ustedes la unión entre lo finito y lo infinito, lo relativo y lo absoluto, lo limitado y lo ilimitado. Pero comprendan bien que el caballero no llega a la meta tal como era cuando se aventuró en el bosque. Durante el camino, a través de todas las pruebas de la peregrinación, alcanzó esta pobreza total sobre la que insisten tanto los Evangelios como el zen, esa pobreza de espíritu. Perderlo todo y darlo todo. Darlo todo para recibirlo todo, pero en otro plano diferente.

Y les repito una vez más: las alas nunca crecieron en el dorso de las orugas. Recuerden esta imagen: entre la oruga y la mariposa está la crisálida. Debo realmente morir a mí mismo. Si pueden morir en algunos minutos, como Ramana Maharshi, bien. Si necesitan años de valor, de luchas, de clarividencia, muy bien también. Sigan el mismo ejemplo de Cristo y de su pasión: el abandono, la traición, la humillación, la extrema soledad. Estas peripecias que miles de hombres vivieron antes que ustedes, también las vivirán a su vez. Esta única gran aventura, cada uno la revive para sí mismo. Están en buena compañía: los místicos cristianos, los monjes zen, los eremitas tibetanos, los sufíes, los yoguis, les precedieron en esta ruta.

Si se comprometen con este camino decididos a seguir siendo los mismos, si se aferran a sus estructuras de oruga, están condenados a sufrir —será incluso muy doloroso. Ya no será una "transformación", será una masacre, será una carnicería interior. Si se comprometen con este camino dispuestos a morir como orugas para vivir como mariposas, este camino jamás perderá su sentido. Y la esperanza nunca los abandonará, ni siquiera en las pruebas o las dificultades —nunca.

Ustedes viven en este mundo moderno que ya no estaba interesado en absoluto en la vía y que de repente parece interesarse mucho en ella, pero de manera superficial, sin cuestionar al ego ni al mental, y estos caminos, que son caminos de empobrecimiento ya no parecen más que como caminos de enriquecimiento. A todo lo que ya tienen, le añadirán técnicas de meditación, ideas esotéricas o experiencias tal vez extraordinarias. Le dan la espalda a la vía. El papel del gurú es arrancarlos de su sueño, arrancarlos de sus puntos de apoyo ordinarios y sumergirlos en este mundo interior. Y luego les toca a ustedes el papel de avanzar, y avanzar sin mirar atrás, sin retroceder, sin tener miedo y sin olvidar que tienen una espada en la mano y un mantra en el corazón, y que esta espada y este mantra son siempre infalibles a condición de que los utilicen.

Para más informaciones

En Francia:
www.amis-hauteville.fr

En Quebec, Canadá:
www.mangalam.ca

Arnaud Desjardins
El camino del corazón
Una vida feliz, un amor feliz
Regreso a lo esencial
Bienvenidos en el camino
Releyendo los Evangelios
Travesía hacia la otra orilla
En busca del Sí-mismo, Vol 1, El Adhyatma Yoga
La paz siempre presente

Véronique Desjardins
Las fórmulas de Swami Prajñanpad

Éric Edelmann
Mangalam

Éric Edelmann y *Sophie Edelmann*
Anhelo de la realidad

Gilles Farcet
El manual de la anti-sabiduría

www.ingramcontent.com/pod-product-compliance
Lightning Source LLC
Chambersburg PA
CBHW062150080426
42734CB00010B/1634